互联网思维
商业模式的颠覆与重塑

Internet Thinking
Subverting and Reshaping of Business Model

余来文　林晓伟　黄绍忠　王友丽　著

经济管理出版社
ECONOMY & MANAGEMENT PUBLISHING HOUSE

图书在版编目（CIP）数据

互联网思维：商业模式的颠覆与重塑/余来文等著 . —北京：经济管理出版社，2020.7
ISBN 978 - 7 - 5096 - 7282 - 2

Ⅰ . ①互… Ⅱ . ①余… Ⅲ . ①互联网络—应用—企业管理—商业模式—研究
Ⅳ . ①F272.7 - 39

中国版本图书馆 CIP 数据核字（2020）第 133752 号

组稿编辑：申桂萍
责任编辑：申桂萍 姜玉满 詹 静 丁光尧
责任印制：任爱清
责任校对：陈 颖

出版发行：经济管理出版社
　　　　　（北京市海淀区北蜂窝 8 号中雅大厦 A 座 11 层 100038）
网　　址：www. E - mp. com. cn
电　　话：（010）51915602
印　　刷：三河市延风印装有限公司
经　　销：新华书店
开　　本：720mm×1000mm/16
印　　张：15.25
字　　数：285 千字
版　　次：2020 年 8 月第 1 版　2020 年 8 月第 1 次印刷
书　　号：ISBN 978 - 7 - 5096 - 7282 - 2
定　　价：58.00 元

前言
Preface

互联网新时代，唯探索者进，唯创新者强。从互联网、移动互联网到消费升级、分享经济再到人工智能、区块链，时代的车轮越滚越快，稍不留神，风口就成谷底，一切都有不确定性，一切也都充满着希望。

从 2001 年首届"未来之星"评选至今 18 载，已经有 357 家优秀企业进入"21 未来之星"排行榜。大浪淘沙，曾经的入选者有些已成长为行业巨头，如腾讯、百度、京东、360，它们引领着中国新商业的潮流；有些则逐渐成长为行业独角兽，如小米、滴滴、美团、大疆，它们代表着中国新经济的未来。我们要寻找的，正是那些在不确定中奋勇前进、在激情中保持清醒的初创企业，它们是中国商业的新生力。2018 年，我们再次出发，寻找最具成长性的新兴企业，发现中国企业未来之星。

20 年前，产业格局泾渭分明，巨头们高筑护城河，各自在自己的领地精耕细作；移动互联网时代到来，摧枯拉朽地冲击旧有的世界，所谓的护城河不堪一击。人工智能、共享单车、大数据、云计算……科技的颠覆力量超乎预料，科技的重建力量更超乎想象。泾渭分明的产业边界模糊了，创新者往往出现在结合部，竞争常常发生在意想不到的战场，市场格局已经发生巨变。

"熔时代"到来，留给创业者的市场空白已经不多，颠覆性创新的可能性也越来越少，机会存在于缝隙之中。创新者往往像一炉滚烫的钢水，渗透、熔合不同的产业，从而建立新的产业生态。这将是"熔时代"的新常态。新兴力量如何与传统巨头共舞？未来的机遇在哪里？《中国企业家》每年发现 21 家可能成为未来领袖的"未来之星"企业，其领导人不乏马化腾、李彦宏、雷军、刘强东、王中军等如今赫赫有名的大佬，他们是推动变革的创新者，是不同时期的引领者，也是"熔时代"的商业缝合者。

互联网是一场新时代的技术革命，不仅改变了产业构成，而且催生出各种新产业。在这种环境下，新兴企业的产生对传统企业产生了很大的冲击。例如，滴滴出行的大范围传播不仅从根本上改变了人们的出行方式，而且优化了顾客和司机的交易模式，减少了不必要的成本。这些对传统出租车行业的冲击都是巨大的。传统企业的生存与发展不再仅仅依靠于产品、服务的发展，更重要的是商业模式创新的发展。笔者的目的是结合互联网思维特质研究当今社会的商业环境，提出商业模式创新方向，以帮助传统企业打破生存僵局。互联网技术下的商业模式创新，要结合互联网思维的特性来看待。大数据是互联网衍生出的、对人们生活方式以及企业商业模式影响最大的产物。充分开发利用大数据，能够使得企业获取更多的利益，开拓更大的市场，更能满足消费者需求。研究长尾理论可以分析互联网时代的市场与传统市场的差异，有利于企业市场定位更精准。互联网拉近了企业与消费者的距离，企业可以直接得到消费者的反馈，消费者可以获取信息，消费者的个性化需求越来越普遍。

如果把时间拉得足够远，如何审视互联网对传统行业的渗透、改变甚至颠覆？如今，移动互联网的到来让这一趋势加剧，并进一步深化。当下的场景绝非十年前所能想象。发一条微博或者微信可以成就一门生意，一个应用可以集合一个群体，人们从陌生到熟悉，因为时间、地点或兴趣各种维度聚合到一起，信息流通的渠道无限丰富，信息流通的门槛被无限拉低……这些意味着，对信息控制、传播和解释的垄断权被消解之后，信息按照更有效率、更容易传播的方式进行重构，从而使人们的工作和生活更便利。更通俗的说法，移动互联网浸入了人们生活的各个角落。与此同时，传统IT、家电行业在互联网大潮的冲击下，包括联想集团董事长杨元庆、用友集团董事长王文京、浪潮集团董事长孙丕恕等在内的企业家也越来越从互联网的角度思考。因为互联网无所不在，正重塑一切传统行业，这是人类正面临的大冲击。总之，一切关于新生或毁灭的预言都被证明是错误的，这个时代的真相是这样的：因为通信技术革命带来的互联网思维，一切旧事物又将变成新事物。

那么，传统企业面向移动互联网的战略转型，需要跨越新的轨道拐点。以淘宝、苹果为代表的新经济商业模式，正是在把用户时间与注意力作为稀缺条件的商业环境背景下，牢牢把握住了商业价值链中用户端体验黏着价值与应用内容端整合提供价值，并通过两类价值的有效互动，形成了企业商业价值的滚动放大。在传统企业面向移动互联网战略转型初期，规模化的用户注意力是最重要的。因此通过服务、游戏、社区等各种独具特色的应用快速形成用户流量规模，是跨越"用户高度黏着化"拐点的重点。这一穿越过程的真正挑战在于，企业必须通过应用的持续创新来维持、延长用户黏着时间与使用频度，或者把应用变为用户不可或缺的行为习惯。企业不仅要使用户数量规模化，更需要使用户行为长期化，这样才能在用户的时间份额中赢得一席之地，并为后续的发展奠定基础。当一家企业成功地穿越"用户高度黏着化"拐点之后，由于新经济价值链要素的高度关联性，这时候企业的商业模式必须建立在对价值链的整体理解与运用上。换言之，这个阶段成功的战略或商业模式，往往都带有支持价值链各要素协同配合的平台性特征，我们把这个阶段需要穿越的拐点称为"平台化"拐点。如在发展淘宝的过程中，通过免费战略赢得了足够多的买家、卖家之后，进一步通过交易认证的支持服务、卖家的增值服务、买卖双方的内部供应链管理信息化服务等，使自己变成了一个庞大商业交易帝国的"操作系统"，通过组织、监管与支持这个市场的海量交易实现自身的价值，这同样是平台化战略的典型体现。

新经济时代高明的商业模式，往往是类似于吸星大法式的商业模式，也就是把自己作为基础平台，使自己的核心能力充分地嵌入到用户行为或产业价值链的关键环节之中，在价值交换过程中"默默"地实现自身的价值。这正是穿越"平台化"拐点的真正精髓所在。

传统企业的转型发展之路并不容易，其最不容易的地方在于，传统企业在转型过程中，需要同时行驶在工业经济与新经济两条不同的商业轨道上，没有任何一家企业可以很容易地保持两条轨道的平衡。一方面，传统企业必须保持并增强既有的传统优势，包括从经济发达地区到不发达地区的拓展、从城市到农村的拓展、从核心人群向低龄或高龄人群的拓展、从常住人口向非常住人口的拓展、从占有市场的大块份额到占据零散份额的拓展、从单一业务向多样化业务的拓展……这些战法在相当长的时间内被证明是继续有效的，并将在相当长的时间内助力传统企业在工业经济轨道上渐行渐远。另一方面，伴随着移动互联网与新媒体的快速成长，伴随着战略转型的深度推进，传统企业将越来越深地踏入新经济轨道。在这个轨道中，面临着许多与传统工业经济轨道完全不同的挑战，传统企业需要开启自己的再成长之旅，要掌握如何在应用层面实现用户的长期深度黏着、要掌握如何把这种黏着转化为真金白银的收入、要掌握如何进一步打造对商业价值链与用户行为无所不在的支持平台、要在更广泛的产业范围内不断重新理解与定义自我。

稳健地行驶在两条完全不同的商业逻辑轨道上，传统企业注定会长期痛苦于规模化商业思想与新经济商业思想的"兼收并蓄"、痛苦于完全不同的商业模式的平衡协调、痛苦于新老业务的资源争夺、痛苦于两条轨道带来的文化冲突、痛苦于现代对传统的告别与承袭。在这样的彷徨磨砺中，完成自己的涅槃。

互联网背景下企业的生存与发展不能单单依靠传统观念的产品、价格变革，它是同互联网思维相关的商业模式创新与企业生存和发展紧密相关的。企业要想有所突破，需要在经营管理的过程中加入互联网思维，以互联网思维建立企业的

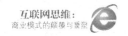

商业模式，使其更加符合消费者的需求，能够对抗瞬息万变的商业环境，有更强的适应力。商业模式是建立在多种利益体的价值之上的，因此，企业要进行商业模式创新重塑，最重要的前提是增加企业效益。只有符合互联网时代的特征，才能找到一条适用于企业发展并且能适应环境变换的商业模式创新道路。在互联网背景下，对企业商业模式的研究还有很长的路要走，我们拭目以待！

余来文

2020 年 1 月 8 日

目录
Contents

第一章

互联网思维的形成与
商业模式的兴起

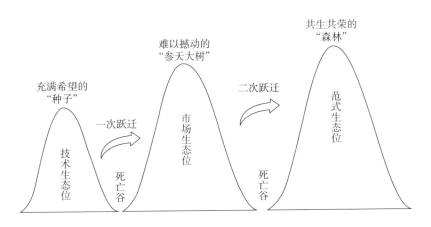

【开章小语】 这次互联网热潮的实质是第三次互联网思维的形成和"互联网＋"商业模式的重新出现。而如何在企业发展过程中消除"亚健康"病毒，寻求新的途径，跨入"水＋脊"，进入"智慧＋"发展时代，摆脱被市场淘汰的厄运已经成为企业发展的头等大事。

互联网是影响人类未来生活 30 年的 3000 米长跑，你必须跑得像兔子一样快，又要像乌龟一样耐跑。

——马云 阿里巴巴创始人

【开章案例】 平安好医生：互联网医疗，奔跑的独角兽

医疗健康与人工智能的结合是必然的，医疗健康将是人工智能率先普及应用的几个领域之一，并有望带来革命性的改变。不难发现，目前移动医疗 BAT（百度、阿里巴巴、腾讯）已入场，独角兽公司出现，创业公司也蜂拥而至，互联网医疗行业已完成了上半场的布局。未来随着技术的不断演进，AI 势必实现对医疗健康领域的全面渗透，而平安好医生对于人工智能的投入也将是全方位的。平安好医生是中国领先的一站式医疗健康生态平台，以家庭医生与专科医生的在线诊疗服务作为切入口，配合大数据的挖掘、分析及应用，用线上、线下相结合的方式，为用户提供形式多样、内容丰富的个性化医疗及健康管理服务。平安好医生并不是一个在孤独奔跑的独角兽，它在奔跑中，拉动了一个产业链。

一、公司简介

平安好医生致力于让每个家庭拥有一个家庭医生；让每人拥有一份电子健康档案；让每人拥有一个健康管理计划。截至 2018 年 12 月末，平安好医生注册用户数达 2.65 亿，期末月活跃用户数达 5470 万，是国内覆盖率第一的移动医疗应用。平安好医生通过 AI 辅助的自有医疗团队和外部医生，为用户提供涵盖 7×24 小时全天候在线咨询、转诊、挂号、住院安排、第二诊疗意见及 1 小时送药等一站式服务。2015 年 4 月，"平安好医生"APP 正式上线。2016 年 4 月，平安好医生完成 5 亿美元 A 轮融资；2017 年 12 月，平安好医生获得孙正义旗下软银愿景基金 Pre–IPO 4 亿美元投资；2018 年 5 月 4 日，平安好医生在港交所挂牌上市，被称为全球互联网医疗第一股。平安好医生首次公开发行的基石投资者包括贝莱德（Blackrock）、资本集团（Captial Group）、新加坡政府投资公司（Government of Singapare Investment Corp，GIC）、加拿大退休金计划投资委员会（Canada Pension Plan Investment Board，CPPIB）、马来西亚国家主权基金国库控股（Khazanah Nasional Berhad）、瑞士再保险（Swiss Re）及泰国正大集团（CP Group）。平安好医生的未来，忠于科技，但绝不止步于科技。

二、垂直打击市场痛点：重构医疗资源生态圈，让医疗资源围着病人转

什么是互联网医疗？互联网医疗就是让医疗资源围着病人转，而传统医疗是病人围着医院、医生转。平安好医生正在打造的医疗健康生态圈，意在打通医疗产业的各个环节，整合各方资源"围着病人转"，为病人提供高效服务。这份工作的基础性、平台性和根本性，只要比照当年电商领域淘宝是如何搭建起商户与消费者的连接桥梁，其重要性便不言而喻。平安好医生庞大生态圈主要由五部分组成，如图 1-1 所示。

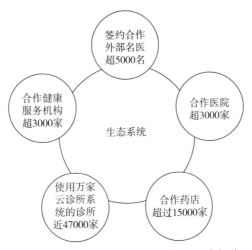

图 1－1　平安好医生生态系统主要组成部分

三、AI 释放医生产能，闭环一体化有巨大商业价值

平安好医生打造的是中国最大的一站式医疗健康生态系统，用户是核心竞争力，增加用户黏性，做好用户体验是发展重点。平安好医生在平台上增加了很多高频健康管理模块，如为了满足用户医疗健康内容消费需求，平安好医生布局了健康直播、健康头条两大内容平台业务，设立中医养生栏目，邀请专家进行健康直播等，利用移动互联网时代的特性，打破了时间、地点上的限制，用户可以利用碎片化时间来获得健康知识，提高日常健康管理的科学性、专业性。平安好医生打造了家庭医生服务、消费型医疗、健康商城、健康管理与互动生态系统，如图 1－2 所示，产生无数个医疗应用场景，真实改变人们看病的习惯，重病、大病、手术需要去医院，常见病、慢病可以在线医疗、远程诊断，医生处方开具后，1 小时药品就送到家了。

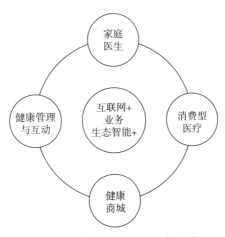

图 1－2　平安好医生的业务生态

四、平安好医生 IPO——如何在三年内快速打造互联网医疗上市企业

平安集团于 2014 年 8 月注册成立平安健康互联网；2014 年 11 月，平安好医生在开曼群岛注册成立；2016 年 4 月，平安好医生完成 5 亿美元 A 轮融资；2017 年 12 月获得软银 4 亿美元 Pre-IPO 融资；2018 年 1 月 29 日，向港交所提交 IPO 上市申请。

从公司成立到提交 IPO 申请，仅仅经历了 3 年半的时间，而平安好医生产品的上线还不到 3 年。是什么原因让平安好医生在互联网医疗领域脱颖而出？平安好医生的发展过程中有什么经验值得互联网医疗行业借鉴？

（1）平安好医生起步平台高。平安好医生含着金钥匙出生，A 轮又完成创纪录融资。平安健康互联网股份有限公司于 2014 年 8 月 20 日成立，注册资本 3.5 亿元人民币，是平安集团"医、食、住、行、玩"五大板块里"医"战略的载体之一。

（2）重资产自投医生团队，人工智能辅助医疗服务。平安好医生自建医生团队、自主开发的人工智能技术，辅助医生团队在在线咨询业务大幅度增长的情况下，高质量地完成在线医疗健康服务、消费型医疗服务。人工智能助理执行智能分析路径，将患者指引至科室或医生，并向自由医生团队提供相关信息和建议。因此，相比传统的线下问诊，能显著提升效率和降低成本。用户调查显示，在这样的高强度工作之下，平安好医生的在线咨询服务满意度达到了 97%。到 2017 年为止，已经拥有了超过 2.11 亿次在线咨询记录，该数据库仍在以每天 30 万~40 万次的速度快速增加。基于这个庞大的临床数据库，平安好医生的人工智能助理的能力也在不断提高，通过内部和外部医生的协作培训，以及自然语言处理和语义识别等技术的准确性不断提高。同时，平安好医生还和云知声等企业和研究机构进行合作，强化人工智能助理的能力，以期达到更好的诊疗效果。

（3）通过平安集团导入大量种子用户，并用昂贵的销售费用换来大量用户。平安好医生主要得益于平安集团的内部用户转化，这些用户就是平安好医生的种子用户来源。然后再通过持续的外部营销、推广活动，扩大用户基础。平安好医生于 2015 年底开展了"步步夺金"推广活动，采用"邀请"机制来推动用户规模的扩张。一年时间，注册用户数从 3000 万增长到 1.3 亿。推广费用上，2016 年平安好医生的推广费用达到 3.85 亿元，2015 年同期推广费用仅为 710 万元，单客获取成本在 3.8 元左右，属于业内平均水平。如此高的用户规模，也是巨额推广费用换来的。在完成了基础用户的积累后，平安好医生将发展重心放在了推广健康商城上，在 2017 年大幅提高了佣金支出，这也促使其健康商城收入截至 2017 年 9 月底达到 3.53 亿元，2016 年同期健康商城收入仅 2320 万元。

五、平安好医生闪电崛起的启示

在现阶段，互联网医疗的独角兽企业诸如平安好医生、微医、好大夫在线、丁香园、春雨医生等，收获了大量的医生资源和用户资源，营收规模已经打开，部分企业开始盈利，逐渐具备了登陆资本市场的能力。平安好医生 IPO 为该领域企业 IPO 潮带来了第一波大浪，提振了资本对互联网医疗行业的信心。

（1）用户数据，驱动资源整合。平安好医生成长的四个阶段分别是完善用户场景、数据积累、爆发式收入增长、大规模盈利。目前，平安好医生还处于数据积累的阶段。互联网医疗行业除了传统的资金门槛之外，还有医疗端（医生端）、用户端两个高门槛。能否获得足够多、足够好的医院和医生资源，是互联网医疗企业的发展基础，特别是高质量的医生资源有限，所有的互联网医疗服务都在争夺医生资源。通过烧钱吸引医生入驻后，能否让他们保持活跃度是一个难题。

（2）商业闭环，带动产业链。虽然在移动互联时代，很多患者会第一时间上网查询病症，但是医疗始终不是高频服务项目。如何获取足够多的患者，如何留存用户，是互联网医疗企业实现商业闭环的关键。连接用户、医生、保险公司、医保、医院、诊所、检验检测机构、新兴智能设备及各类健康服务提供商，构建互联网健康管理＋医疗生态圈，打通疾病预防、疾病医疗、疾病支付、病后疗养的各个环节，由此拓宽移动医疗领域的服务场景和收入来源。

（3）如何打破高流量、低收益的移动医疗魔咒。虽然在互联网医疗企业中，平安好医生率先迈进资本市场，但在蹚出盈利路径之前，平安好医生还需跨过"爆发式收入增长"的关卡。平安好医生核心业务"家庭医生服务"主要由平安集团采购；消费型医疗业务主要依靠平安集团销售渠道售卖；健康商城业务依赖自营模式，平台模式增长乏力；健康管理和互动业务虽稳定，但营收贡献比例过低。

资料来源：

1. 平安好医生官网，https：//www. jk. cn。

2. 《平安好医生王涛：并不寂寞的独角兽成长史》，https：//jjckb. xinhuanet. com/2017－02/24/c_ 136081310. htm。

3. 《平安好医生作为行业标杆，积极探索 AI 应用新路线》，https：//www. fromgeek. com/vendor/224971. html。

第一节　分水岭：互联网之大激荡

颠覆！转换！跨界……已经成为"互联网＋"企业"秀肌肉"的代名词，

似乎预示着中国经济将与"互联网+"一起腾飞。在"互联网+"的风口上，许多企业开始浮躁，动摇了自己的目标和初衷，它们以用户为中心，盲目扩张，大举集资。

一、互联网发展的混沌时期

繁荣的数据背后往往隐藏着新的危机。在消费互联网时代，流量红利停滞不前，如何留住用户的注意力，赢得用户的时间，已经成为许多企业面临的难题。此外，同质化APP的出现，相同的商业盈利模式和运营发展机制使得互联性越来越强。企业价格战、病毒营销、内置软件推送、统一供给模式四大法宝都发挥失常，阻碍大多数企业的发展。

1. 互联网生命周期之殇

企业商业模式互联网化存在哪些问题？问题的原因是什么？还是说原因在于企业家的野心？都有。但失败最重要的原因是它们过于相信资本的力量，开启烧钱的模式，建立一个自己没有造血功能的生态圈。当前互联网烧钱模式的"降温"给了新兴的互联网企业一个自我修复和定位的新机会，通过自身的创新来应对随后的整合危机，这对整个互联网行业都是大有好处的。中国诞生了三大超级互联网物种BAT，还有三大流量"集散地"新美大、滴滴打车和今日头条；国外也有优步（UBER）和爱彼迎（Airbnb）两头共享独角兽、亚马逊的数据王国，以及通用电器（GE）、西门子、7-Eleven便利店等异军突起的传统企业。

2. 混沌是困局还是创新的起点

《失控》的作者凯文·凯利指出，混沌是最好的初始状态，但要得到最终的结果，我们需要添加"混合控制"——领导和控制元素，即混沌+秩序。如何打破这种局面，在混乱中转型，寻找新的发展机遇，这是摆在我们面前的一个重要问题。其核心是判断混沌的动量，把握混沌（创意）与秩序（执行力）之间的相互关系。真正在"灰色地带"制定创新计划，以实现战略目标。从混沌理论的角度来看，混沌+秩序+度=商业模式创新。如何在混乱中开辟新的道路，企业需要通过实践来实现自我救赎之路。

专栏1　　　三好网：知识付费，不烧钱的一对一在线教育

目前，随着市场代际的自然更替，K12① 在线教育的消费者（孩子）与买单者（家长）开始双向迁移。以80后为主流的年轻家长们更能接受在线教育模式，

---

① K12是Kindergarten through twelfth grade的简写，是学前教育至高中教育的缩写，现在普遍被用来指代基础教育。

正在成长起来的 K12 阶段的孩子也都是习惯了多屏生活的"网生一代",能很快适应在线教育产品。国家教育部《全国教育事业发展统计公报》数据显示,未来 5 到 10 年,中国教育培训市场潜在规模将达到 5000 亿元,其中 K12 是潜力最大、增长最快的细分市场。从"互联网 + 教育"到"AI + 教育",技术创新在不断颠覆传统的教育教学方式,保持创新是在线教育公司需要不断加强的核心能力之一。

一、公司简介

三好网,创立于 2014 年 6 月,是基于互联网直播互动技术的线上教学服务平台,隶属于北京三好互动教育科技有限公司。三好网作为 K12 在线教育企业,自成立以来一直坚持以教育发展规律为核心,将新技术与教育相结合,"第一感知测评"和"好学宝"是三好网两大专利发明,解决了在线教育"选课"和"互动"的难题,帮助更多孩子更好地学习。公司聘请诺贝尔奖获得者爱德华·莫泽为首席科学家,以"软件 + 硬件 + 服务"模式构建了独特的在线教育新形态,"科技 + 教育"的手段让个性化教育的目标得以实现。在 2019 中国教育行业创新峰会上,《2019 中国教育行业创新力指数 TOP30》榜单正式发布,三好网凭借以"软件 + 硬件 + 服务"模式构建的独具特色的在线教育新形态强势上榜。

二、创新领跑:不烧钱的商业模式

有着传统教育基因,同时掌握了互联网的工具、方法论和价值观的三好网,成为"最具投资价值"的标的,如图 1 - 3 所示。

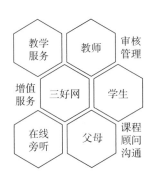

图 1 - 3 三好网 K12 在线教育商业模式

(1) 运作模式。很多 K12 在线平台为了短时间内获得大量用户,采取烧钱拓客的营销方式。教育是一个低频次、长周期的行业,"烧钱"式营销都是"亏本赚吆喝",根本经不起推敲。而三好网一开始没有急于扩张,不做过度的品牌投入与市场宣传,而是使用新媒体等创新渠道拓客,靠口碑引流,将资金用来充实优质教师资源、升级技术和基础设施等。

（2）平台基因。三好网的创始人何强有着 16 年的教育从业背景，出身于传统教育体系的三好网更了解教育过程中师生间关键点所在，创新性地打造了"软件＋硬件＋服务"模式。上课时通过直播、视频、音频、电子白板等媒介，做到师生实时交互，最大限度地还原线下教学场景，配合其具有自主知识产权的教学辅助智能硬件——好学宝，让老师和学生不受地域限制就可以实现在线一对一的"教"与"学"。

（3）品牌和价值观建设。在教育这件事情上，任何家长都不愿意试错。要降低家长的决策难度和选择成本，需要在品牌上形成长期价值供给，从而在家长心目中建立一个稳定的心理预期，通过口碑自然获得用户规模的增长。

三、坚守教育本质：高筑墙，广积粮，缓称王

在线一对一模式对于用户来说是最能产生价值的方式，在线教育行业经过了多年的发展和试错，一对一模式成为众多在线教育公司选择的模式。通过在线的方式，提高了社会资源分配，让更多的学生享受到优质教育。在效率和效益上，三好网也对在线教育商业模式的组织流程结构做了更多的探索。如图 1－4 所示。

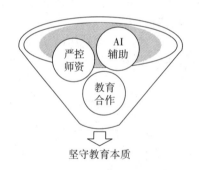

坚守教育本质

图 1－4　三好网 K12 教学质量保证措施

（1）严控师资。三好网一直在致力于开拓优质的教师资源，三好网有一套老师认证体系——QEA① 认证，从老师的资质、经验和实际效果进行全面的评估，对于通过认证的老师，会根据他们的教学水平做一个分层，分为中级教师、高级教师和特级教师。此外，三好网还成立了"教师帮培训学院"进行教师的培训，帮助现已授课的教师提高教学质量。

（2）AI 辅助。三好网应用人工智能技术的机器辅助语音评测、情绪识别、知识图谱等技术，从教学、产品、互动等方面实施了突破，通过好学宝提供浸入

---

① QEA 是教师资质（Q：Qualification）、教学经验（E：Experience）、教师发展（A：Achievement）首个字母的缩写。

式课堂的学习场景，最大化提升孩子学习效率。

（3）教育合作。三好网拓宽"互联网＋教师教育"的模式，加强 AI、大数据、脑科学等技术在教育上的应用，与全球顶级机构的合作，提升技术赋能教育效率，实现优质网络课程在全国各地共建共享，并持续推动业务体系完善。

三好网通过对产品、技术、商业等多个维度的成绩展现，来渗透自己"匠心、春华、秋实"的教育价值观。换言之是极致的产品追求，领先的技术探索，低调务实的商业步伐。最终实现"以互联网技术为基础，为全球每一个家庭构建一个智慧学习中心，培养自信、智慧、爱笑的下一代"的企业愿景。

资料来源：三好网官网，https：//www.sanhao.com。

二、挑战与机遇：传统企业的危机时代

互联网的出现给传统企业带来了巨大的冲击。一方面，它给传统企业带来了致命的挑战；另一方面，它也为企业创造了良好的发展机会，传统企业向互联网转型是大势所趋。可以说，互联网思维不仅是一个概念，一种方法论，更是一种管理变革。只有拥抱互联网，企业才能实现真正的转型，传统企业必须在互联网思维下实现"三个转变"，即管理思维的转变、企业组织结构的转变和管理模式的转变。

1. 互联网时代传统企业的机遇

互联网思维是任何企业都需要学习和拥有的，互联网的营销价值可以通过几个流行的 B2C 案例来感知，如小米，谁都知道小米把互联网思维运用得很好。小米首席执行官雷军在 2014 年 IT 领袖峰会上透露，小米明年的销售额预计将超过 1000 亿美元。这匹黑马，没有数万员工，没有品牌积累，但却凭借互联网思维创造了奇迹。对于先驱者来说，互联网商业价值是不言而喻的，它能够优化信息渠道、扩大消费用户、创造销售平台、形成粉丝文化、促进跨界整合。

2. 互联网时代传统企业的挑战

互联网世界的本质是一个具有任意互动和无限连接的网络本体。这里的互动是一种双向的交流，有表达、反馈、引导和纠正，形成信任，最终促成交易，这比传统的服务更快，更有利于企业的积极发展。虽然互联网为传统企业提供了巨大的机遇，但是传统企业也必须进行一系列的改革来适应新时代，许多传统企业正试图应对互联网，并获得新的互联网工具。然而，对于没有互联网思维的传统企业来说，将不可避免地面临许多挑战，如传统企业需要找到自己与互联网的恰当关系，需要进行用户需求碎片化管理，传统企业互联网转型的难点在于组织转型。

3. 传统企业互联网转型的病症

在任何行业，任何市场领导者都会有一些核心业务作为主要利润来源，这些

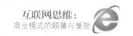

利润丰厚的核心利益地带往往是当今互联网公司影响力的焦点，传统企业存在明显的弱点，即"领导者的困境"：缺乏真正的不可替代性，用户规模大且难以兼顾，定价复杂，有意无意维护"行规"。

4. 用户需求对传统企业的影响

从某种意义上说，互联网企业所做的事情并不复杂，只是把本应属于用户的价值返还给用户，但事实上传统企业对互联网时代用户需求变化仍然很不适应，如表 1-1 所示。

表 1-1　用户群体扩大对传统企业的影响

影响因素	因素分析
线上线下只能同价	面对互联网企业的电商侵蚀，传统企业出于对整体收入的波动隐忧，以及对于传统渠道的利益担忧，许多在电子商务上采取线上线下同价
不同层次用户的体验不能兼顾	传统企业出于对不同消费层次的兼顾而反应缓慢，如开通电商渠道后担心转向普通群体而影响 VIP 用户的感知，因而在电商战略上极为犹豫
不适应差异化定制运营	传统企业长期习惯于标准化的运营模式，对于差异化定制运营缺乏准备，这在互联网带来的个性化定制 C2B 的浪潮下显得尤其不适
无法重视用户经营	大部分传统企业的致命短板在于重业务经营，轻用户经营，尽管规模庞大，但对于谁购买了自己产品这个基本问题其实都难以回答，后续的用户价值经营自然无从谈起，这在大多数传统行业中表现得极为明显

归根结底，互联网思维的应用需要贯穿企业品牌建设和用户互动层面，以及合作平台的互动展示，从最初的品牌建设到交易端，形成一个闭环。对于一些传统的企业来说，通过一些传统的营销方式很难对目前的市场做出重大的改变。要想完全打开企业的销售渠道，企业就必须引进新的理念和方法。

三、转型升级：企业互联网化、智能化之路

互联网与传统企业的融合正在加速，互联网产业最大的机遇在于充分发挥网络优势、技术优势和公司治理优势，对线下产业和传统产业进行升级改造，改变原有产业发展步伐，建立网络产业和新的游戏规则。

1. 互联网经济的特点

准备向互联网转型的传统企业必须了解互联网经济的特点，如表 1-2 所示。

表 1 - 2　互联网经济的特点

特点	诠释
用户至上	互联网经济崇尚的信条是用户是兄弟。在互联网上，很多东西不仅不要钱，还把质量做得特别好，甚至倒贴钱吸引人们去用。有了互联网，游戏规则变了。因为消费者鼠标一点就可以比价，而且相互之间可以方便地讨论，因此消费者掌握的信息越来越多，变得越来越精明，变得越来越具有话语权
体验为王	如果你的产品或者服务做得好，好得超出预期，即使你一分钱广告都不投放，消费者也会愿意在网上去分享，免费为你创造口碑，免费为你做广告，甚至你都变成了一个社会话题。在用户体验的时代，厂商的产品递送到用户手里，产品的体验之旅才刚刚开始。如果你的产品在体验方面做得好，用户每天在使用它的时候都感知到你的存在，这意味着你的产品每天都在产生价值
免费商业模式	传统经济强调用户（顾客）是上帝。这是一种二维经济关系，即商家为付费的人提供服务。然而，在互联网经济中，不管是付费还是不付费的人，只要用你的产品或服务，那就是上帝在互联网上，很多东西都是免费的，例如看新闻、聊天、搜索、电子邮箱、杀毒，不仅不要钱，还要把质量做得特别好，甚至倒贴钱欢迎人们来用。正是因为互联网经济是基于免费的商业模式，用户才显得如此重要
颠覆式创新	在互联网上，颠覆式创新非常多，也发生得非常快。不一定要去发明一个可口可乐秘方，也不一定要去弄一个伟大的专利。现在颠覆式创新越来越多地呈现为商业模式的颠覆。商业模式颠覆，用大俗话说，就是你把原来很贵的东西，想办法把它成本降得特别低，甚至能把原来收费的东西变得免费，如淘宝、微信、360，这种例子太多了，免费的商业模式，包括互联网手机、互联网硬件，颠覆的威力非常强大

2. 传统企业互联网化

从实践角度，传统企业结合网络优势、技术优势和公司治理优势，正从战略层面、营销策略以及流程再造等方面借互联网"天线"，如图 1 - 5 所示。

图 1 - 5　传统企业互联网化主要抓手

互联网对传统企业的冲击在营销方面体现为网络优势，网络营销至少包含营客户、打品牌、塑产品三个层面，如图 1 - 6 所示。

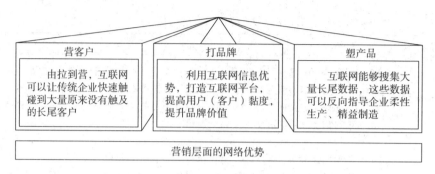

图 1−6 互联网对传统企业的冲击在营销方面体现为网络优势

3. 企业未来发展方向

传统企业落后的根源仍然是产品质量、服务质量、经营理念、管理理念、领导模式、领导理念，即品牌价值、服务价值等积极的能量元素仍然是传统企业的基础，这意味着传统企业的转型主要在于在战术和技术上迅速熟悉互联网，将传统营销战术和移动互联网的现代化技术相结合，实现有机的在线互动（O2O），打造适合自己的具有新产品、新技术、新服务和新格式的新平台，如图 1−7 所示。

图 1−7 传统企业未来发展方向

专栏 2   天准科技：以机器视觉为核心，坚持"AI + 工业"

机器视觉技术在人工智能应用技术中占比超过 40%。人工智能的应用技术主要包括语音类技术、视觉类技术、自然语言处理类技术和基础硬件等。其中，机器视觉作为一种基础功能性技术，是机器人自主行动的前提。国外部分工业视觉制造商具备全产业链优势，基本垄断了中高端市场；而中国制造商虽如雨后春笋，但多集中在技术含量和价值量都较低的机器视觉系统集成及设备组装上，即使体量相对大的天准科技，2018 年国内市场占有率仅 5%。2017 年，国内营收超过 1 亿元的机器视觉企业占比仅 16%。

一、公司简介

天准科技成立于2009年，致力于以领先的人工智能技术推动工业转型升级。公司以机器视觉为核心技术，专注服务于工业领域用户，主要产品为工业视觉装备，包括精密测量仪器、智能检测装备、智能制造系统、无人物流车等，产品功能涵盖尺寸与缺陷检测、自动化生产装配、智能仓储物流等工业领域多个环节。

公司将机器视觉技术主要应用于工业领域，形成的产品主要有四类：一是精密测量仪器；二是智能检测装备；三是智能制造系统；四是无人物流车。

二、建立先进的研发体系，规范研发管理

公司形成专门的研发团队，全面建立算法、软件驱控各模块的技术平台，夯实技术基础，构建技术壁垒，引进业界先进的 IPD（Integrated Produc Development）集成产品开发模式，是一套先进的、成熟的研发管理模式和方法。公司设立专门研发机构及产品线，对不同的产品制定详细的研发流程，制定项目管理流程、评审流程并形成相应的规范、指导书、模板、检查表等指导性文件，使公司更加规范地开发技术和产品，如图1-8所示。

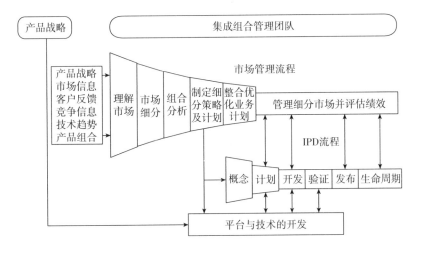

图1-8 天准科技的研发体系

公司以机器视觉为核心技术，而算法与软件是机器视觉的核心。截至2018年，公司拥有超过70人的软件算法工程师团队，在机器视觉核心技术的关键领域获得多项技术突破，具备了开发机器视觉底层算法、平台软件，以及设计先进视觉传感器和精密驱动控制器等核心组件的能力。公司累计申请了117项专利，其中已授权65项，发明专利34项；同时，取得软件著作权68项，起草制定了5项国家与行业标准及规范。

三、纯正技术基因，竞逐国际巨头

经过十余年的持续研发和深度挖掘，天准科技公司的技术水平处于国际先进水平，已经具备竞逐国际巨头的雄厚实力，如图1-9所示。

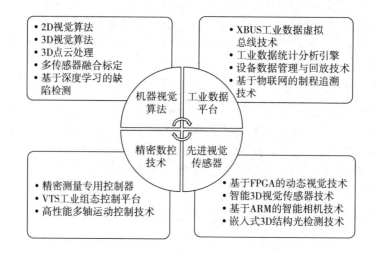

- 2D视觉算法
- 3D视觉算法
- 3D点云处理
- 多传感器融合标定
- 基于深度学习的缺陷检测

机器视觉算法

工业数据平台

- XBUS工业数据虚拟总线技术
- 工业数据统计分析引擎
- 设备数据管理与回放技术
- 基于物联网的制程追溯技术

精密数控技术

先进视觉传感器

- 精密测量专用控制器
- VTS工业组态控制平台
- 高性能多轴运动控制技术

- 基于FPGA的动态视觉技术
- 智能3D视觉传感器技术
- 基于ARM的智能相机技术
- 嵌入式3D结构光检测技术

图1-9 天准科技机器视觉核心技术

（1）机器视觉核心技术。公司在机器视觉核心技术的关键领域获得多项技术突破，具备了开发机器视觉底层算法、平台软件，以及设计先进视觉传感器和精密驱动控制器等核心组件的能力。2013年，由公司牵头的"复合式高精度坐标测量仪器开发和应用"项目入选"国家重大科学仪器设备开发专项项目"。天准科技将核心技术、科技成果持续应用于自身产品，形成精密测量仪器、智能检测装备、智能制造系统和无人物流车等工业视觉装备。

（2）精密测量仪器产品。天准科技的精密测量仪器产品不仅在国内市场销量领先，还具备与国际知名巨头海克斯康和基恩士同类产品全面竞争的实力，实现该领域产品自主创新、进口替代。同时，精密测量仪器产品在全球范围内与上述两家巨头的产品在多个细分领域展开竞争，获得苹果、三星集团等国际知名用户认可。

天准科技作为从新三板退市后冲击科创板的AI行业新星，在行业中处于领导地位。但是，国内的机器视觉企业要补的功课还很多，而这种差距的根本原因主要是机器视觉产业链能力的缺失。面对机器视觉最大应用的中国市场，马拉松的商业竞技才刚刚开始。

资料来源：天准科技官网，https://www.tztek.com。

第二节　互联网思维的形成与发展

不是因为有了互联网，才有了互联网思维；不是因为你在互联网公司，你就有互联网思维，不是你在传统企业就没有这种思维。简单地说，互联网思维就是一种思考方式，是一种基于商业模式的创新思考方式。只是因为互联网科技的发展，以及对传统商业形态的不断冲击，使这种思维得以集中爆发。

一、互联网思维的缘起

说到"互联网思维"一词的起源，我们可能会提到百度的李彦宏。他在2011 年的一次演讲中首次提到这个概念，意思是根据互联网的特点进行思考，他的描述非常零碎，以至于当时很多人没有认真对待这个概念。2012 年，小米的创始人雷军和李彦宏的想法不谋而合，推出了一个类似的创新术语——"互联网思想"。2013 年，随着小米热销，雷军的曝光率不断上升，罗振宇等自媒体红人开始频繁提及"互联网思维"这一概念。从那时起，无论是在新闻报道里，还是在行业领袖口中，"互联网思维"被提到的频率一直处于前列，热度持续高涨，甚至有爆棚之势。

二、众说互联网思维

目前，互联网思维还没有形成统一的定义，每个人都有自己对于"互联网思维"的理解和想法。互联网商界领袖对于互联网思维有着更加独到的见解。小米的雷军将这一理念概括为"专注、极致、口碑、快"七个字；海尔的张瑞敏认为，企业互联网思维应该是零距离的、网络化的思维。

1. 互联网思维的学院派观点

关于互联网思维的观点，因为可能看问题的角度不同，还是会有些差别，但有一点共性就是互联网思维重新回归用户这一中心，真正做到了以人为本。当前互联网思维主流观点如表 1 - 3 所示。

表 1 - 3　当前互联网思维主流观点

作者	主要观点
陈先锋	标签思维、简约思维、NO.1 思维、产品思维、痛点思维、尖叫点思维、粉丝思维、爆点思维、迭代思维、流量思维、整合思维

续表

作者	主要观点
赵大伟	用户思维、简约思维、极致思维、迭代思维、流量思维、社会化思维、大数据思维、平台思维、跨界思维
黄海涛	用户思维、粉丝思维、服务思维、爆点思维、社交化思维、产品思维、极致思维、痛点思维、简约思维、微创新思维、迭代思维、颠覆式创新、流量思维、免费思维、信用思维、跨界思维、整合思维、开放思维、平台思维、顺势思维、移动互联网思维、大数据思维、智慧地球时代
钟殿舟	创造让用户尖叫的产品；诱发、引爆和吸纳用户的尖叫；互联网思维＝熟人社会思维；用互联网思维改造企业
项建标	消费者主权时代；是体验，不是产品；是用户，不是用户；是传播，不是营销；不一样的盈利模式、是管理，更是协同
王吉斌	找到用户痛点，向产品注入情感，让产品更有黏性，重新认识互联网原住民与细分群族，快速试错，与消费者一起寻找最终需求，把产品做到极致，避免陷入价格竞争的泥潭；简化你的产品信息，聚焦，聚焦，再聚焦，抓住核心，回归商业本源，持续让用户尖叫，不要让用户用脚投票；赋权比丰裕更重要，个性比规模更重要，友善大于聪明，信任大于资产，责任大于市场，参与好于边界，群体优于个体，免费超过收费，关系好于广告，优客优于工业；品牌不再只属于你，与用户共同创造价值，为品牌构建社群关系，形成品牌粉丝的新部落，寻找驱动用户参与的根本力量，拥有粉丝军团；情感联系比直接接触更重要，全程体验比单个节点更重要，用户价值比商业价值更重要，长远体验比短期任务更重要，持续改进比单次互动更重要，现在就启动你的社会化战略，构建立体社交矩阵；随时与你的用户保持互动，随时随地保持与用户相连，有黏性的内容才能引爆，传统营销已死，新的营销已崛起，再小的个体，也应该建立自己的品牌
尼克·比尔顿	食性动物的新时代、让人备受惊吓的新科技、锚定社群与内容过滤器、互联网上的信托市场、新刺激让大脑更强大、将控制权握在自己手中、多工族的新工作方式、一个充满新鲜和不同体验的新世界

2. 互联网大佬论互联网思维

对互联网思维有比较大贡献的企业家有任正非、马云、马化腾、雷军、周鸿祎等。他们将互联网思维与企业相结合来引领企业的未来，他们认为互联网思维的关键词如下：①任正非"五要"，要坚持自己的优势、要延续性创新、要持续走向开放、要自我否定、要坚守乌龟精神；②马云：跨界、大数据、简洁、整合；③马化腾：便捷、表达（参与）、免费、数据思维、用户体验；④雷军：专注、极致、口碑和快，技术创新与商业模式创新结合；⑤周鸿祎：用户至上、体验为王、免费的商业模式、颠覆式创新。

三、互联网思维之我见

互联网思维方式是一种商业革命，更多地考虑企业无边界、管理无领导、供应链无尺度；或者应该说，互联网思维不是技术思维，不是营销思维，也不是电子商务思维，而是一种系统的商业生态智慧思维，适用于所有企业。

1. 互联网思维 = 精神思维模式 + 价值思维模式 + 技术思维模式

精神思维模式主要是道德或哲学方面的思维方式；价值思维模式主要是商业思维模式和利润思维模式；技术思维模式是如何用适当的方法、规则和机会来引导和处理技术创新和技术工作的思想。精神思维模式、价值思维模式、技术思维模式三者间的关系如图 1 - 10 所示。

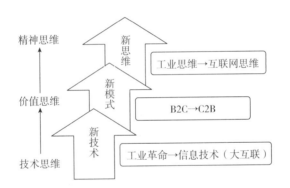

图 1 - 10　精神思维模式、价值思维模式、技术思维模式三者间的关系

2. 明心见性，互联网思维的商业逻辑

无论是互联网公司走向"愤怒"，还是传统企业走向"天线"，在互联网时代，资源的核心都是线上用户和线下用户，"为了用户和用户的一切，一切为了用户"的业务逻辑，这不仅是初心，也是核心，更是良心。

3. 万法归宗，互联网思维的生态体系

世界万物在运动中，土地、劳动力、资本、技术、企业家、数据等生产要素形成了"信息流、资金流、物流和商流"四大功能流，形成了"信息链、资金链、供应链、价值链和技术链"五大结构关系，如图 1 - 11 所示。

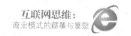

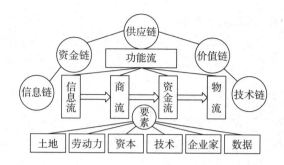

图 1 – 11　互联网思维的生态体系

第三节　商业模式的兴起

商业模式的概念起源于信息管理领域，在其数据和流程建模研究中被 Konc-zal 和 Dottore 首先提到。20 世纪 90 年代，互联网的兴起促进了商业模式的研究和应用，尤其是电子商务的出现，使商业模式迅速进入企业家的视野。但直到1998 年，商业模式才被许多研究人员视为一个独立的领域。此后，越来越多的学者加入该研究领域，从不同的角度对商业模式进行分析，使商业模式研究进入百家争鸣、百花齐放的时代。

一、商业模式的前世今生

许多学者都对商业模式的概念进行了界定。Morris 等（2003）分析了 30 个商业模式定义中的关键词，并将其从低到高分为三类：经济、运营和战略。袁佳（2007）等对商业模式定义进行分类，一般将商业模式的定义划分为从经济到经营、战略和一体化的渐进层次。随着商业模式在企业中的应用，对商业模式的定义经历了从经济类到经营类，再到战略类，最后到整合类的一个循序渐进的过程。

根据搜集到有关商业模式定义的文献资料，我们加以汇总并按照经济类、运营类、战略类和整合类加以分类，如表 1 – 4 所示。

在"互联网 +"的新形态下，互联网思维的商业模式数不胜数，催生了以UBER、Airbnb、滴滴为代表的分享经济模式，以美团、百度糯米、饿了么为代表的 O2O 模式，以淘宝、京东为代表的平台模式。不管怎样，这些商业模式创新的根本价值在于提高不同消费水平目标用户的满意度。

表1-4　商业模式的主要定义

研究视角	研究者及年代	商业模式定义
经济类	Stewart 等（2000）	商业模式是企业能够获得并且保持其收益流的逻辑陈述
	Rappa（2000）	商业模式是企业为了自我维持，产生利润而经营商业的方法，企业如何在价值链中进行定位，从而获取利润
	Afuah 等（2001）	商业模式是为企业获取并使用资源，为顾客创造比竞争对手更多的价值以赚取利润的方法
	吴晓波（2017）	商业模式创新能够为企业创造新的竞争优势，获取新的市场资源，发现新的经济增长点，从而提升绩效
运营类	Timmers（1998）	商业模式是用来表示产品、服务与信息流的一个架构，包含各个商业参与者及角色、潜在利益以及获利描述
	Mahadevan（2000）	商业模式是企业与商业伙伴及买方之间价值流、收入流和物流的特定组合
	王波等（2002）	商业模式是在说三种不同的事情：商业模式的组成部分；企业的运行机制；对运营机制的扩展和利用
	吴瑶等（2014）	商业模式是组织中各要素价值创造的过程，是组织运营的逻辑描述
	李永发（2019）	作为技术与商业绩效之间的中介变量，商业模式创新在商业变革中发挥了非常重要的作用
战略类	Afuah 和 Tucci（2000）	商业模式是公司运作的秩序以及公司为自己、供应商、合作伙伴及用户创造价值的决定性来源，公司依据它使用其资源、超越竞争者和向用户提供更大价值
	Weill（2001）	商业模式是对一个公司的消费者、伙伴公司与供货商之间关系与角色的描述
	Petrovi（2001）	商业模式是一个通过一系列业务过程创造价值的商务系统
	Dubosson - Torbay 等（2002）	商业模式是说明企业及其伙伴网络如何为获得可持续的收益流，而为一个或者数个目标顾客群体架构创造、营销、传递价值和关系资本的描述
	潘永华（2013）	商业模式就是对企业如何以现有的企业资源制定或参与市场游戏规则的经验的归纳
	王国顺等（2013）	商业模式是在企业特定战略环境下，通过整合企业现有资源，以实现顾客价值及满足企业自身价值实现的过程
	王东升（2018）	平台商业模式成长阶段划分为导入期、潜伏期、爆发期和平稳期

续表

研究视角	研究者及年代	商业模式定义
整合类	Linder（2000）	商业模式是组织或者商业系统创造价值的逻辑
	Amit 和 Zott（2001）	商业模式是交易活动各组成部分的一种组合方式，其目的是为了开拓商业机会
	Magretta（2002）	商业模式描述了企业的每个部分通过匹配组成一个系统，从而为顾客创造价值的活动
	Morris（2003）	商业模式说明了企业如何通过对战略方向、运营结构和经济逻辑的一系列具有内部关联性的变量进行定位和整合，以便于能够在特定的市场中建立持续竞争优势
	罗珉等（2005）	商业模式是通过整合组织、供应链伙伴、顾客、员工等利益相关方获取超额利润的一种战略创新和可实现结构体系
	Osterwald（2005）	商业模式用来说明公司如何通过创造顾客价值、建立内部结构，以及与伙伴形成网络关系来创造市场、传递价值和关系资本，并获得利润、维持现金流
	魏炜、朱武祥（2009）	重新定位企业的用户价值和市场，发现新的巨大成长机会；重新确定企业的活动边界，界定利益相关者及其合同内容，构建新的高效成长机制；重新设计收益来源和盈利模式，培育新的持续盈利能力
	刘玉芹、胡汉辉（2010）	商业模式是以核心战略为依据，对内部结构和流程的整合以及所在价值网络重新构造的一系列架构和活动
	刘林艳等（2014）	商业模式本质在于企业构造一个完整的产品、服务和信息流体系，使企业以适当成本向消费者传递最大价值
	吴应良（2018）	对企业经营过程中把投入转化为产出并获取利润所遵循的经济逻辑进行概括的模型

专栏 3　　光锋科技：合作模式是公司成功的商业策略

光峰科技是一家拥有原创技术、核心专利、核心器件研发制造能力的全球领先激光显示科技企业。2013 年率先推出全球首款 100 英寸激光电视，在电视领域实现"中国创造、国际制造"。光峰与中影集团合作推出基于 ALPD® 荧光激光显示技术的中国激光巨幕，影院安装量超过 14000 套，在激光电影放映市场占有率超过 60%。公司核心研发经营团队由来自多国的专业海归人才组成，并吸引了大量本土研发人员加入，学科涵盖光学、电子、材料、物理、机械设计、精密制造等多个领域，形成了激光显示领域全球综合研发实力更强的国际化科研队伍。

一、公司简介

光锋科技成立于 2006 年，于 2007 年发明了 ALPD® 激光显示技术，解决了长期困扰 RGB 三色激光显示技术的系列问题，并率先在全球范围实现技术的产业化。在激光显示领域，公司共申请专利 1450 多项，占据了全球激光显示技术的制高点。该技术被国际同业视为下一代激光显示的发展方向，确立了我国在激光显示领域的国际领先地位。基于 ALPD® 在国内的应用规模，光峰与中国电影股份、Barco（比利时上市公司，电影放映机全球市场占有率 55%）、中信产业基金在香港成立合资公司 "CINIONIC"，致力于提供 "全球高端影院解决方案"，并践行 "一带一路" 倡议，在国际市场推广中国自主知识产权的电影放映技术。这将有助于提高我国电影产业的核心竞争力，为中国电影设备走向国际市场奠定坚实的基础，进而在世界范围内为 "中国智造" 树立起一面新的旗帜。

二、依靠科技创新，打造核心技术

以公司创始人、董事长李屹博士为核心的研发团队，于 2007 年首创可商业化的基于蓝色激光的荧光激光显示技术，同时围绕该技术架构布局基础专利，并为该技术注册 ALPD® 商标。

（1）构建完善的知识产权体系。ALPD® 技术架构的推出改变了激光显示长期处于试验探索阶段的局面，大幅推进了激光显示进入普通人日常生活的产业化进程，突破了美欧日韩等国家与地区在先进显示技术上的全面领先地位。围绕 ALPD® 技术，公司构建了完善的知识产权体系，并在全球范围内进行了专利申请。如图 1 - 12 所示。

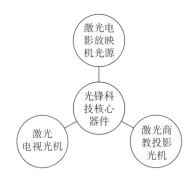

图 1 - 12　光峰科技激光显示核心器件

（2）激光显示产业化。截至 2019 年 2 月 28 日，公司已获授权专利 766 项，申请中专利超 700 项，公司专利申请数量在全球荧光激光显示领域排名第一。基于首创并不断升级的 ALPD® 荧光激光显示技术架构，公司打造了激光显示核心器件——激光光学引擎，并将该核心器件与电影、电视、教育、展示等显示场景相结合，开发了众多激光显示产品及系统解决方案，极大促进了激光显示产业化的发展。

三、形成激光生态，提供解决方案

公司发展至今，搭载了 ALPD® 荧光激光显示技术的产品已广泛应用于电影、电视、商教、展示、政务等众多显示领域，公司联合各领域知名企业打造了激光显示产业生态圈。如图 1-13 所示。

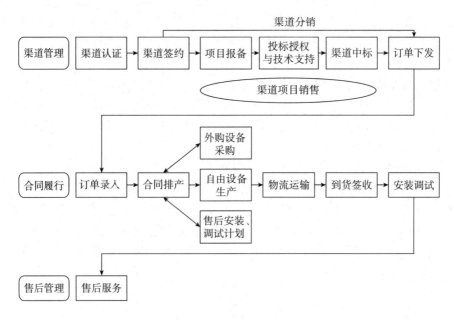

图 1-13　公司销售流程

（1）面向高性价比消费者。以先进激光显示技术为基础，从高标准激光显示应用出发，公司开始向高性价比商用与普通家用消费者提供新的激光显示解决方案。

（2）多种业务模式收入。公司收入主要分为产品销售收入和租赁服务业务收入，其对应的业务模式有产品销售业务模式、租赁服务业务模式。产品销售业务模式包括定制直营模式、自主直营模式、经销模式；租赁业务模式是向影院提供 ALPD® 激光光源租赁使用和其他服务，以替代传统氙灯光源，解决其光衰快、频繁更换、不易维护和安全性问题。

公司秉承"新光源，新生活"的核心理念，以本次发行上市为新的发展契机，怀着以科技改变人类生活的激情，始终致力于研发、设计广泛应用于电影、电视、教育、展示等多领域的激光显示产品，推动公司"两点一线加两翼"产品战略落地生根，在世界范围内为"中国智造"树立起一面旗帜。

资料来源：光锋科技官网，https://www.appotronics.com/。

二、互联网思维引发商业模式变革

近年来，"互联网＋"的商业模式改变了中国的许多产业。事实上，互联网已经颠覆了我们周围的许多传统领域，特别是在餐饮和娱乐领域。互联网＋电视娱乐已经诞生了无数的视频网站；而互联网＋餐厅，诞生了许多团购和外卖网站；互联网＋婚恋约会，诞生了一系列交友网站等。毫无疑问，这是对外宣告"互联网＋"是一个大蛋糕，一块完整的蛋糕，只要有人尝到甜头，就会有人跟风而上。

1. 用户价值：UGC、OGC、PGC

一般认为 Web2.0（论坛、博客为代表）和 Web3.0（社交平台、微博为代表）的相继流行，UGC（也称 UCC）功不可没。随着移动互联网的发展，网上内容的创作又被细分出 PGC（也称 PPC）和 OGC，甚至有 UGC、PGC 和 OGC 谁是主流的讨论。

UGC（User – Generated Content，UGC）指用户原创内容，用户将自己原创的内容通过互联网平台展示或提供给其他用户。UGC 是一种用户使用互联网的新方式，即由原来的以下载为主变成下载和上传并重。YouTube、微博等社交平台就是 UGC 的成功案例。

OGC（Occupationally – Generated Content，OGC）职业生产内容，与 UGC 相对。OGC 是以职业化的方式提供相应内容，如媒体平台的记者、编辑，运用新闻的专业背景，以写稿为职业领取报酬。在以 OGC 为代表的网站（如各大新闻站点、视频网站）中，其内容均由内部自行创造和从外部花钱购入版权。

PGC（Professionally – Generated Content，PGC）专业生产内容。PGC 专业内容生产者有专业身份（资质、学识），往往是出于"爱好"，义务贡献自己的知识，形成内容，如知乎的大 V 多是特定领域的专家，是 PGC 的代表。由于内容生产需要成本较高（时间、人力和物料）且是出于义务性，导致 PGC 较为稀缺。

从本质上来说，UGC 可以转变成 PGC，UGC 可以激励 PGC，OGC 属于 PGC。用户思维导致了跨界思维的产生，它表明互联网发展使得许多产业的边界变得模糊，如销售、金融、图书、娱乐、交通和媒体等现在都是一个整体。

2. 商业模式的协同创新逻辑

企业应根据自身情况不断创新基于互联网思维的商业模式，抓住终端消费

者，其中互联网思维的商业模式主要体现在五个方面：战略定位、资源整合、盈利模式、营销模式和价值创造。

今天，在互联网的影响下，我们面临着一个跨界时代，各行业相互融合、交叉、渗透，你从中获利的产品或行业可能成为另一个人手中的免费增值服务。未来的竞争不再是产品和渠道的竞争，而是资源整合的竞争，是终端消费者的竞争，谁能拥有资源，谁能拥有消费者和用户，无论他消费什么产品，消费什么服务，你都能从中获利，并且确保你的利益不可战胜。

三、协同创新是商业模式变革的原动力

在当前全球供应链竞争环境下，竞争已上升到整体价值竞争，围绕价值发现、价值创造、价值实现的全链条展开，单一方面难以形成协同效应，难以赢得竞争优势。在成本上升和市场萎缩的挤压下，企业经营面临诸多困难。以创新为动力，以价值为核心，围绕质量、效率、效益寻求突破性发展已成为当务之急。

1. 只有协同创新企业才能获得持续竞争力

创新是企业赢得市场的保证，协同创新是企业创新的有效途径。创新政策、创新资源和创新人才聚到企业和平台，全面加强企业技术创新、产品创新、管理创新和商业模式创新，增强转型的内生动力，促进创新发展。

（1）商业模式创新促进技术创新实现倍增效益。技术市场价值的实现离不开商业模式的创新。商业模式是一个创造和传递顾客价值和公司价值的系统，其核心是价值创造。没有商业模式创新的支撑，纯技术创新只能触及产品水平，难以快速、稳定地实现产品的市场价值和企业价值。研究结论统计表明，商业模式的核心要素主要集中在战略选择、价值网络、价值创造和盈利模式。

（2）商业模式创新离不开技术创新。在寻求和发现价值、重塑价值体系、创造新价值的过程中，商业模式创新不能与产品层面的技术创新成果分离，成为支撑和载体。商业模式创新离不开技术创新的支撑：一方面，技术创新为商业模式创新提供了新的可能性；另一方面，技术创新的成果——更具竞争力的产品构成了商业模式创新的物质基础。

（3）市场需求为技术与商业模式创新注入强大动力。从市场主体的角度看，企业在通过商业模式创新发现、创造和实现价值的过程中，依靠技术创新在价值创造环节形成竞争产品，依靠品牌战略实施和创新在价值实现环节实现价值的有效传递。可以说，市场需求是通过企业和市场渠道，促进价值传递的力量。没有这一动力的支持，很难完成最终的"市场跳跃"，实现商业模式改革和技术创新的真正价值。

2. 技术、商业模式、市场战略"三位一体"协同创新体系

为摆脱低端劣势，实现整体转型升级，企业应构建集价值网络技术、商业模

式和市场战略于一体的协同创新体系，充分发挥生态系统的协同集成优势，促进企业的整体转型升级，推动中低端生态向高端生态的转变。

（1）价值网络协同效应是基础。有效支持价值发现、价值创造、价值实现，全产业链平稳运行，避免价值碎片化。三合一协同创新要求通过技术创新实现产品级创新，完成价值的生产化；依靠商业模式创新实现价值网络与建设，完成价值发现与创造；在实施市场战略和创新实现价值转移的同时，完成市场价值实现。

（2）大幅降低创新成本、提高创新效率和效益是前提。技术创新与商业模式改革的结合，标志着技术创新的价值创造方向，可以显著降低"试错成本"。商业模式创新指出了市场战略定位的难点和关键点，极大地提高了企业商业模式改革和技术创新的效率。技术创新与市场战略定位共同关注商业模式的价值主张，避免孤立和脱节，形成"1+1>2"的整体效率和效益。

（3）大幅提升企业的市场竞争力。基于价值创造网络，协同创新不仅提高了产品和服务的技术水平，优化了用户的消费体验，提高了产品和服务的市场交付效率，提高了企业的市场地位，提高了企业整体市场竞争力。

互联网之父蒂姆曾表示，互联网提供了"一个人们可以交流、合作和共享信息的环境"。通过改变人们的联系方式，互联网深刻地改变了人们的生活方式，这种变化也使企业自觉地向互联网转型。对企业而言，"互联网＋人工智能"技术成果的持续创新和商业化是互联网时代生存和发展的途径，如图1－14所示。

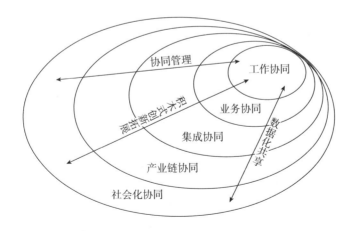

图1－14　企业协同创新驱动商业模式变革

【章末案例】　　　中微公司：打造核心竞争力，
推进商业模式变革

在过去的十多年中，中微公司吸引了 100 多位在美国硅谷和国际半导体设备产业长期工作且有丰富经验的技术、工程、营运和市场销售的专家，并培养了国内 300 多位后起之秀，组建了一支国际一流的全方位的团队。公司已成功开发 400 多种芯片产品，产品覆盖工业控制、医疗电子、电机控制、家用电器、消费电子等各大领域。中微公司是第一批科创板的上市公司，是一种荣耀，更多的是任重道远。中微公司秉承自主的创新和独立的知识产权，增加等离子刻蚀机、金属有机化合物化学气相淀积（Metal - organic Chemical Vapor Deposition，MOCVD）关键设备等产品的销售，开发下一代产品，以扩大市场占有率。如今，作为国内提供集成电路及 MOCVD 装备的龙头企业之一，中微公司的三大高端设备系列产品已全面进入海内外市场。

一、公司简介

深圳市中微半导体有限公司（以下简称"中微公司"）成立于 2001 年，是国内一流的单片微型计算机（Micro Controller Unit，MCU）芯片设计厂家，拥有十余载量产单片机经验及自主品牌 CMS 和 SC。中微公司主要从事高端半导体设备的研发、生产和销售。自成立以来，公司主要业务是开发加工微观器件的大型真空工艺设备，包括等离子体刻蚀设备和薄膜沉积设备。公司发展立足于深圳，并在新加坡、北京、深圳、中山、成都、重庆建有研发测试团队，在深圳、中山、宁波、无锡建有营销、应用开发团队。公司以"让中国都有中国芯"为己任，本着"专注，创新，领先"的理念为产品定位，以"质量至上，用户第一"为服务原则，员工团结一致致力于成为中国最强的家电芯片供应商。等离子体刻蚀设备、薄膜沉积设备与光刻机是制造集成电路、LED 芯片等微观器件的最关键设备。刻蚀设备及 MOCVD 设备行业均呈现高度垄断的竞争格局，中微公司是我国半导体设备企业中极少数能与全球顶尖设备公司直接竞争并不断扩大市场占有率的公司，是国际半导体设备产业界公认后起之秀。

二、升级研发，走自主创新深化之路

真正的高科技公司都是研发打头阵，中微公司科研实力突出。招股书显示，公司申请了 1201 项专利。其中，发明专利 1038 项，海外发明专利 465 项。公司承担了两项国家科技重大专项科研项目。截至 2018 年底，公司员工人数 653 人，其中研发人员高达 240 人，工程技术人员 141 人，研发技术人员占比达到 60%，是一家完全由技术导向的高科技成长公司。2016 ~ 2018 年，公司累计研发投入 10.37 亿元，约占营业收入的 32%。公司创始人、董事长尹志尧是半导体芯片领域的"大咖",是国际等离子体刻蚀技术发展和产业化的重要推动者。自2004年成立伊始,中微公司在开发甚高频去耦合等离子体刻蚀设备 Primo D - RIE 的基础上,已成功开发了双反应台 Primo D - RIE、双反应台 Primo AD - RIE 和单反应台 Primo SSC AD - RIE 三代刻蚀设备,涵盖65nm、45nm、32nm、28nm、22nm、14nm、7nm 和 5nm 微观器件的众多刻蚀应用,如图 1 - 15 所示。

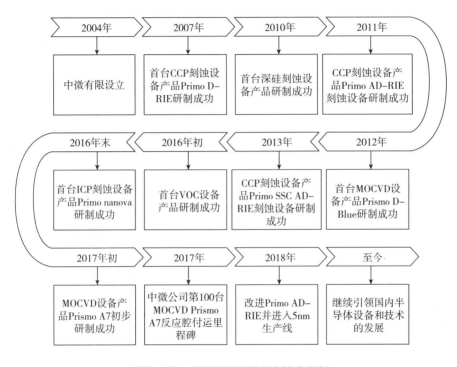

图 1 - 15　中微公司持续自主技术创新

"纵向集成"商业模式可以实现技术的连续性、互补性和可持续性,有利于保障产品的高可靠性,缩短产品的研发周期,从而保证了公司的长久竞争力。得益于半导体行业的增长、全球产能向中国转移,以及公司技术研发、产品品质、品牌信誉度、用户资源等方面的优势,公司半导体设备产品线逐渐扩充并实现规模化销售,已经形成刻蚀设备和 MOCVD 设备并重的收入结构,新一代产品也逐渐进入市场,收入利润保持高增长。公司收入利润从 2016 年的 6.10 亿元增长至2018 年的 16.39 亿元,年均复合增长率达64%。净利润同样高速增长,从 2016年亏损 2.4 亿元增长至 2018 年的盈利 9087 万元,2017 年、2018 年增长率达到112%、203%,成长性极强。

三、刻蚀设备和 MOCVD 设备：精准定位、纵向集成、价值导向

刻蚀设备决定芯片制造基础，MOCVD 设备反映 LED 产能。中微公司的主要产品为电容性等离子体刻蚀设备、电感性等离子体刻蚀设备、深硅刻蚀设备、MOCVD 设备等，公司在这些产品领域均掌握了相关核心技术，如图 1-16 所示。公司销售的产品运用了这些核心技术，并依赖这些技术开展主营业务。同时，公司也进行了先进工艺的精度控制、颗粒污染控制以及材料选型等技术储备，以应对下游需求的变化。MOCVD 设备方面，公司已储备了硅基氮化镓生长工艺、在大尺寸蓝宝石基板生长蓝光 LED 工艺等技术；刻蚀设备方面，中微设备在单位时间生产效率、关键尺寸稳定性和均匀性、颗粒污染率等核心指标上已具国际竞争力。主要用户涵盖台积电、中芯国际、联华电子等国际一线厂商。设备毛利率水平已同国际对标公司相近，为产品竞争力最佳验证。介质刻蚀设备已在台积电 7nm、10nm 先进制程产线工作，并与其联合进行 5nm 认证。随着产品竞争力不断获得用户验证，我们看好未来公司刻蚀设备国产化替代持续取得突破。

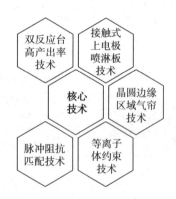

图 1-16　公司核心技术

四、创始人及技术团队优势

公司成功打造了具有创造力和锲而不舍精神的创始人及技术团队，这保证了公司产品和服务不断创新改进。自创立以来，中微公司聚集了国内外一流的技术和管理精英，吸引了大量境内外知名投资机构，并有效地激励员工不断创新创造，主要受益于自身独特的管理理念和管理体系，包括目标管理和综合评分制、关键指标管理、矩阵管理、全员持股激励制度、充分发挥员工积极性、兼顾各方利益和打造学习型组织，如图 1-17 所示。

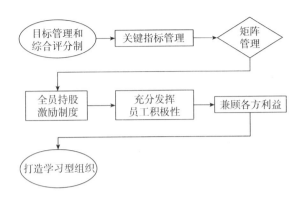

图 1 - 17　中微公司核心管理体系

中微公司的创始人、董事长及总经理尹志尧博士在半导体芯片和设备产业有35 年行业经验，是国际等离子体刻蚀技术发展和产业化的重要推动者。2018 年美国半导体产业调查公司 VLSI Research 的全球评比中，中微公司董事长尹志尧博士与英特尔董事长、格罗方德 CEO 被评为 2018 年国际半导体产业十大领军明星。

中微公司的其他联合创始人、核心技术人员和重要的技术工程人员，包括杜志游博士、倪图强博士、麦仕义博士、杨伟先生、李天笑先生等 160 多位各专业领域的专家，其中很多是在国际半导体设备产业耕耘数十年，为行业发展做出杰出贡献的资深技术和管理专家。他们在参与创立或加入中微公司后，不断创造新的技术、工艺和设计，做出了不可替代的贡献。

中微公司以合作共赢的团队精神和全员持股的激励制度，形成了成熟的研发和工程技术团队。公司按照电容性等离子体刻蚀设备、电感性等离子体刻蚀设备、深硅 MEMS 刻蚀设备、MOCVD 设备等不同研发对象和项目产品，组成了分工明确的专业研发团队，涵盖了等离子体物理、射频及微波学、结构化学、微观分子动力学、光谱及能谱学、真空机械传输等相关学科的专业人员。凭借研发团队多年的努力以及持续不断的研发投入，公司成功研发了具有独创性、先进性和前瞻性的半导体刻蚀设备及薄膜沉积设备，并实现了大规模产业化，积累了丰富的研发经验和雄厚的技术、专利储备。

五、中微公司自主创新的启示

科技创新的效应不但迅速溢出到产业领域，而且无一例外地改变了社会组织与社会生活的形态，以及人们的思维方式。技术创新从来都是一个至关重要的问题，企业要想具有市场主动权，避免受制于人，就一定先要拥有自主知识产权的技术和产品，要掌握核心技术、关键技术。自主创新确非易事，胆识必须加上谋

略方能制胜。

（1）高度重视人才培养，加强研发队伍建设。公司拥有一批经验丰富的国际化技术专家和专业人才，他们了解世界最新的市场需求和技术动向，保障了公司技术创新的精准布局和成功。公司还致力于培养年轻化的研发梯队，为公司的持续创新提供新鲜血液。

（2）建立科学的研发管理制度，推动自主研发创新。专业分工上，公司按照刻蚀设备、MOCVD 设备等不同研发对象和项目产品，纵向上组成了相对独立的研发团队，横向上不同产品研发团队拥有各自独立的机械设计、工艺开发、产品管理和技术支持团队，而在电气工程、平台工程、软件工程等方面则采用共享的方式进行研发支持。

（3）加强知识产权保护，激发自主创新。公司还成立了独立的知识产权部门和知识产权委员会。知识产权部门和知识产权委员会不仅使公司知识产权得到有效保护，同时也能避免公司在技术研发和产品销售环节侵犯他人知识产权。

资料来源：

1. 中微公司官网，https：//www. mcu. com. cn/。

2.《中微公司：自主创新　有机生长　力争成为国际一流的半导体设备公司》，https：//finance. sina. com. cn/stock/relnews/cn/2019 – 07 – 10/doc – ihytcerm2544121. shtml。

3.《中芯、中微和华力等齐心协力，将 IC 打造成"上海制造"代表》，http：//www. ee-pw. com. cn/article/201808/390430. htm。

第二章

战略定位：互联网化
企业商业模式的顶层设计

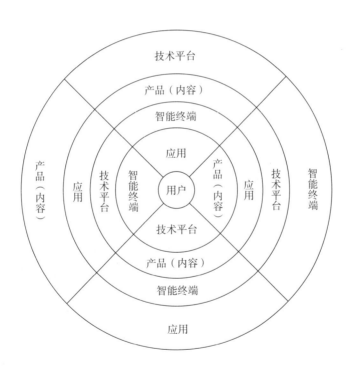

【开章小语】互联网思维，就是在（移动）互联网＋、大数据、云计算等科技不断发展的背景下，对市场、用户、产品、企业价值链乃至对整个商业生态进行重新审视的思考方式。

——马化腾　腾讯主要创办人、董事会主席兼CEO

【开章案例】 　　　　极智嘉：让物流变"生动"

LogiMAT China2019 中国国际内部物流解决方案及流程管理展览会于 2019 年 4 月 15～17 日在上海新国际博览中心举办。在本次 LogiMAT 开展第一天，Geek＋（极智嘉）首次公开发布了最新的机器人穿梭系统（RoboShuttle），并进行了实际场景动态展示，引来无数围观及热议。RoboShuttle 的发布，标志着极智嘉的创新能力进一步增强，通过对行业与技术的深耕以及专业的产品设计，开创出一个全新的机器人拣选解决方案，引来众多海内外用户的青睐。缘何极智嘉能够在创新与生产方面双开花？究其根本在于极智嘉不仅拥有丰富的产品线可满足市场的不断变化与用户的业务需求，还将仓储与人工智能结合，业务范围遍布美妆、快消、服饰等各行各业。

一、公司简介

北京极智嘉科技有限公司 2015 年 2 月 3 日成立，经营范围包括技术开发、技术转让、技术服务、技术推广、技术咨询、软件开发、企业管理咨询、销售机械、电子产品等，极智嘉目前主要的研究领域在于仓储物流领域，面对智能时代的物流变革，通过领先的机器人产品和人工智能技术实现高度柔性和智能的物流自动化解决方案，成为仓储物流行业技术变革的引领者。

2018 年，是互联网、人工智能、云计算等高技术研究与应用蓬勃发展的一年，多家优秀公司脱颖而出，得到了资本和市场的认可，越来越多的产品和应用案例落地，对各产业的智能升级产生了巨大影响。而极智嘉也在此背景下多年潜心专注研究物流仓储领域，在 2018 年机器之心年度奖项中，极智嘉的智能拣选解决方案成功入选年度 AI 产品解决方案。

随着互联网、智能的强势发展，智能拣选解决方案已经成为众多智能仓库的标配之一。特别是电商行业的不断发展，中小件、多品类的零散订单处理，成为智能仓储的重要组成部分。极智嘉打造的机器人拣选系统，通过"货到人""机器换人"的方式解决了工人在仓库找货的耗时问题，大大提高作业效率。随着机器人解决方案的不断发展和完善，"货到人"解决方案也延伸出了更多适应不同行业、不同仓库格局的优化方案，例如多层货到人、货架托盘混合场景等。目前，极智嘉的机器人拣选解决方案已经在全球范围内广泛应用。

二、系统＋机器人，打造产业链多样化

极智嘉目前拥有多元化的产品系统，分别为拣选系统、搬运系统、分拣系统以及存取系统，如图 2－1 所示。

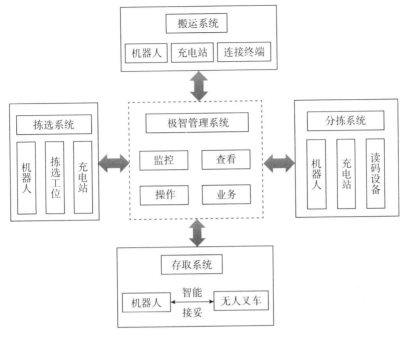

图 2-1 极智嘉产业系统

这四种系统分别拥有的核心模块包括极智嘉研发的机器人、管理系统、标准拣选工位、充电站以及终端控制设备，极智嘉研究开发机器人与管理系统并举，利用管理系统对机器人进行管理，操控机器人在指定的拣选工位进行货物的运输，并且系统能够监控仓库的动态以及机器人的状态，具有强大的导航避障功能，当机器人没电时，控制机器人自行回到充电站充电，极智管理系统极大地整合了物流资源，通过智能管理快速便捷地进行物流仓储工作，减少了人力资源成本。极智嘉的四种系统都极大地促进了智能物流的发展。

（1）拣选系统。极智嘉机器人拣选系统通过移动机器人搬运货架实现"货到人"拣选，有效提升作业效率，降低人工成本。拣选人员只需根据显示屏和播种墙电子标签的提示，从指定货位拣取相应数量的商品放入订单箱即可，打破了对照订单去货位找货的"人到货"模式，适用于中小型货物的运送。

（2）搬运系统。随着工业4.0的发展，越来越多的制造业对于智能搬运的需求与日俱增。人工成本的升高也导致工厂制造成本不断提高。新一代极智嘉智能机器人搬运系统适用于工厂生产过程中的各个物流环节，包括原材料、零配件的收发、转移、拣选、上料。主要应用于3C电子制造、汽车制造等领域。以简单易用为设计理念，利用先进的软硬件技术，为企业和组织带来更加智能的自动化搬运体验。

（3）分拣系统。极智嘉的分拣系统中，分拣机器人通过与工业快速读码设

备配合，可进行自动快速分拣，将包裹运送至条码对应的出货口，包裹分拣系统同时调度多台机器人，即可达到高效快速的分拣效果。

（4）存取系统。极智嘉的智能存取系统利用无人叉车通过同步定位与建图（Simultaneons Localizatiom And Mapping，SLAM）激光导航柔性行进，与智能机器人进行配合接驳，系统可同时对多台无人叉车进行合理分配调度，以实现多台设备协同作业，提高效率。

三、智能供应链服务，提高效率

数量巨大的用户订单使得仓储物流的压力与日俱增。与此同时，日益增长的人工成本、难以突破的效率瓶颈都成为物流时效的阻碍因素。

极智嘉一直致力于通过机器人技术解决仓储物流的痛点和难题。极智嘉所提供的全流程智能仓储系统如图 2 - 2 所示，特别针对电商平台海量库存保有单位（Stock Keeping Unit，SKU）、订单零散等特点，通过"货到人"拣选系统完成自动拣选任务，提升仓库效率以应对更多电商大促期间的发货压力，同时节省人力成本。极智嘉智能机器人系统赋能仓配供应链服务，在大数据及智能科技的支撑下为用户提供具有行业特色的供应链服务，提高商家执行效率的同时能够节约管理成本。极智嘉目前在全国市场的西南、华北、华中、华南、华东地区建造有大型的智能机器人仓库，数千台机器人可在各个仓库来往调度。机器人可根据订单实际情况进行增减，满足用户对柔性自动化的需求。同时，极智嘉供应链服务覆盖电商、零售、鞋服、美妆、母婴等多个行业，能够针对不同行业的特性定制智能供应链方案。

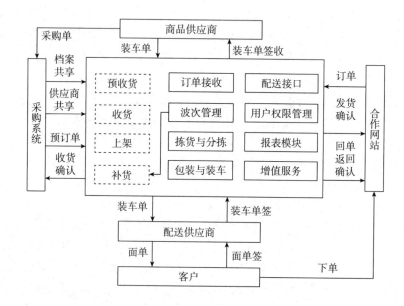

图 2 - 2 智能仓储系统

目前，大型电商唯品会和云集微店都与极智嘉进行合作，唯品会的华南仓库以及云集微店的苏州昆山仓库均使用极智嘉的智能机器人供应链服务建立了大规模、全流程的半无人仓库，在入库、上架、拣选、出库、存储的仓储流程中，通过机器人搬运货架实现"货到人"拣选作业，员工在固定的工位上进行播种拣配操作，货品自动送到工位。机器人配合后台系统管理，实现动态优化存储布局、机器人调度和订单处理，使仓库成为自适应的系统。智能仓储帮助电商平台进行智能化的波次拣选和订单拣选，极大地降低了人工成本，提高了拣选效率，同时结合机器人和人工智能的概念，为企业的品牌宣传带来了附加价值。

四、协同思维，打造企业新型管理模式

极智嘉的职能仓储系统引得许多大型网络电商平台与之合作，但同时，极智嘉需要利用人工智能与管理的快捷性帮助公司的内外部协调以及仓储物流领域的管理，为此极智嘉具有一套自主的协调管理模式，在进行企业内外部管理的同时配合合作伙伴进行仓储的分发与配送服务，极大地提高企业与合作伙伴之间的效率，如图2-3所示。

图2-3　极智嘉利用互联网进行货物管理

五、结论与启示

现在消费升级下的市场压力、海量SKU的库存管理、难以控制的人力成本，已经成为电商、零售等行业的共同困扰。极智嘉面对市场行情，快速地做出了应对策略，采用人工智能、大数据、机器人技术赋能仓储物流，打造智慧供应链生态，极智嘉为用户打破行业瓶颈提供了一种灵活的选择。

（1）建造"货到人"物流模式，极致物流智能化。极智嘉通过建立管理系统对物流机器人（拣选、搬运、分拣、存取）进行集中管理，工作人员只需要通过管理系统对机器人的行走路线、导航避障等参数进行设置，拣选人员只需根据显示屏和播种墙电子标签的提示，从指定货位拣取相应数量的商品放入订单箱即可，智能机器人会自动进行货物的拣选、搬运和分拣等流程，并且会自动智能充电。

（2）构建互联网+物流的智能管理体系，打造仓储一流服务。虽然极智嘉旗下产品种类丰富，在提供仓储物流服务的同时还销售各种机械设备、提供企业管理咨询等，但极智嘉将目标重点放在了物流仓储行业，对企业和产品进行战略定位，对智能物流仓储管理予以大量的技术投入，打造出新一代仓储智能机器人。同时将互联网技术与物流相结合，建立极智管理系统，通过终端设备对仓储分发、派送等情况进行监督和管理，打造一流的仓储服务，提高了企业在行业内的信誉，扩大了品牌效应。

（3）AI 赋能仓储环节，打通协同作业高效率。极智嘉的智能仓储物流系统中，拣选、搬运、分拣以及存取四个环节环环相扣、一丝不苟。利用一个大的管理系统进行集中管理。极智嘉在仓储系统中用 AI 赋能整个流程，无人叉车通过SLAM 激光导航柔性行进，与智能机器人进行配合接驳，打造了适用于仓库及制造业工厂的自动存取系统，从本质上改变车间或仓库混乱、分散的现状。

资料来源：

1. 极智嘉官网，https：//www. geekplus. com. cn。
2. Geek + 机器人系统在唯品会仓库中的应用 ［J］. 智能机器人，2017（3）：31 – 33.
3. 姜姝姝. Geek + 郑勇：Kiva 只是 "货到人" 的一种，机器人将改变物流业 ［J］. 机器人产业，2017（2）：57 – 61.

第一节　与国同步发展

什么是 "互联网 +"？李克强总理在政府工作报告中两次提到了 "互联网 +"，一是大力推进 "互联网 + 政府服务"，实现部门间数据共享，使居民和企业办事不拖沓、少跑腿，做到简除烦苛，同时为人们提供更多的平等机会和更大的创造空间；二是发挥大众创业、万众创新，在互联网背景下进行 "头脑风暴"，集聚大众智慧的倍增效应。"互联网 +" 的兴起从政务以及大众创新方面开始了。

一、契合 "互联网 +" 国家战略

"互联网 +" 离我们越来越近了，而互联网思维也悄无声息地弥漫到人们的脑海当中。它是基于互联网的一整套信息技术（包括移动互联网、云计算、大数据技术等）在经济和社会生活各个领域的传播和应用，而互联网思维便是基于大众创新、思维扩展创新的基础上，运用现代创新技术进行管理、技术创新等。随着我国经济与世界经济的发展，互联网经济也逐渐延伸发展。

1. "互联网 +" 国家战略

互联网的整体理解和运用已经不再局限于互联网产业的发展，其他行业也摒弃了单纯地将产品僵硬地从线下搬到线上的思路，而逐渐衍生出来的是互联网思维下的数字经济、人工智能以及将互联网发展与各行各业相融合，在企业管理中

融入互联网思维的多元发展。互联网形势下，我国对于"互联网+"内涵的理解与实践运用也越来越深入，颁布多个"互联网+"战略，从简单的"互联网+政务"开始，到人工智能的研发与赋能各行业，互联网思维无时无刻不在改变着世界，如表2-1所示。

表2-1 我国"互联网+"战略颁布汇总

年份	名称	纲要内容
2015	《中国制造2025》	部署全面推进实施制造强国战略，加快各制造行业智能化改造，发展基于互联网的个性化定制、众包设计、云制造等新型制造模式，建立优势互补、合作共赢的开放型产业生态体系。加快开展物联网技术研发和应用示范，培育智能监测、远程诊断管理、全产业链追溯等工业互联网新应用
	《"互联网+"行动指导意见》	大力发展智能制造，加快推动云计算、物联网、智能工业机器人、增材制造等技术在生产过程中的应用，推进生产装备智能化升级、工艺流程改造和基础数据共享。加强工业大数据的开发与利用，有效支撑制造业智能化转型，构建开放、共享、协作的智能制造产业生态
2016	《机器人产业发展规划（2016—2020年)》	机器人产业发展要推进重大标志性产品率先突破。在工业机器人领域、服务机器人领域等聚焦智能生产、智能物流，攻克智能机器人关键技术，提升可操作性和可维护性
	《"互联网+"人工智能三年行动实施方案》	为降低人工智能创新成本，中国将建设面向社会开放的文献、语音、图像、视频、地图及行业应用数据等多类型人工智能海量训练资源库和标准测试数据集。国家还将建设满足深度学习等智能计算需求的基础资源服务平台，包括新型计算集群共享平台、云端智能分析处理服务平台、算法与技术开放平台等。同时明确未来三年对人工智能产业的重点扶持项目
	《"十三五"国家科技创新规划》	要大力发展泛在融合、绿色宽带、安全智能的新一代信息技术，研发新一代互联网技术，保障网络空间安全，促进信息技术向各行业广泛渗透与深度融合

2."互联网+"打通传统企业任督二脉

从产品创新、技术迭代、沟通模式、人才结构、融资乃至组织体系等方面来看，传统企业的商业模式都面临着重建与改造的问题。互联网思维正逐渐向传统行业、数字经济、AI智能等蔓延。"互联网+"传统行业并非是二者的简单相加，而是相互渗透与融合。不是传统行业简单"接天线"即可完成渗透与融合，

而是要通过互联网思维打通传统企业的"任督二脉"，对传统行业进行思维模式、经营模式和技术模式的颠覆，进而让互联网与传统进行深度融合，打造发展的新生态、新业态、新模式。

二、《中国制造 2025》，"AI +"大目标

企业对智能制造含义的理解与对未来的演变发展的认识更加深刻，智能制造不再是单纯的机器系统，而是使企业的产业链智能化发展，通过互联网的平台作用、智能协同思想使上下产业链向创新化、协同化、智能化发展。智能制造从机器系统发展成为企业生存发展的思维方法。

1. 智能领域，中国"智"造

2015 年 5 月 20 日，国务院印发了《中国制造 2025》，部署了全面推进实施制造强国战略。根据规划，通过"三步走"实现制造强国的战略目标，其中第一步，即到 2025 年迈入制造强国行列。我国还通过了一系列政策纲要表示要大力推进发展智能制造和鼓励智能化创新，加快推动云计算、物联网、智能机器人等技术在传统行业中的应用和基础数据共享。

2. "AI +"发展，助力我国经济腾飞

"AI +"即"AI +传统行业"，是人工智能与传统行业产业链和管理等方面的全面渗透、融合与升级。对于传统互联网行业来说，单纯的基于线上的发展模式已经接近发展瓶颈，未来的发展趋势必定是线上线下的深度融合和产业间的完美契合。传统的互联网企业若只是维持平台的现状而不去进行创新，终将会被市场所淘汰。而新兴的互联网企业会增强科技研发，用人工智能使得互联网平台焕发生机，用创新系统向传统行业渗透，用 AI 赋能各领域模块，通过与传统行业协同发展来迅速扩大互联网经济的规模。

三、数字经济与实体经济的融合

《数字经济：中国创新增长新动能》一书指出，"互联网 +"是手段，数字经济是结果，因此数字经济的发展必然深刻影响传统企业和互联网企业，成为中国创新增长的主要途径。为政府和企业了解、制定数字经济时代的政策、发展战略提供了清晰的蓝图之后，数字经济成为了继互联网 + 、AI 之后又一全新热词，是我国的新经济、新动能。

1. 数字经济发展态势

数字时代，数据就是机遇，数据就是潜力，数据是生产要素。数字产业结构优化，信息消费、数字经济领域投资、数字贸易等需求不断释放活力；产业数字化深入推进，地方转型实例不断涌现，比如江苏、重庆等地的汽车制造产业；数

字化治理能力全面提升；数字经济吸纳就业能力显著提高。

2. 数字经济的未来发展方向

智能制造与工业互联网、智能汽车与智慧交通、人工智能打造智慧城市等行业和领域加速实践数字化转型。未来，对于数字经济的发展，将从更加深入化、务实化、合作化方面发展。

（1）强化数字经济法治建设。欧美国家对于数字经济主权问题从理论和实践层面上升到如今的法律层面，美国和欧盟分别通过了域外合法使用数据和一般数据保护的相关法律，如表 2 - 2 所示。

表 2 - 2　数据主权法律制度

制定者	法案
美国	《澄清域外合法使用数据法》
	《2018 消费者隐私法案》
欧盟	《一般数据保护法案》

（2）组织机构合作更加深入。数字经济发展受到全球的重点关注。在竞争愈发激烈的市场环境下，国内外的贸易体系均存在动荡性，数字经济的确定性和重要性便愈发凸显。更多已有合作基础的国际组织或国内外企业进一步与科研机构、高校展开合作，推动企业数字化进程。

（3）数字技术领域竞争愈发白热化。2018 年以来，欧盟将人工智能作为未来数字经济竞争的核心领域，并将中国和美国作为核心对标对象，主动跻身全球数字经济竞争。目前，数字技术早已经由原本的互联网数字平台转移到 AI 智能上来，引发思维、管理技术不断进化，在最前沿的数字科技领域的竞争也是越发激烈。

3. 数字 + 实体，打造数字中国

我国正处于实体产业转型升级、提质增效的重要关口，推动实体产业高质量发展，依托实体产业全要素生产率提升来重塑实体经济核心竞争力、打造新时代发展的新动能，是数字经济与实体经济融合发展的重大历史使命。数字经济对应于传统经济，是全社会的数字化活动的经济总和，代表着农业经济、工业经济之后的新兴经济形态。

4. 融合 2.0 时代的挑战：用户体验→用户价值创造

目前，对于数字经济与实体经济的融合已经进入了 2.0 时代。不论是国际上还是国内上均已进入了融合 2.0 时代。到了 2.0 时代，也就是物联网经济时代，重心已经转变为用户价值以及构成这些价值的所有数据。这种转变带来众多新机

会的同时，也带来不小的挑战，主要有以下三个方面：

（1）用户层面。在产品、服务等产业数字化的过程中，会面临时间质量下降、个人隐私暴露等问题。因为消费数据化后，用户的个人消费记录和详情都会数据化保留在线上，如果泄露出去，用户的生活细节就完全被曝光了，这对个人隐私是非常大的风险。

（2）产业层面。产业层面会出现产业日益趋向垄断，以及创新难度增大等问题。数据作为一种特殊的商业资源，具有很高的价值，如果将消费行为都数据化，而这些数据又被某个公司所掌握，那么就势必带来高度垄断。

（3）技术层面。进入物联网经济之后，可以预见，各类型数据将会层出不穷，全社会的数据总量将会出现井喷式增长。迅雷集团 CEO 陈磊表示，近两年来全网数据量和通信总量，都在以非常惊人的速度增长。

专栏 1　　　　　松鼠 AI：定制学习方案的智能"教育家"

自适应学习（Adaptive Learning）的概念伴随 20 世纪 70 年代人工智能的概念而兴起，在当时人们相信计算机终将获得人类的自适应能力。乂学教育智适应教育于 2018 年 6 月重磅发布了松鼠 AI 品牌，解锁全民智适应学习新模式。美国硅谷的斯坦福研究中心也专程前来参与松鼠 AI 品牌发布会，其合作对象主要是苹果等世界 500 强企业，很少与其他企业有交集，而乂学教育松鼠 AI 却打破了这个惯例，成为其在中国唯一一家在人工智能方面"牵手"的品牌。

一、公司简介

"松鼠 AI"是由乂学教育开发的人工智能自适应学习引擎，也就是智适应教学机器人。乂学教育松鼠 AI 的智适应技术、中国人工智能在教育场景的应用已走在世界前列。从成立以来，乂学教育就在教育行业中处于领先地位，2017 年被钛媒体评为"年度人工智能产业最佳应用 TOP 10"和"年度最具潜在价值企业"，2018 年在机器之心年度奖项"Synced Machine Intelligence Awards"的评选中被评为"全球三十大最佳 AI 应用案例"。

二、塑造松鼠 AI 战略品牌，打造人工智能＋教育新局面

乂学教育自 2015 年成立以来，获得了 3100 万人民币的种子轮投资，由青松基金、正和磁系、好未来集团、新东方创始人俞敏洪共同投资。2018 年正式推出"松鼠 AI"品牌并发布松鼠 AI"1 对 1"产品，"松鼠 AI"是一个以高级算法为核心的人工智能自适应学习引擎，乂学 AI 系统模拟特级教师给孩子一对一量身定做教育方案并且一对一实施教育过程，能够比传统教育效率提升 5～10 倍。

（1）人工智能与教育有效结合。乂学教育将人工智能与教育有效结合在一起，通过大数据的收集、整理、分析等建立人工智能对孩子多元化的学习情况、学习进度、学习偏好进行个性化的学习计划设计和学习辅导设计，并且与优秀教师的教学内容结合，通过对教育模式的创新，利用科技的发展、技术的发展，推动教育加速进步，如图 2-4 所示。

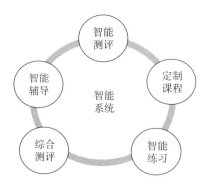

图 2-4 智适应教学智能系统

（2）智适应学习引擎设计严格。乂学教育在智适应学习引擎设计中，采用严格的对比试验设计，从学习效果、效率、过程等多个维度，全面对比分析了通过乂学教育的自适应学习系统学习和通过云学时代的个性化学习系统学习的差别。

三、线上线下产业融合，打造多维学习平台

乂学教育目前已经在全国范围内开设了将近两百家的门店，分布在全国各个省市，特别是北上广一线及江浙、中原等地区的大中型城市，其线下培训中心收获了良好的口碑。乂学教育打造了 MCM 系统可以检测出人的思维模式（Model of Thinking）、学习能力（Capacity）和学习方法（Method）。

（1）学习体验良好。通过线下体验与线上报班且授课的模式，学生和家长愉快地体验了智适应学习体系，通过智适应系统连线在线真人教师给予学生个性化的辅导体验，极大地提高了学生的学习热情，同时节省了来回上课的时间，甚至被家长称为"足不出户的提分神器"。

（2）学习平台多维化。乂学教育通过线上线下联合开展推广，进行产业链融合并且根据学生的需求打造不同的学习平台，完美地契合学生要求，打造企业品牌效应。零点有数（第三方独立研究机构）通过对乂学教育研究设计、试验现场执行、试验数据收集、数据分析与研究报告的全过程进行审核，并且对参加试验的部分学生进行了访谈，调查结果显示，智适应系统有显著的提分效果，在"有效性"和"满意度"上获得了较好的学生反馈。

乂学教育松鼠 AI 从孩子学习上的痛点入手，创新性地将人工智能技术运用到了教育领域。"让每个孩子身边都有一位超级 AI 老师"是创始人栗浩洋投身教

育领域创业的初心，也是整个团队坚信的 AI 改革传统教育的终极方案。给中国孩子们带来全新学习模式，让教育变得科技化，让学习变得更高效，乂学教育松鼠 AI 获此殊荣可谓实至名归。

资料来源：松鼠 AI 官网，https：//www.171xue.com。

第二节　战略定位，产业聚焦

在营商环境不断变化的现代社会，企业要想拥有立足之地，就应该具有良好的"权变"精神，能够对市场的风向变化、时代的变化以及科学技术的变化做出实时反应并进行企业战略定位。战略定位就是把公司的产品、形象、品牌等放在潜在消费者心目中的有利位置，战略定位有利于公司的发展。战略指导或决定企业整体发展的方向。

一、明确方向，廓清思路

营商环境是经济软实力的重要体现，对投资、经济活力乃至社会发展都会产生广泛影响。根据世界银行发布的《2019 年营商环境报告：为改革而培训》，我国得分 73.64 分，在全球 190 个经济体中排名第 46 位，比上年提升了 32 位，跻身营商环境改善最大的经济体排名前十。我国营商环境无论是整体排名，还是报告中所涉及的各领域和指标排名，都取得了较大进步（见表 2-3）。

表 2-3　国际营商环境指标

营商环境子项目	衡量指标
开办企业	步骤、时间、成本、最低实缴资本
办理施工许可	步骤、时间、成本、质量控制和安全机制
开通电力	步骤、时间、成本、电力供应的可靠性和关税的透明度
登记财产	步骤、时间、成本和土地管理制度的透明度
获得信贷	动产抵押法律和信贷信息体系
中小投资者保护	中小股东在关联方交易和公司治理方面的权利
纳税	支付金额、时间、总税收和缴费率
国际贸易	时间、成本
合同执行	解决商业纠纷的时间和成本以及司法程序质量
破产清算	时间、成本、结果和回收率以及破产法的力度
就业市场规则	就业规制的灵活性和工作质量

1. 政策环境

当前，为应对复杂形势的挑战，各地区、各部门持续推进"放管服"等改革，改善营商环境取得了积极成效。高质量的监管是智慧型监管，而不是减少监管。智慧型监管应充分借助互联网、区块链等现代科技手段，应该是简化、实用、透明、有弹性的，可以提高企业生产率，促进经济增长。

2. 经济环境

面对严峻的国际形势和国内艰巨的改革发展任务，我国按照高质量发展总要求，以深化供给侧结构性改革为主线，国民经济运行总体平稳、稳中有进，当前我国经济形势基本稳定，如图 2 - 5 所示。

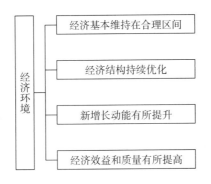

图 2 - 5　我国经济运行环境

3. 竞争环境

当前我国发展的国际环境和国内条件发生了深刻的变化。从外部看，世界经济复苏的态势仍然持续，但是不确定性因素明显增多。从内部看，我国经济健康平稳发展，具备很多有利的基础性条件。同时，我国经济发展稳中求进，通过落实加大对民营企业政策支持的力度、实施减税降费政策等具体措施，为经济增长持续增添新动力。

（1）全球经济增长出现明显分化。2018 年经济在"大摩擦"和"大调整"中实现稳定增长，但全球经济出现明显分化。除了美国等少数国家增速持续增长之外，大多数经济体的增速出现回落，伴随着中美贸易摩擦的加剧，未来中国企业要想开拓国际市场，必须适应全球经济的特点。

（2）人工智能等数字技术面临强烈竞争。中国目前是世界上首要的数字经济发展大国，随着互联网和科研技术的发展，中国互联网经济早已从简单的数字平台化、协同化转变为如今的 AI 赋能产业链，同时潜移默化地影响着中国企业家的思维模式，跟随时代潮流。

（3）国内市场创新不足。就国内市场来看，存在明显的替代品危机和潜在竞争者进入的危机。首先在于国内市场产品的新鲜度、创新度不足，就拿油漆行业来说，目前我国油漆市场多以外资企业居多，而国内仅有三棵树、彩虹尚且能够与之比肩，这几家领头企业均紧跟市场潮流，研发符合市场环境和国家趋势的环境友好型产品，逐渐占领市场，但在竞争方面，仍面临中小型企业进入市场、外资企业强大资本能力以及产品重复性的危机。

综上所述，面对中国的商业环境，中国企业应当根据世界经济结构发展变化和国内外科技的发展变化趋势进行企业的战略定位，企业进行战略定位需要明确以下几个方面：①企业从事什么业务？主营业务是什么？企业业务需要根据市场风向做出什么样的改变？②企业如何创造价值？企业的竞争对手有哪些？③哪些客户对企业来说至关重要？而哪些是企业需要放弃的？

二、产业聚焦，协同发展

企业在发展的过程中，迟早会遇到这样的问题——是跟随市场推出新产品，还是坚持原来的聚焦，抑或是开发新品牌来适应市场的变化？目前，就互联网的发展来看，聚焦问题主要在于企业对需要、对产业如何进行聚焦，在互联网思维下如何进行产业的整合与升级。

1. 聚焦产业，整合资源

"互联网＋"或许早已经转变为"AI＋"，谁能在 AI 上率先与实体产业融合，便能够领先一步，把控核心谋略。在科研投入上集中力量办大事，加快移动芯片、移动操作系统、智能传感器、位置服务等核心技术突破和成果转化，推动核心软硬件、开发环境、外接设备等系列标准制定，加紧人工智能、虚拟现实、增强现实、微机电系统等新兴移动互联网关键技术布局，尽快实现前沿技术、颠覆性技术在全球率先取得突破。

2. 产业区块链，赋能实体经济

大规模、批量化的生产解决不了碎片化的需求，而区块链等数字技术可以通过信息的获取与处理应对"多样性"的挑战，如图 2 - 6 所示。

三、市场细分，蓝海战略

随着时代的发展与变化，互联网的加入使得行业内外信息流通，产品信息甚至可以跨出国门，将市场扩大到全世界，行业边界也变得越来越模糊，商人们学会打破市场规则，突破束缚，与"红海"对立的，更符合时代发展的"蓝海"来袭。蓝海市场里，规则的打破使得企业的产品趋向多样化，市场更加宽泛，但随之而来的竞争者也越来越多，市场细分就显得尤为重要。

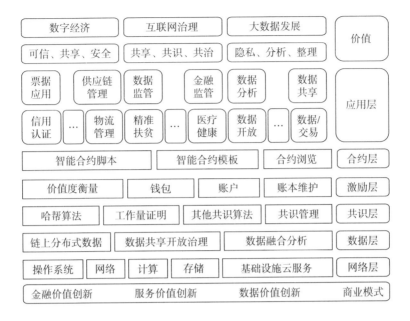

图 2-6 产业区块链应用

1. 市场细分，找出痛点

市场细分是指企业根据自身条件和营销目标，以需求的某些特征或变量为依据，区分具有不同需求的顾客群体的过程；所谓完全细分就是市场中的每一位消费者都单独构成一独立的子市场，企业根据每位消费者的不同需求为其生产不同的产品，如图 2-7 所示。

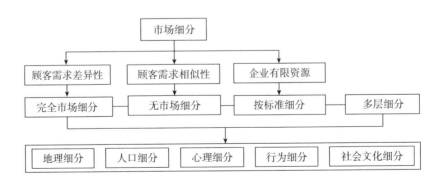

图 2-7 市场细分图

2. 痛点、卖点与盈利点的协同定位

在市场细分中，有哪些对象可用来分析企业的痛点、卖点和盈利点呢？

（1）对目标用户进行细分。市场营销对象细分化，对用户以及市场需求进行定位。要了解消费者的需求，企业需要根据自己的经营思想、方针以及产品战略定位、生产条件来确定自己的服务对象。

（2）对目标产品进行细分。这是市场营销客体细分化。市场细分的子市场比较集体，通过对消费者需求的了解，也更能够使企业接下来针对市场目标需求确定产品方向，进行生产技术的定位，进行新性能、外表等的创新研发。

（3）对市场营销者进行细分。这是对市场营销资源优势、能力细分化。企业通过细分能够确定企业的营销方向与手段，是对企业经营目标的战略定位。

（4）对市场关系进行细分。通过对市场媒介、市场通道的细分化，对市场关系进行定位、市场渠道，提高企业营销效率，节省成本。

3. 蓝海市场定沉浮

蓝海战略完美契合了当代企业在互联网思维下的发展定位。企业面对蓝海市场，只有通过行业资源整合，协同合作，同时将数字化技术与实体产业进行深度融合，方能发挥最大效用。蓝海战略和红海战略存在较大差异性，如表 2 - 4 所示，企业在蓝海市场中需要构思以下问题：

表 2 - 4　红海蓝海战略对比

红海战略	蓝海战略
在已经存在的市场内竞争	扩展非竞争性市场空间
参与竞争	规避竞争
争夺现有需求	创造并汲取新需求
遵循价值与成本互换定律	打破价值与成本互替定律
根据差异化或低成本的战略选择，把企业行为整合为一个体系	同行是追求差异化和低成本，把企业行为整合为一个体系

（1）有哪些被产业认定为理所当然的元素需要剔除？这个问题是指要剔除产业中企业竞争攀比的元素，这些元素经常被认为理所当然，虽然它们不再具有价值。

（2）哪些元素的含量应该被减少到产业标准之下？这个问题促使企业思考现有产品或服务是否在功能上设计过头，只为竞争和打败竞争对手，企业所给超过顾客所需并徒然增加成本。

（3）哪些元素的含量应该被增加到产业标准之上？这个问题促使企业去发掘产业中消费者不得不作出的妥协。

（4）有哪些产业从未有过的元素需要创造？这个问题帮助发现买方价值的

全新源泉，以创造新需求改变产业战略定价标准。面对战略定位，企业需要做到重点突出、另辟新径、令人信服，要站在适当的角度全面地考察定位，而不是为追赶对手盲目做出决策。

专栏 2　　　　　　　　　自如：让租房更"自如"

2019 年 7 月 9 日，36 氪 WISE 超级进化者大会在京举办。自如 CEO 熊林作为 WISE 2019 中国商业创变者 50 人参加本次大会，并围绕用户需求的变化、自如不断创造与迭代商业模式，发表《进化的自如》主题演讲，分享自如从行业独角兽到超级进化者所经历的商业模式创变历程。凭借着领先的 O2O 互联网管理经营理念，自如荣获 2014 年第十三届中国互联网大会"互联网创新实践典范"荣誉称号，发展历程被清华大学经济管理学院、中国工商管理案例中心作为市场营销案例用于 MBA 教学。2015 年，自如被收录为哈佛商业案例。截至 2019 年，自如已进入北京、上海、深圳、杭州、南京等九大城市。管理房屋数量超过 40 万间，累计服务 15 万自如业主，累计自如客 100 万人。

一、公司简介

自如成立于 2011 年，是一家提供品质居住产品与生活服务的科技独角兽公司。总部设在北京，在上海、深圳、杭州、南京、广州、成都、天津、武汉 8 座城市设立子公司，业务涉及国内外十几座城市。自如还是受人喜爱和尊重的长租公寓品牌及青年居住社区，服务近 300 万租客。自如旗下拥有自如友家、自如整租、业主直租、自如豪宅、自如寓、自如驿、自如 ZSPACE 等产品，为用户提供保洁、搬家、维修等系列服务。自如通过现代科技的应用，为人们提供了美好的居住体验，促使居住消费市场向高质量发展。自成立以来，从资产管理服务、生活服务、智慧与科技服务出发，不断努力创新进化，为用户创造更多价值，做品质生活的创享者。自如现已在 PC、APP、微信全渠道实现租房、服务、社区的 O2O 闭环，省去传统租房模式所有中间冗余环节，通过 O2O 模式重构居住市场格局，并建立了中国最大的 O2O 青年居住社区。

二、市场细分定位，调整企业战略

自如从成立至今已经有 8 个年头，目前已经进入北京、上海、广州、深圳、杭州、南京、成都、武汉、天津九个城市。

（1）市场细分定位。自如对城市市场进行了细致的划分与分析，关注城市的量级、人口、经济，以及租赁市场的体量、价格、市场行情等，如图 2 - 8 所示。

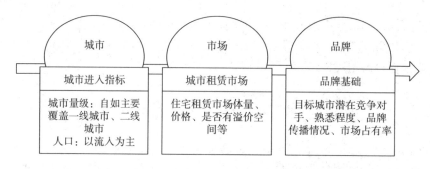

图 2-8　自如市场细分定位

（2）及时调整战略。除此以外，还收集目标城市当地竞争对手的市场占有份额和品牌的数据，进行细致分析。通过数据化手段对市场进行细分，使得自如对未开拓的市场在进入之前就有了详细的了解，方便自如面对不同的市场作出不同的营销策略。

三、全渠道 O2O 闭环营销，重构居住市场格局

在目前中国长租公寓市场中，自如无疑是针对较高端、对生活品质有一定追求的人群企业中规模最大的。

（1）O2O 闭环营销。自如积极引进了 O2O 的运营模式，公司将线下资源标准化后，在线上展示给需要租房的用户，并且通过互联网来简化和提高传统运营的流程，如图 2-9 所示。2014 年，自如 APP 诞生，并在次年实现了移动签约的功能，在经过迭代升级后目前自如 APP 已经发展到了第五代。

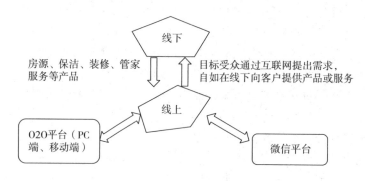

图 2-9　自如运营图

（2）完善组织架构。自如生活分别在所进入城市设有子公司，子公司按照业务开设相关部门。在一家子公司内，有详细的组织分工，哪些部门负责哪些区域的业务、用户服务，自如还为租房用户提供配置装修、自如保洁、自如维修，为租户提供全方面的服务。

自如希望人们在生活居住中能体会到无拘无束、自由自在的状态，不被琐事困扰。自如 CEO 熊林认为"ziroom"一方面符合自如本身年轻、有活力的特点，同时也传递一种全新的、有品质的生活方式。自如 Zhome App 通过连接更多设备，实现家庭场景、智能社区生活的全智能操控，为用户提供更高品质、智能化的产品与服务，让用户享受美好生活。

资料来源：自如官网，https：//www. ziroom. com。

第三节　互联网思维：专注、标签、目标、特色

互联网思维在于企业需要构建协作平台去提高运营效率、把握用户数据去进行精准定位营销，企业如何深挖用户价值、如何利用用户价值创造价值，是每个互联网公司都必须思考的问题。

一、专注思维：互联网思维的独一份

保有专注思维，企业才能够"术业有专攻"，将产品性能、技术、服务、领域完善至极，企业才能够更好地、更心无旁骛地建立核心竞争力。

1. 专注产品

企业首先要做的就是专注产品。专注对于传统企业来说很重要，只有你很专注，才能真正把产品做好。很多传统企业认为，互联网时代只要有好创意，再平庸的产品都可以流行，只要有眼球，用户就不会去计较产品，这是一种片面的理解。一个产品可以利用互联网不断制造吸引眼球的东西，甚至可以 365 天都制造噱头。

2. 专注技术

产品性能的提升依赖于专业的、不断研发创新的技术，在企业有余力开发其他产品时，能够快速上手进行产品的设计与研发。以手机行业为例，现如今手机更新换代如此之快，我国 OPPO、华为、VIVO 等手机是如何在竞争激烈的市场上占据有利地位的呢？从不断更新的手机系列来看，OPPO 主打 R 系列，VIVO 主打 X 系列，而华为主打 P 系列，每一款新手机的面世，都有摄像、功能上的全新体验，手机功能的逐渐完善，便是技术不断精进的成果。

3. 专注领域

市场细分后会得出企业今后产品的生产方向与目标，也会确定企业的目标用户和发展领域。

二、标签思维：有用才是硬道理

互联网时代，企业所有的改进都要从标签开始，不管企业的最终定位是什么，都要将标签思维进行到底，如果 QQ 在最早时期没有坚持熟人社交，也许占领通信市场的就不是这只企鹅。

1. 标签思维 = 固化思维？

生活中，人们常常对于一种事物有自己的第一印象，久而久之，若是不深入了解，就会形成"标签"，形成思维的固化，简称固化思维，抑或是"标签思维"。"标签思维"是指对所有经历或看到的人、事物的思维固化判断。"标签思维"的局限性在于轻率根据某个人的群体身份而下定论，在标签中很容易使得认知与现实产生偏差。

2. 内部"标签"要撕掉

"标签化"是一种人们在认识中将所接触到的经验、行为、个体纳入已有的类别中，也就是为其贴上已有标签的心理倾向。用户认识过程以注意、感知、学习和思维四个阶段为基础，由此可将企业内部的标签化划分为注意中的标签化、感知中的标签化、学习中的标签化和思维中的标签化四类，如图 2－10所示。

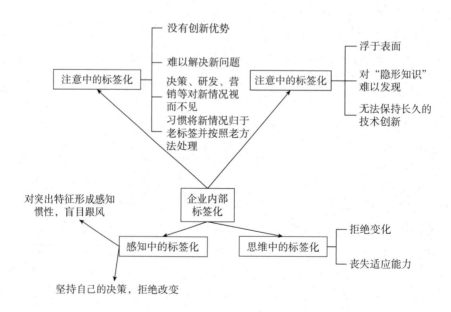

图 2－10　企业内部标签化

专栏 3   钢圈网：钢材行业的服务整合者

钢圈网依托多年积累的采购需求大数据，利用先进的"云计算＋物联网"技术，打通钢铁厂家、钢贸企业、终端采购商等钢贸流通领域环节，实现数据跨界，为建筑钢材行业提供电商全产业链集成云服务。2016 年 11 月，公司荣获"十佳钢铁电子商务企业"的荣誉称号，中国金属材料流通协会 AAA 级信用。2018 年 4 月，钢圈网荣获"中国大宗商品电商百强企业"。公司业务现已覆盖河北、河南、山东、山西、陕西、湖北、湖南、安徽、江苏、上海、浙江、四川 12 省 50 市。

一、公司简介

钢圈网成立于 2015 年，是由北京浩德钢圈科技股份有限公司主办的电子商务交易平台。本着"共筑中国最大建筑钢材电商交易平台"的网络愿景，钢圈网应运而生，多年发展下来，钢圈网始终秉持着"诚信共赢、敬业务实、激情创新"的核心价值观，以"让钢材圈子不再烦恼"为网站使命，融合多家钢材企业，打造了线上钢材市场浩德钢圈旗下钢圈网，为钢铁行业上下游企业提供货源渠道和货源需求信息，以撮合、寄售等方式，帮助用户提供线上钢铁现货交易服务。2016 年、2017 年销售量均达到 260 万吨，注册用户数量达到 8030 家。2017 年、2018 年钢圈网紧跟时代潮流，使单纯的数字平台运营结合实体经济，从辅助工具转变为经济主体，先后与阿里云、洛阳京墨供应链管理公司、北京安证通信技术有限公司、京东精肉等达成战略合作，全面开展钢圈网的线上线下整合工作。

二、向实体经济进发，融合 2.0 开启

钢圈网发展至今，平台经过多次重整完善，先后完善线上支付功能、电子合同、供求信息功能模块、"今日特价"模块、P2P 对接模块，增加店铺频道、站内信模块等，将平台重构得至善至美，为用户提供便捷、安全、多样化的服务。

（1）向实体经济进发。在改进数字化平台的同时，钢圈网也在由线上通往线下，将数字经济与实体经济相结合，进一步优化自营＋第三方店铺，强化旗下八家服务机构的店铺业务，同时与其他合作机构展开战略合作，不断尝试创新。钢圈网正从数字化产业转向与实体经济相融合，未来将继续科研创新。

（2）双驱动业务模式渐趋成熟。钢圈网目前与全国钢材市场的上中下游用户都建立了非常紧密的合作关系，具备为全国用户提供最优质资源配置和最可靠增值服务的能力。同时，钢圈网还将供应链产品服务下沉，针对终端用户推出的工程配送服务，切实解决下游终端缺乏优质供应商、上游供应商缺乏相关渠道及区域限制的行业痛点，得到了市场用户的广泛认可，网络交易＋供应链服务的双

驱动业务模式渐趋成熟。

三、钢材交易桥梁，融合 3.0 开启

2015 年 2 月 28 日，钢圈网电子商务交易平台正式上线，通过"透明"的信息流平台，搭建上游厂家与下游代理商之间的桥梁，保障钢圈网用户的在线交易，实现信息及时、提升用户交易效率、提供便捷服务的目标。如图 2−11 所示。

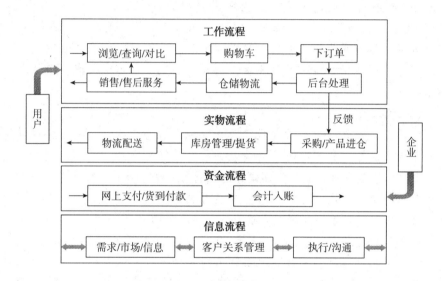

图 2−11 钢圈网商业模式

（1）连接上下游的交易桥梁。钢圈网开始仅仅作为一个交易桥梁，连接上下游之间的交易，提供可靠的、透明化的、快速便捷的多元交易平台，通过搭建互联网数字平台，整合线上线下的钢材资源，给予用户透明化、效率化、多样化的服务，此时仍然是作为一个辅助工具与手段。

（2）平台功能愈加完善。钢圈网将交易平台打造得非常完善，通过不断的科研创新和展开合作，增加了线上支付功能、安证通电子合同，进一步巩固和提升网络支付的安全性和便捷性，同时开展 VIP 活动与答谢会，巩固用户关系，至今已经完成 3.0 版本的创新，使得平台功能愈发完善。

随着国内对建筑钢材的需求越来越大，钢圈网正在致力于打造一个更加公正、系统的交易平台，融合多家钢材企业，这样一个符合要求和规范的平台必将得到越来越多人的认可。

资料来源：钢圈网官网，https：//www.gangquan360.com/。

三、目标思维：爆款锁定用户心智

企业在确定了企业的定位也就是标签之后，就需要对企业自身的定位标签进行深入的研究，包括标签的营销、产品的设计与研发以及后续的销售等，深度挖掘企业潜力，针对制定的目标前行。一家企业如果仅仅只是在商业道路上跑步，漫漫无尽头，只会让人盲目、失去信心。因此，标签制定后目标的确定，是企业更需要明确的。

1. 互联网思维下转型企业的目标

不论企业是否转型，目标是每个企业不可或缺的东西。建立目标思维，是企业不断地实践目标、思考问题的认知加工过程。随着互联网技术、大数据的不断发展，互联网更加细致地改变着人们社会经济的环境和习惯。目前，我国传统企业的管理结构普遍存在四个方面的问题：①企业管理缺乏规范性和科学性；②管理过度依赖行政化而缺乏整体性；③人才建设重视程度不够；④企业文化建设力度不足。

2. 坚守目标，超越极限

在互联网时代下，信息传递早已没有边界，对企业的宣传造势与其他方面的信息传递、合作方式等都产生了巨大的影响。互联网思维下，传统企业的转型目标需要注意以下几个方面：①互联网思维下客户体验更加重要；②生产、销售和传播规模化被淡化；③企业在目标的实现过程中要用户至上。

结合专注思维，企业对于设定的目标需要坚守，但不能盲目跟从、急功近利，面对市场的风向，企业可以及时进行适当的改变。

3. 转型目标，全副武装

企业明确定位，建立目标思维后就是要进行根本性的颠覆与实施。传统企业应对互联网时代企业变革应做到两个方面：

（1）运用互联网思维武装企业管理者的大脑。当前，我国的传统企业需要眼光放长远，厘清思路，学会利用互联网资源，全面审视互联网、智能技术，运用互联网。很多传统企业面对制度、技术等变化，认为其是洪水猛兽，企业需要认真动脑思考。企业管理者应早日掌握现金思维，建立焦点思维、平台化思维、强化用户体验思维、创新营销理念，适应经济全球化的趋势，摒弃传统陈旧的管理理念，学习和运用科学的理念，更好地应对市场发展。

（2）运用智能思维、手段对企业的实际问题进行剖析。企业需要充分利用先进互联网企业管理理念并加以实践，从实践中摸索、探讨、总结经验。并且利用网络技术新手段进一步推动企业改革，摆脱传统模式，转变生产方式，完善经营方法，提高企业生产力。

四、特色思维：互联网思维的别样商业逻辑

在互联网上，由于产品种类实在太多，所以对用户来说，能够记住一个标签中的一个产品已经不容易，你的企业的产品凭什么让人记住？这是每个企业都需要思考的问题，企业产品需要具有独特性，也就是让用户眼前一亮的东西，可以是产品性能抑或是产品包装等，独特是使企业具有核心竞争的关键点之一。

1. 构建特色管理思维

唐纳利在其《管理学基础——职能·行为·模型》一书中写道，"只有两个或两个以上的人为了完成他们中任何一个人都不可能单独完成的目标而把他们的努力和资源结合在一起的时候，就需要一个管理过程"。管理思维涉及管理过程中的目标方案、工程程序和组织活动等领域，构建特色管理思维应遵从不同的原则，如图 2 - 12 所示。

理性管理与人性管理相结合的管理思维	民主管理与集中管理相结合的管理思维	发展与稳定相统一的管理思维
• 强调规律、程序，以工作为中心 • 注重人心、人性，以人为中心	• 专权独裁式（舍去） • 温和独裁式 • 协商式 • 民主参与式	• 讲求协调、协同、合作、共享、共赢 • 构造一个稳定、协调的管理体系

图 2 - 12　特色管理思维构建原则

2. 构建特色产品思维

什么是产品？产品不是技术或能力的输出，是用户需求的体现。不仅体现在产品的设计、包装、性能、服务上，还体现在企业的生产是否会给居民的生活带来方便。因此，不仅是管理者，甚至是企业的员工也应具备特色产品思维。

（1）明确产品化。产品化必须具备对象感、场景感、价值感、结构感四个特点，构建特色思维必须从这四个特点着手：①对象感。需要你确定这个产品面向什么样的人，是儿童、是年轻人，还是将出校门的学生？只有确定了用户，才能确定内容的深度和广度。②场景感。确定你的产品是线上还是线下？是直播还是音频？每一个场景不一样，需要的产品表现形式也就不一样。③价值感。都说客户是上帝，那么使用你产品的用户就是上帝中的上帝。你的产品如何让上帝满意？例如知识类的，你需要清楚你在这段时间要让上帝学到什么，如何才能简单明了地讲清楚。④结构感。产品需要具有结构感，才能清晰地传达其内容，清晰的结构能让人有清楚的认知。

（2）定义产品。定义产品，即打算用产品选择性地满足什么用户的什么需求？对产品的定义不同，甚至会让整个商业模式彻底不同。做好"定义产品"，企业需要关注两个问题：当产品本身就是利润品时，争取把它放入某些用户最愿意花钱的心理账户；当产品可以不是利润品时，可以把它当作商业模式的一个部分去发展，而不只局限于某一款产品，如图 2 - 13 所示。

图 2 - 13　定义产品公式

（3）峰终定律。著名心理家和经济学家丹尼尔·卡尼曼说：要在用户体验"冲向巅峰"和"即将结束"的时候给用户吃。这就是著名的"峰终定律"（Peak - End Rule）。这里的"峰"与"终"其实就是所谓的"关键时刻 MOT"（Moment of Truth），MOT 是服务界最具震撼力与影响力的管理概念与行为模式。这就是让企业明确产品要在什么时候让用户影响深刻，深入人心。

3. 构建特色营销思维

互联网思维的营销模式早已颠覆了传统营销方式。企业需要细致地对企业营销产品、服务、领域的内外部环境进行分析，包括企业在生产、营销中所具有的优势、劣势，所面临的机会和威胁，都需要企业进行细致的分析，结合企业的实际情况进行富有企业特色的营销方式的设计与实践。

第四节　联结用户，数据为王

为什么互联网时代的商业模式将"用户至上"作为其宗旨之一？企业所建立的平台，其掌握的管理信息、用户信息以及面对的市场等所反馈给企业的都是数据，比如企业的产品在市场预售的销量数据、消费者反馈评价数据、竞争者数据等，在互联网时代下，掌握的数据越多，数据分析越到位，那么优势也就越大。

一、用户是兄弟，用户是上帝

在如今的互联网时代，用户就等于流量，企业如何能够让自己的产品被人们关注？需要依靠宣传造势获得用户支持，也就是流量支持，现如今，许多企业的产品推广都会去寻找政府合作进行宣传或者寻找名人合作进行推广，往往微博大V 的一条微博就能够引发几万甚至十几万的转发与评论，这就是流量效应。

1. 联结用户，精准营销

建立以用户为中心的社区创新营销体系是值得注意的。公司可以在互联网上以多种方式联结用户，例如发起社区讨论、让消费者参与产品开发或者建立一个电子商务平台，看看消费者如何选择他们的产品，但这一切的根本在于用户价值与精准营销，这是互联网带来的最大价值，一站式智能营销核心模式如图 2-14 所示。

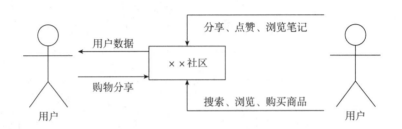

图 2-14　一站式智能营销核心模式

2. 用户流量和品牌效应

在互联网时代，所有成功的商业模式都是更多地考虑用户。用户就是使用你的产品或者服务的人，但他们未必向你付费，也未必是购买你的产品的人，他们可能是在用一些你甚至会认为不重要的、免费的服务，或是一些边缘的产品。流量所在之地，极易形成企业产品的规模品牌效应，当一家企业的产品反复地出现在平台之上，为人们津津乐道之时，那么产品的宣传就成功了一半。

3. 营销关键——四大天王

在营销中，最关键的四个关系链路就是认知、兴趣、购买和忠诚，这是营销过程连接用户的"四大天王"，通过营销推广的裂变传播效应，能够为企业带来无穷的品牌效益，如图 2-15 所示。

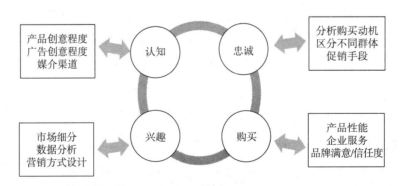

图 2-15　营销的四大链路

二、用户 + 价值 = 价值重塑

如果你需要从事商业活动，可能第一个需要问自己的问题就是"我为用户提供的价值到底是什么？"只有想明白了第一步，你从事的商业行为才可能有效果，毕竟在商业的逻辑中有效果要比有意义更重要。

1. 用户价值：互联网立业之本

用户是互联网的立业之本。互联网的开放性和跟用户的直接接触，决定了这个行业的一个特质就是：一切最终的决定权都在用户手上。在这个行业里面，用户是最终和最挑剔的裁判员。互联网的时代特征增加了用户与企业之间的联系和沟通，同时也埋下了一颗巨型炸弹，只要竞争者能提供更好的产品或服务，用户可以马上反应并进行转移。只有进入用户的心里，企业才能绑定用户，从而创造价值。企业所提供产品或服务一旦进入人的心智，将给企业带来巨大的经济效益。

2. 用户价值：企业成就之本

企业的最终目的是什么？是实现企业的价值再现，利润最大化。企业所面对的目标是什么？是企业的用户！用户是实现企业价值的最终途径，掌握用户价值是企业的成就之本。对于企业用户价值的不同，企业可以将用户区分为四类：战略用户、利润用户、潜力用户以及普通用户。通过对企业用户的不同进行区分，能够使企业有目标、针对性地建立营销渠道，如图 2 – 16 所示。

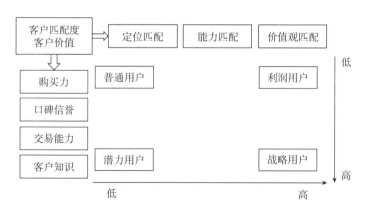

图 2 – 16 用户区分

3. 价值再造：企业商业之本

为什么要提出企业的"价值再造"呢？这不仅源于对企业转型本质的要求，更是对成功转型的理解。企业的价值再造是需要企业管理者组织资源，穿透产业链，重组产业链，打破既定的产业格局与市场结构，进而赢得市场青睐的过程。一个企业能做多大、跳多高、跑多快、走多远，便在于企业面对变化的市场和科

技发展时，如何创新地进行企业价值再造。

价值再造的要素具体包括新产品、新技术、新服务、新模式、新业态、新组织六要素：①新产品。主要指创造新产品或迎合市场需求对某一老产品的功能进行创新再造。具体形式包括：全新产品、新产品线、产品重新定义、产品的改良改进。②新技术。主要指改进现有或创造新的产品技术、生产工艺、生产过程或服务方式的一系列技术活动。主要包括开发新技术或者将已有的技术进行创新。③新服务。主要指让用户或潜在用户感受到不同于从前的崭新内容或服务体验。包括技术服务化、服务技术化、服务形象化、服务品牌化。④新模式。主要指以新的商业模式带动企业发展。挖掘企业产品的亮点和卖点，将市场及客户的痛点转化为自身的盈利点与业务的爆发点。⑤新业态。主要是运用新的经营方式、新的经营技术、新的营销手段，创造出不同形式、不同风格、不同商品组合的商业形态去面向不同的顾客或满足不同的消费需求。⑥新组织。主要指通过改善或创造更好的组织环境和制度，促进"权、责、利"等方面的组织协调及"人、财、物"等方面的优化配置，使企业的各项活动更有效。

三、联结用户：数据是第一生产要素

数据就犹如企业经营者的眼睛一样，可以反映出经营的问题，犹如舵手依赖导航一样，企业经营者依赖数据管理企业。企业进行营销，要面向用户、面向市场，需要收集到用户、市场相关的第一手资料，通过数据展现的变化趋势，实现企业的战略定位。

1. 产品、流量、渠道与数据，谁是王者

在企业这棵大树中，企业的产品就相当于企业的树干，你的企业靠什么吃饭？靠产品吃饭，好的产品才是最终能够打动消费者的心并培养消费者忠诚度的绝佳武器。流量、渠道和数据就相当于企业这棵大树的"肥料"，数据排在第一位，企业对产品如何进行定位、确定生产计划、采购计划、后续的营销计划都需要企业收集第一手资料转化为数据分析。在企业生产的过程中，就需要去开拓市场细分下的宣传渠道、营销渠道，同时配合以流量的操纵，扩大宣传面，为企业产品进入市场打开大门。

2. 数据是商业价值再造的基础

企业关心的是敏捷性和创新性，通过大数据技术，可以帮助公司及时实现这一愿望。数据分析不仅能够使企业跟随瞬息万变的潮流而不断更新，而且还具有预测未来发展趋势的能力，使企业在竞争中占据优势。可以说，数据是企业价值再造的基础。

3. 如何连接用户

企业可以通过网站、应用软件、手机用户端等不同的方式连接用户，获得用

户在流程的各个环节上关于产品、服务的意见或建议，企业通过收集反馈数据，对其进行分析衍生出的洞察力，可以帮助企业创造新型组合资源，使顾客愿意付出较高的成本给企业以补偿。用户参与创作会增加好奇心和控制感，也会增强对品牌的认同感，最终凝聚成用户与公司、产品之间的深层次关系。

专栏4　　　　　　云集微店：电商流量把控者

互联网商业化的第一个阶段是在线，第二个阶段是建立互动，第三个阶段是重新协作，在"搜"和"逛"的电商形态之后，社交电商是互联网商业化的第三个阶段。云集微店就是协作云的集合，把个人信用和影响力变成了一种共享资源，极大地提升了各个垂直领域供给和需求的连接效率。云集是一家由社交驱动的精品会员电商，提供美妆个护、手机数码、母婴玩具、水果生鲜等全品类精选商品。拥有超过4500万普通用户和700万付费会员，单日销售额最高超过8.7亿元。云集微店是继拼多多之后又一拟赴美上市的社交电商平台。短短3年多的时间成交总规模（Gross Merchandise Volume，GMV）已经超200亿元，以黑马姿态杀入中国电商第一阵营，甚至被一些行业人士称为"最大微商"。

一、公司简介

云集创办于2015年5月，之后分别在2015年8月和2018年4月完成两笔融资，金额分别为2.28亿元人民币和1.2亿美元。云集于2019年5月3日在美国纳斯达克上市，股票代码为"YJ"，中国会员电商第一股。其采用的S2b2C的会员电商模式，完全颠覆了传统电商的经营模式，创新地缩短了货源和用户之间的距离。云集成立不过短短3年，从一无所有的电商小白，到成功入选"年度最具潜力TOP10电商独角兽"。

二、全新电商模式，构建供应链平台

云集会员电商的创新之处就在于，利用S2b2C模式，让用户通过平台直连生产线，将中间所有的加价环节通通砍掉。这样就可以在成本上控制支出，同时又与海外品牌的制造商签署合作协议，确保平台商出售的产品为正品，维护平台用户的利益，如图2-17所示。

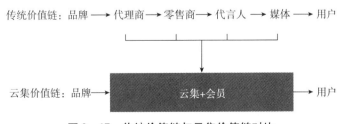

图2-17　传统价值链与云集价值链对比

（1）百分百正品，货源低风险。5000 款全球精选单品，10 亿共享库存云端供给，100% 正品。PICC 正品承保，品牌授权直采。货源涵盖范围广，包括美妆、日化、母婴用品、健康食品等商品；功效明显的商品；高应季性、高复购率、受到市场追捧的畅销热卖单品；能够为店主提供高利润、创造更多经济效益的商品。

（2）S2b2C 模式驱动。云集会员电商的实质是利用社交网络的优势，将制造端和终端用户流通链条缩短，店主在卖产品的同时也为平台做了宣传。爆款现象的背后，是云集的 S2b2C 模式驱动。S 是云集集成的一张大服务网络，即精选式采购和平台化支持，通过服务网络的支持，赋能 b（商户或企业）利用社交工具传播商品信息并进行售前和售后服务，借助个人信用，服务于 C（消费者），然而商品后台的打包、运输皆是由云集幕后进行。

三、分享经济成主流，集中发货节省力

云集电商通过社交式媒体运营，借助现存的社交平台展开裂变式营销推广，同时"化整为零"，云集为店主服务，店主去与消费者沟通，互不干涉又可进行炸裂式宣传，一箭双雕。

（1）发展社交电商。在互联网流量逐渐衰退的电商下半场，微信生态中培养出的社交电商完成耀眼逆袭。这些电商无一例外利用了微信方便分享的特性实现裂变增长。社交电商成为增长主力。消费者通过分享的方式，参与拼团、分销和社群裂变，商户通过平台的渠道更新获得了大量廉价流量。云集正是利用这一优势，成为了社交电商新主流。

（2）集中存储发货。云集不是典型的 B2C 模式，云集商店是将 B（企业）端商品聚集在自家平台上，集中储存和发货，云集建立了七大区域分仓布局，通过智能化集货仓加上门到门的干线运输，为店主省下不少人力、物力和财力，吸引了广大用户。

云集微店通过全新的电商模式和供应链平台的构建，在互联网流量逐渐衰退的电商下半场完成耀眼逆袭。

资料来源：云集官网，https://www.yunjiglobal.com。

第五节　平台战略，流程再造

互联网作为平台提供了一个前所未有的机会，以难以置信的速度和规模席卷世界。平台模式渗透了人们的生活，出现在各个行业。包括社交网络、电子商务、快递业、信用卡、第三方支付、网络游戏、房地产开发等，目前全球 100 多家大公司中有一半以上的主要收入来自平台业务模式。

一、平台战略：构建互联网商业平台生态圈

在互联网时代下，这里将构建平台生态圈主要步骤归为：定位市场—促进成长—保证质量。

1. 定位市场：寻找目标

构建的平台生态圈的首要步骤是定义双边（或多边）目标群体，确定建立起来的平台生态圈主要面向哪个领域的市场。性质不同的平台，企业连接的群体也会不同，找到价值点，实现立足。要想建立一个平台，必须要把持住在繁杂的价值链中的共性环节，做到相对高效，为一个或更多的价值链提供更加庞大的价值。这是建立一个平台的基础点。

2. 促进成长：寻求归属感

在平台基础上，建立起如技术、品牌、数据、用户等一系列自己容易复制但别人很难超越的、边际成本极低或几乎是零成本的无形资产优势，这样才能增加平台的可扩展性。同时，网络效应要一直贯穿其中。最后，衍生更多服务，生态圈为价值链上其他环节构建更多高效辅助服务，增强平台黏性以及竞争壁垒，如图 2－18 所示。

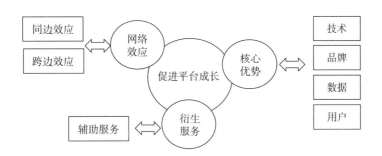

图 2－18　平台成长之路

3. 保证质量：坚固堡垒

平台生态系统的价值是随着产业的发展而变化的，将平台生态系统的功能向未来更具价值的环节进行战略性的转移和倾斜，才是增强平台生态圈可持续发展的关键点。巩固平台生态圈与巩固其他产业是一样的，需要对产业趋势保持时刻的关注，关心用户需求的变化，时时对生态圈进行优化。

二、要素匹配：平台商业生态圈成长之路

企业在合作构建平台生态圈时要明确生态圈中具有哪些要素，什么要素能够

帮助平台生态圈的建立，哪些要素起到辅助作用，并把它安排在适合的位置使之发挥最大的作用，这就是要素匹配。合理的要素匹配能够最大限度减少构建平台商业生态圈的成本，节约人力、物力以及财力，使各个企业集最大之力，为打造生态圈共同努力。

1. 生命周期规律

不论是在企业的独自发展时期还是合作发展时期，都会经历从诞生到发展、不成熟、成熟、衰退这样一个过程，就好比人的一生，从婴儿到少年，再到青年、中年，最后到老年一样，没有哪家企业、哪个平台经久不衰，重要的是看企业或平台生态圈如何应对每一次的危机和挑战，化险为夷，保持长盛。

2. 土地、劳动力、技术、资本、企业家能力等生产要素协同

按照经济学的一般理论，生产要素包括土地、劳动力、资本、技术、企业家能力五大要素。这五大要素在整个平台生态圈的构建当中处于基础地位，企业需要土地、资本的运作、企业家能力以及劳动力的配合才能够进行运作，在平台生态圈中，同样需要资本的合作与劳动的协调。技术、数据这类生产要素的加入，能够促进平台商业生态圈的发展，通过技术研发创新、数据分析等环节，使得平台商业生态圈发展壮大。

（1）引进要素，即从外界引入某些生产要素。首先是引入稀缺要素。平台生态圈在发展之际，并不是所有的生产要素都能够实现闭环流通，有时存在生产要素不足的现象，往往缺少别的生产要素，这时需要引进要素，完成协同合作。其次是补足加快发展和扩大经济规模所需的要素。

（2）输出要素，主要包括输出劳务、输出富余的生产资料要素以及要素转换。在平台生态圈内，各要素循环流转，共同协调整理，但生态圈与外界会存在相对的合作关系，此时，适当地将要素进行与外界合作的流转，能够有效地提高要素的协同作用，提高合作力量。

3. 信息流、商流、资金流、物流的协同

信息流、商流、物流、资金流是流通过程的四大组成部分，这四者在流通领域里的关系是"互为存在、相互作用、密不可分"，它们既相互独立，又是一个综合体，将这"四流"有机结合起来，会产生更大的能量，创造更大的经济效益。不论是企业运营还是生态圈的协同发展，都需要这"四流"协调运作，共同营造良好有序的平台商业生态圈环境。

专栏5　　　　　乐车邦：4S养车平台战略

2019年12月8日，由猎云网主办的"聚势谋远，创变未来——2018年度

CEO 峰会暨猎云网创投颁奖盛典"在北京成功落下帷幕。乐车邦凭借其创新的商业模式和突出的市场表现，强势入围"最具独角兽潜力创业公司 TOP10"。此次评出的"最具独角兽潜力创业公司 TOP10"，是通过对企业综合实力、产品竞争力、发展前景、行业口碑以及团队潜力等多方面指标综合考核评定得出的，是目前各行业中最有可能成为独角兽的代表企业。

一、公司简介

乐车邦成立于 2015 年，作为中国领先的 4S 店新零售服务平台，乐车邦致力于以创新技术赋能 4S 店新零售发展，构建美好人车生态。2015 年，乐车邦以"整合 4S 店闲置工位"创新模式切入汽车后市场，直击汽车保养中"价高、价位不透明、等待时间长"等痛点，将互联网思维带入相对传统、封闭的 4S 店体系，并在不到 1 年的时间迅速做到细分市场的第一。2017 年，基于庞大优质的用户群体、领先的互联网信息化手段和卓越的管理能力，乐车邦启动 4S 店托管和 B2B 零部件交易两大业务，并在 2018 年初收购人和岛后，进一步加快以创新技术赋能 4S 店新零售发展的战略部署，如图 2－28 所示。短短 3 年间，乐车邦已成功搭建围绕 4S 店体系环环相扣的生态闭环。目前，乐车邦拥有 1500 多万中高端车主用户，业务覆盖 67 个城市，合作 4600 家精选 4S 店。乐车邦托管的 4S 店已达到 140 余家，涵盖 15 家豪华型和 125 家一线主流合资中端品牌 4S 店。

二、智能管理，双管齐下

乐车邦从 PC 端和移动用户端两方面着手，利用智能手段进行用户信息跟踪，同时推出 APP 来有效降低用户流失，有效连接了用户。如图 2－19 所示。

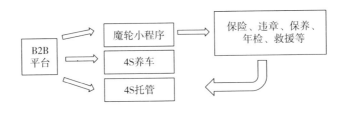

图 2－19 乐车邦商业模式

（1）两"端"发展。乐车邦在 PC 端建立的同时打造了移动用户端，并且利用智能管理进行用户报表分析、AI 雷达辅助推测，提高商机挖掘、工位利用率；企业微信、用户随手评功能，促使员工提升服务品质；卡券核销管理体系、报表分析体系自动生成经营报告，实现可视化追踪管理。

（2）AI 智能分层。同时磨轮 APP 利用智能手段有效降低用户流失，通过 AI 智能分层，建立有效用户池、增强用户活跃度、全面提升用户全程体验。小程序

具有"接触即关注、关注即留存"属性，运用大数据将访问用户智能分层，按需提供差异化服务，智能提醒年检代办、违章代缴、续保等，外接加油、违章查询等高频业务模块黏牢用户。通过有效手段连接用户，吸引不少忠实粉丝。

三、资源与用户整合，打造 4S 售后电商交易平台

乐车邦用互联网精神，重新定义了 4S，如图 2-20 所示。

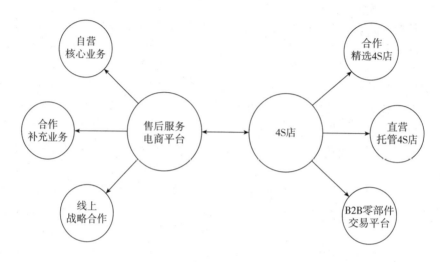

图 2-20 乐车邦 4S 电商服务生态布局

（1）互联网化汽车售后模式。乐车邦整合 4S 店服务网络打造售后电商交易平台，通过互联网化汽车售后模式，避免了传统汽修行业中的低效、相互不信任、欺诈现象，既满足了车主对价格、品质、时效的终极要求，也帮助 4S 店厂商不间断接单，填补了空闲时段。

（2）建立移动用户端线上 4S 店。乐车邦在 2015 年 5 月正式推出首款移动端产品——磨轮 APP，为用户提供接近综合维修厂价格的 4S 店原厂、标准化维修与保养服务。利用移动用户端建立线上 4S 店，打破物理空间、营业时间限制。

乐车邦用互联网精神，重新定义了 4S，即 Saving（省钱）、Speed（省时）、Smart（省心）、Service（省力）。乐车邦用实际行动履行了向所有车主的承诺：省钱即价格等同于综合维修店，保证原厂配件；省时即只要预约即可成功，车到店里不排队直接修；省心即该修什么，不该修什么，智能工具一查就知；省力即上门取送车，可以上班地址取车，如车主下班，到家里还车。乐车邦是一个致力于不断创新的平台，未来还会不断升级其赋能玩法，时刻准备好面对更多未知的挑战。

资料来源：乐车邦官网，https://www.lechebang.com。

三、流程再造：传统商业模式的颠覆

商业模式拥有"用户价值最大化""整合""高效率""系统""盈利""实现形式""核心竞争力""整体解决"等属性。其中，"整合＋高效率＋系统"是商业模式的基础，"实现形式＋核心竞争力＋整体解决"是商业模式达成的途径，"用户价值最大化＋持续盈利"是目标。企业的流程再造恰恰是传统商业模式颠覆的"痛点"，也是必经之路。

1. 信息对称：从信息不对称向信息对称迁移

信息不对称是市场经济的弊病。信息不对称现象的存在使得交易中总有一方会因为获取信息的不完整而对交易缺乏信心，对于商品交易来说，这个成本是极其昂贵的，企业甚至要为此付出信用丧失、口碑瓦解等沉重的代价。

2. 用户体验：线上订单线下体验

谈到线上线下的"双线合璧"就不能不提到京东的家电市场开拓之路。京东的无界零售战略的实施起了关键的作用，京东家电从"一体化"走向"一体化的开放"，将自己在技术、物流、服务和大数据上的核心能力开放出来，赋能给家电品牌，为消费者带来更适合的产品和服务。京东注重用户体验，以"用户""体验度"至上的用心态度，值得所有企业学习和借鉴。

3. 组织生态：虚拟组织与人本管理

对于组织的僵化，企业需要重新激活，打造企业组织生态系统。虚拟组织突破了地域、时间的限制，企业上下部门间进行任务的请示、说明它们不需要领导时时刻刻在场，只需在平台上申请，就可以随时完成审批，极大地提高企业的运营效率。

（1）虚拟组织。在组织的变革过程中，虚拟组织的出现，为如今渴望变革、提高效率的企业带来一丝希望。虚拟组织是一种区别于传统组织的以信息技术为支撑的人机一体化组织。其特征是以现代通信技术、信息存储技术、机器智能产品为依托，实现传统组织结构、职能及目标。在形式上，没有固定的地理空间，也没有时间限制。在网络环境下，企业用虚拟组织的形式组织生产与研发工作，这样可以适应全球化竞争的态势，更好地满足消费者的多变需求，使企业快速发展。

（2）人本管理。人本管理的最终目的是形成好的、积极向上的企业氛围与企业文化。但值得注意的是在组织目标达成的过程中，组织成员的工作积极性和创造性不会自发存在，管理者的重要任务就是要最大限度地激发组织成员的工作潜能，并将他们的行为引向组织目标之途。但问题在于，管理者何以最大限度地激发其组织成员的工作潜能，即组织成员什么状态下愿意充分展现其才能并不断

自主挖掘其自身的内在潜能。

4. 团队激励：三观合，百业兴

互联网时代，以实现组织总体目标为根本出发点的激励机制已经失效，与其在服从指挥或命令下部分达成自身目标，不如让个体从实现自我价值出发，最终促成总体目标的实现。

（1）管理者应把组织中的个体当"人"看。目标是潜伏或活跃在个体内心的自我的未来状态或其他心理图式的可能运动，它是个体在后天社会生活环境中建构起来的，并自然地影响着其具体的行为策略。这种目标被激活之后成为个体行为的发动者和力量源泉，并成为行为的内在原因和动力。

（2）管理者在工作中，尊重每一位员工。秉持着锻炼、培养、合作的精神与员工并肩奋斗，同时让员工觉得他们的付出是有回报的，是能得到反馈与理解的。

（3）管理者自身的综合素质亟待提升。作为管理者，应该是各方面能力素质全面发展的综合型人才。懂技术，懂心理学、行为学等基本理论方法。成功的管理者往往有悉心观察员工的细微处表现，能体察员工的生活甚至可能包括感情、家庭生活等方面。关爱每一个员工，让员工觉得这个工作环境就是一个温暖的大家庭，往往能取得意想不到的良好效果。

【章末案例】 作业帮："互联网＋"学习交流新形态

在庞大的互联网教育市场中，K12 教育的占比虽然不高，只有 2.7%，但 K12 满足了小学、初中、高中生的学习需求，因此 K12 教育是一种刚性需求，并且随着互联网教育规模的持续增长和人们对互联网教育的认可，K12 的规模也会不断扩大。根据易观智库的数据，K12 教育在近几年一直保持着 25% 左右的增长率。由于有着庞大的用户基础和良好的预期，市场上充斥着许多 K12 教育相关的应用，目前 K12 互联网教育主要有以下四种典型细分市场：家教平台（好老师、请他教）、题库（易题库、猿题库）、在线教学（高能 100、酷学习）、作业答疑（作业帮、学霸君、小猿搜题）。作业答疑是一个新兴市场，用户规模在持续增长，这类产品凭借强大的资源整合能力，提供海量题库，解答用户的问题，并且运用图像识别等技术壁垒，将竞争者排除在外，配置相对平衡的老师、学生数量，提高答疑效率。其中作业帮和学霸君在中小学教育类 APP 里排名前二，相爱相杀。

一、公司简介

作业帮于 2014 年在百度内部孵化，2015 年分拆独立运营。2017 年，作业帮完成了1.5亿美元C轮融资。据36氪报道，作业帮于2018年7月完成了3.5亿美元D轮融资，本轮融资由Coatue领投，高盛、春华资本、红杉中国、GGV纪源资本、襄禾资本、天图投资、NEA、泰合资本等新老股东跟投，泰合资本担任独家财务顾问，本轮融资也将主要用于新业务的研发和推广，如图2-21所示。

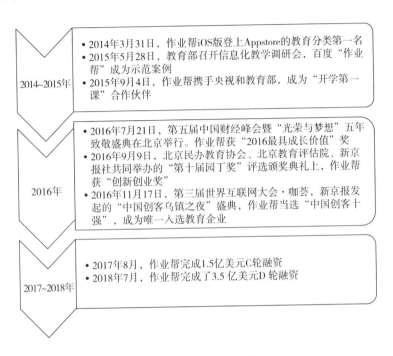

图2-21 作业帮发展概况

作业帮平台自主研发了10余项学习工具，包括拍照搜题、作业帮一课、一对一辅导、古文助手、作文搜索等。在作业帮，学生可以通过拍照、语音等方式得到难题的解析步骤、考点答案；可以通过作业帮一课直播课堂，与教师互动学习；可以迅速发现自己的知识薄弱点，精准练习补充；可以观看课程直播，手机互动学习；也可以连线老师在线一对一答疑解惑；学习之余还能与全国同龄学生一起交流，讨论学习生活中的趣事。作业帮致力于为全国中小学生提供全学段的学习辅导服务，作业帮用户量已突破3亿，是中小学在线教育领军品牌。

二、用户集聚，平台成长之路

作业帮创始人及CEO侯建彬认为，产品的商业价值往往和它对用户价值的挖掘相关，即是否真正满足了用户需求，并且"发现需求—满足需求"这个过程一直在持续发生。对于作业帮来说，新产品和服务延伸都是基于用户需求，进而再在线上去构建学习场景。作业帮一直秉持着用户至上的原则，深度挖掘用户

的需求，面对学生和家长的不同需求，作业帮在构建平台的同时为学生和家长建立两套不同的登录系统，家长可以通过切换家长模式来检查孩子在课程中的学习和作业完成情况。同时，作业帮始终贯彻"用户至上"的理念，从满足学生做题的拍照搜题软件出发到成为在线教育平台，作业帮在 2016 年推出了"作业帮一课"的在线直播课程，课程涵盖了小、初、高所有学科，满足了广大学生的需求，还推出了少儿英语品牌"浣熊英语"，帮助少儿进行学前辅导。可以说，作业帮的一路成长，始终坚决以用户为核心，如图 2-22 所示。

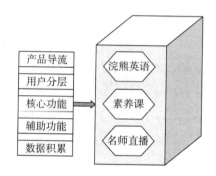

图 2-22　作业帮主要课程服务

作业帮作为工具类产品，运用典型的商业模式，通过切入作业这一高频场景来积累用户和流量，进而借助内容或课程服务完成流量变化。从拍照搜题神器到在线教育平台，作业帮完成了平台战略的全新转变。

三、科技、内容、服务相互整合，深度挖掘用户潜力

作业帮 APP 的月活用户已经超过了 7000 万，占到了市场份额的 70%，根据团队提供的数据，现阶段作业帮每月新激活的用户在 1000 万左右。作业帮首先是一个效率工具，用户对于工具的判断标准只有一个，即产品是否足够好用，更具体来讲，则是响应速度、内容反馈的准确度等。而 K12 又是一个典型的口碑驱动型市场：产品试用用户本身就是一个封闭场景，当产品足够好的时候，自然能够实现口碑传播。作业帮主打拍照搜题起家，现在明显在往教师辅导、在线课堂等方向发展，全方位帮助用户学习，打通学习中的每个环节。社交是学生群体最喜爱的功能之一，爱分享、爱吐槽是学生群体的特点。同时，学习时间长了一定有放松的需求。所以，社区的建立可以大大增加用户的黏性：不仅可以分享学习经验，而且在放松时，也能找到自己感兴趣的东西。作业帮的社区类似百度贴吧，学生们对贴吧这种社交模式已经非常熟悉，这样做能够大大降低用户的学习成本，让用户更容易上手。作业帮还有答题功能，回答别人的问题，可以获得帮

帮币，可以在商城中换取商品。对于搜题的用户来说，没有搜题时，这是一个出口，可以问学霸；对于学霸来说，做题可以得到一些福利，鼓励学霸使用此APP，使用户群体更加丰满，各个学习水平的用户可以各取所需。

四、服务到位，深入人心

作业帮从辅助工具软件向在线教育平台的成功转变离不开其背后的售后服务，包括为学生量身定制报告材料进行精细说明，让学生、家长清晰明确地了解学生的学习情况，同时作业帮拥有家长登录系统，让家长能够真正地了解到孩子的学习情况，并且能够与老师进行沟通，实时掌握孩子学习情况。作业帮的双系统从学生、家长两个角度出发，以用户的实时需求为主，既帮助孩子解决学习问题，又能够让家长放心，这种服务深入人心，也改善了学生与家长之间的隔阂。在服务阶段，作业帮提供大量具有多年教学经验的资优教师，同时在线课程突破了地域、时间的限制，让学生可以随时随地在家学习，与老师面对面学习，为学生提供互动激励式教学，并且同时配备班主任监督机制，关注孩子的身心健康和学习进度。

与此同时，作业帮团队除了迅速推广产品，还能帮助团队在前端进行数据积累，团队会对不同的知识点进行大量数据整合，这些数据会反馈到教研，成为用户需求挖掘和内容产出环节之一，作业帮还开通在线评价的环节，学生可以通过评价机制对老师课堂上的上课质量以及课堂下的解惑服务进行评价，作业帮通过海量的在线题库和学生反馈数据为用户提供数据化教研，让科技、内容与服务融为一体，共同深度挖掘用户潜力，如图2-23所示。

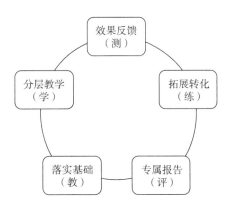

图2-23　作业帮课程服务体系

五、结论与启示

随着信息技术和教育教学的不断融合，越来越多的教育工作者认识到，在线

教育是信息技术与教育教学深度融合的典型应用，满足了社会对优质教育资源的渴求。

（1）深入用户需求，贯彻平台战略。在线教育的核心在于解决稀缺性，从作业帮的角度，他们是如何解决稀缺性的呢？可以从两点来看：人和内容生产机制。作业帮对于线下用户对教育学习的思维模式进行了广泛的研究：在线下，由于单个教师能够直接和学生进行接触，在这个封闭场景下，他们有自己的产品和服务逻辑，但放到更开放的线上环境当中，这些个性化的产品是否具有普适性值得被讨论；学生在线下学习中会遇到什么样的阻碍，而线上教育平台如何针对线下教育的漏洞进行创新与填补，满足用户的需求，这便是作业帮前期思考以及前端收集数据的目的所在。作业帮所做的并不仅是通过技术将线下的场景搬到线上，更复杂的在于产品化的过程。面对学生和家长的不同需求，面对更好地吸引用户的难题，作业帮平台建立了一套 SOP（Standand Operating Procedure）流程，从内容立项到产品上线要经历 24 个环节，其中最主要的考虑就是内容产出的稳定性。

（2）用科学技术为教育赋能。作业帮从学生、家长和教师的角度出发，从学生角度，作业帮以"拍照搜题"功能为切入点，利用图像识别、智能题库、精准检索等人工智能技术，模拟了学生遇到问题、寻求帮助的学习过程。只要学生用手机对着不会的题目拍照，就能立刻得到题目的详细解析、知识点讲解、相关练习等一整套学习服务。作业帮以自身的技术优势和"人工智能＋大数据精准教育"系统，推进信息技术与教育教学深度融合，为广大学生、家长、老师、学校提供全方位的教育服务。

（3）深入需求，智能解决。作业帮在为学生考虑的同时，也站在家长的角度思考问题，深入家长的需求，开设了家长入口，家长可以在孩子上课期间随时检查孩子的听课情况，并且不被孩子知道，全面了解孩子的学习情况和学习报告，及时与老师沟通，配合老师一起指导孩子纠正错误，以温和有序的做法循序渐进，携手为孩子营造温馨愉快的学习环境。

资料来源：

1. 作业帮官网，https：//www. zybang. com/。

2.《用互联网思维写作业：作业帮 VS 学霸君竞品分析》，https：//www. woshipm. com/e-valuating/390925. html。

3.《侯建彬揭秘作业帮：起于工具兴于平台》，https：//wemedia. ifeng. com/69847237/we-media. shtml。

第三章

盈利模式：互联网化
企业商业模式的本质

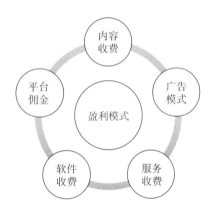

【开章小语】面对商业社会的新局面，企业应该如何变通呢？战略如何落地？策略如何解构？定位如何实现？如何找出其中所蕴藏的红海和蓝海呢？这些自上而下的经营问题都会落到产品（或服务）的各个层面：属性、成本、设计、定位等，而这些都包括在企业的整个盈利环节当中。只有适应时代环境，推翻或升级旧有模式，构建代表时代特征的商业模式，一切以用户为中心的用户思维才能实现盈利。相比较传统盈利模式，互联网时代要求重塑盈利模式。

——周鸿祎　董事兼CEO

【开章案例】　　　　农分期：农业服务平台领先者

我国农业正朝着现代化和集约化的方向发展，农业分期服务的使用者是我国农业现代化和集约化进程的中坚力量，是国家积极培育的"新型农业经营主体"，是我国农业现代化和集约化进程的重要组成部分。2018 年，农分期亮相2018 年"双创"博览会，为现代农业发展增添了动力。2019 年，农分期正式披露完成了价值数亿元的 C 轮融资。在新时期农业发展的道路上，农业逐步推进了数据化、在线化、智能化等服务模式的升级，以满足用户多样化的需求。以"未来之秩"为主题的 2018NBI Awards 年度影响力评选及颁奖典礼在北京丽都皇冠假日酒店拉开帷幕。农分期凭借 2018 年在农业服务及金融科技领域的产业创新及影响力，成为唯一一家入选品途"2018 NBI Awards 商业影响力年度企业百强"的新型农业服务企业。

一、公司简介

农分期成立于 2013 年，是中国最早专注于农业的创新型企业，也是中国规模最大、产品体系最完整的综合服务平台。以分期采购农业物资为出发点，构建"农业＋金融＋互联网"模式的综合服务平台。在"农分期"商城，农民可以分期购买农业机械、购买大宗农产品和支付土地出让金。农业分期付款以农业机械的分期消费为起点，通过信托、保险、银行等资金，为农民扩大生产经营范围提供分期消费和贷款服务。本着"用户为本，诚实守信，敬业尽责，艰苦奋斗，拥抱变化，团队协作"的农业经营宗旨，以成为中国领先的农业服务平台为愿景，农分期一路前进。

农业分期付款业务模式与农村市场十分接近，具有信息和成本优势，能够有效降低金融机构的信用风险，增加资金供给，帮助农民，优化农业相关资金配置。目前，农业分期服务覆盖江苏、安徽、江西、湖北、河南、河北、山东等省份，主要服务于大型农业户、农业机械合作社、家庭农场等新型农业经营群体，参与大规模农业生产。随着农村人口的迁移和土地管理方式的转变，农村的两大需求日益突出，一是生产经营需求，二是消费需求。周健认为，消费需求主要与人联系在一起，人相对流动，但土地不能转移，所以在商业的早期阶段，农业阶段的定位是服务于农民的生产经营需要。

二、资源整合，打造农业服务生态圈

农分期通过线上线下各个合作伙伴以及商家的资源整合，从播种、收割到贩卖的全过程，为农户提供一条龙的服务，只要农户需要，农分期平台上就有，极大地解决了农户们生产以及销售的各种事宜与难题，如图 3-1 所示。

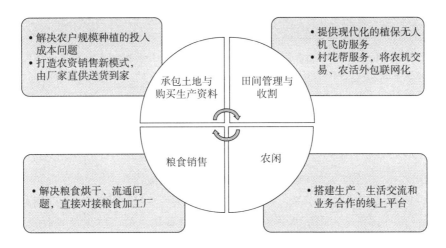

图 3-1　农分期业务模式

农分期深化农业场景，全面整合农机、种子、农药、化肥、农业技术、粮食流通、农业金融、信息服务等各要素，把农业生产、农民分期作为一项优势。农分期作为综合服务平台提供商，根据农业生产的特殊性，以互联网金融工具、农业服务为中心，不断创新零售产品，重塑各环节产业链，开拓未来农业，促进农业生产。农分期平台解决了农民承包土地、扩大土地规模时大规模种植的投入成本问题。当农民购买生产资料时，农分期作为一种新型的农业物资电子商务，创造了一种新的销售模式，由生产厂家直接提供送货上门服务。农民在进行田间管理时，农分期组建的"飞防联盟"为农户提供现代化植保无人机飞防服务。当农民需要收割作物时，农民可以利用"村花帮"服务，将农机贸易和农活外包联网化，为农民的作物贸易和农工外包提供便利的贸易渠道。农民出售粮食时，"快卖粮"可以解决粮食的干燥和流通问题，直接与粮食加工厂联系，方便农民寻找买家。最后，在农闲季节，"村聊"为农民搭建生产、生活交流和商业合作的在线平台。

三、商业模式革新：大数据驱动农业发展

自 2014 年起，农分期积极投身大数据建设。随着信息化与现代农业的深度融合，农户的综合生产需求场景不断增多，农分期所拥有的数据体量也日益丰富，打造了具有现代农业特色的大数据模型，并实现了规模化应用，如图 3-2 所示。

农分期从多个层面对我国农业经济的发展发挥了促进作用，主要从以下两个层面进行简单的分析：

（1）以大数据驱动农业金融。农分期经历了一段较为漫长的过程，从感知、

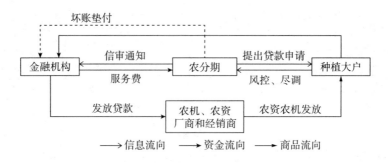

图 3 - 2　农分期的大数据模型

采集数据阶段，到运用大数据技术对农户自身及其辐射的多种维度进行海量数据的挖掘，得到有效的分析结果，建立新型农业经营主体信用模型——新芽信用，农分期将大数据作为开展农村普惠金融与农业金融的核心工具，以大数据推动金融发展深入农户之心。农分期尝试以金融作为切入点，进入农业产业链中，给予农户产前、产中、产后全方位立体的服务。如农分期体系内的"肥宝宝"与化肥厂商合作，直供大户，并配套免息分期服务；"快卖粮"，主打订单农业，对接面粉厂、粮食加工厂，制定小麦种植定制产品品类、产量、价格、交付时间等标准，农分期将订单分派农户，实现订单生产；"村花帮"定位为社群服务，包括在线社区交流、二手农机买卖、农活发布与交易等模块，为农户提供信息服务。

（2）以大数据驱动农业科技化种植。通过农业生产过程中的数据采集，可以分析整个生产过程，更大程度上实现自动控制和智能控制，实现生产过程的科学决策。此外，整合各生产环节的数据，可以促进信息共享，促进现代农业生产体系的建立。提高农业生产效率，促进绿色农业发展。农分期使用大数据和农业贷款，融资进入农业生产经营市场，为农民提供农业机械、农业物资、土地租赁等分期服务。农业分期付款致力于帮助农民增加农业产量，降低生产成本，提高交易效率。金融是整个农业分期付款业务系统的核心工具，它连接着有价值的东西。今后，农分期将转变为农业服务公司，而不是农业金融公司。

四、科技赋能金融机构，深耕农业供应链金融市场

随着信息技术与现代农业的深度融合，农户的综合生产需求场景不断增多，农分期作为提供综合服务的平台，根据农业生产的特殊性，以互联网为中心，以农业服务为直营产品，不断创新和重塑各环节产业链，开拓未来农业，将农业技术和智能化农业前沿推向地面，延伸农业生产模式。农分期的数据量也日益丰富，形成了具有现代农业特色的大数据模型，并取得了一定的突破。通过新型农业经营主体的多维信息集成，构建"农业大数据风控模型"，有效提高传统金融机构的信贷服务效率。此外，"农业大数据风控模型"有助于促进农业供应链的良性循环。它使供应链中的每个实体能够利用自己的信用评级，以较低的成本高效地获得金融或其他服务。农分期的"农业大数据风控模型"在赋能传统金融机构方面的贡献有：助力传统金融机构提升涉农贷款风险的管控能力；助力传统金融机构以较低成本加大涉农资金投入比重；助力传统金融机构提升农业贷款的覆盖率；助力传统金融机构提升业务创新和开展的效率。

五、农分期崛起的启示

历经过去数年深耕，农分期始终致力于挖掘农业大数据的广阔价值，助力为我国新型农业经营主体提供农业生产全生命周期的多元化农业服务。同时，大数据也使农分期在商业模式革新上蕴含无限动能，在农业现代化进程中持续大放异彩。公司秉承"让农业经营更容易"的使命，努力成为国内领先的农业服务平台，以用户为中心，诚实守信，敬业尽责，艰苦奋斗，拥抱变化，团队协作。

（1）借势布局乡村业务网络。近年来，农分期建成覆盖范围广的县级服务中心和村级服务站，初步形成了农村经营网络。不断加强自身物流体系建设，丰富农村商业网络，构建"电子商务 + 物流 + 农村金融"模式。宜信、翼龙贷等纯互联网金融企业也在全国农村地区建立了贷款网络。互联网企业在农村金融市场十分重视基层网络建设，不断丰富和完善基层商业网络，线上线下结合，线下实体布局，增强互联网在线优势。

（2）开放合作，多方借力。企业除了依靠自身的核心渠道和优势资源，一般还会采取开放战略进入农村金融领域，巧妙利用外部力量实现双赢。农分期与相关领域专业机构开展开放合作，开拓粮食种植市场，积极开展产业链融资。农分期通过与农民专业合作社、农村信用社等机构建立合作关系，提高农业服务水平，形成以"多种农业服务"和"开放农业能力"为支撑的核心竞争力。

（3）打破封闭理念，开放合作，重塑优势。传统的农村金融机构应当符合"互联网 +"的开放特点，打破门户模式，积极寻求与互联网金融平台和其他机构的合作机会，建立自己整个过程和整个产业链的战略定位，并充分发挥开放合作优势，重塑未来竞争优势。

资料来源：

1. 农分期官网，https：//www.nongfenqi.com/。

2. 《千米网携手农分期，开创性推动智慧农业落地》，https：//www.admin5.com/article/20180628/862298.shtml。

3. 《互联网企业进军农村金融的模式与启示》，https：//www.sohu.com/a/220100051_104421。

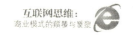
第一节　什么是盈利模式

对盈利模式的认知，更多的是对成功企业的经营管理经验进行总结而得出来的，盈利模式的概念需要随着企业在市场以及行业中的发展而不断进行重新定义。盈利模式的革新需要结合当前时代的发展趋势与技术创造，让企业在不断思索当中结合创新实时进步。

一、丰富内涵：价值驱动下的盈利模式

从谁那里获取利益？谁可以分担投资或支付成本？相同行业企业的战略定位和业务系统不同，企业的收入结构与成本结构所构成的盈利模式也不同。即使战略定位和业务系统相同的企业，盈利模式也可以千姿百态，企业可以通过不同的营销渠道、盈利方式重构盈利模式，为企业的市场开拓打通渠道。

1. 价值：盈利模式的核心

发现企业存在的可以当作业务或者产品的具有可操作性的"闪光点"，企业在这个过程中需要具体研究这些"闪光点"是否具有可行性、系统性以及经济性，形成有效的盈利良性循环，对于目前想法得当但可操作性欠缺的地方，企业需要结合市场趋势判断其未来是否具有升值空间，值得企业为之投入研发和创新，企业需要具备对现有产品或业务以及未来市场所需要的产品或业务维持与开发的能力，保持敏锐度。

2. 战略：盈利模式重塑

盈利模式作为企业将包括企业自身内部资源与企业外部势力资源等各方面资源相结合的方式与方法，并且从中形成的一种双方或者多方进行的信息交流、技术沟通，是通过共同创新营销而实现价值并且具有利益分配行为的组织集体，从战略层面上，盈利模式需要企业在对企业产品、业务进行完整性思考的同时，还要对外结合"战略联盟"，本着共同创新、共同进步和合作共赢的理念去进行市场的开拓和价值的实现。

3. 盈利模式不是商业模式

业务结构直接反映企业资源配置的效率，商务结构直接反映企业资源配置的效益。任何企业都有自己的商务结构及其相应的业务结构，但并不是所有企业都盈利，因而并不是所有企业都有盈利模式，不能走进将盈利模式等同于商业模式的误区。在深入探讨盈利模式时，我们需要厘清盈利模式的结构，如图 3 - 3 所示。

4. 盈利模式不只是定价

把盈利模式等同于定价高低是另外一个误区，误区的背后，映射出商业创新思维的匮乏。传统商业模式中的定价，主要指的是"定量"，即确定收支来源，确定企业产品以及各业务的价格高低。这也是为什么同行业中企业之间价格战层出不穷的原因所在。目前，越来越多企业并不只是单一地采用一种盈利设计方式，更多是两种或多种盈利模式相结合，实现企业利润最大化。

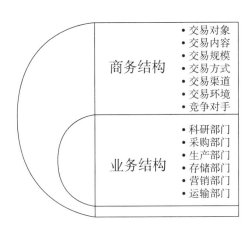

图 3 - 3　企业盈利模式结构

二、极致特征：成功盈利模式的复刻

企业需要选择一个适合自己的盈利模式。那么，怎样才是成功的盈利模式呢？由于各行业宏观和微观经济环境处于不断变化的状态中，没有一个单一的特定盈利模式能够保证企业在各种环境下都能够赢得利润。美国埃森哲咨询公司对70 家企业的盈利模式所做的研究分析中，没有发现一个始终正确的盈利模式，但却发现成功的盈利模式至少具有三个共同的特征：独特价值，难以取缔；独树一帜，难以模仿；胜人一筹，脚踏实地。

1. 独特价值，难以取缔

成功的盈利模式往往要能提供独特价值，有时候这个独特的价值可能是新的思想；而更多的时候，它往往是产品和服务独特性的组合。这种组合要么可以向用户提供额外的价值；要么使得用户能用更低的价格获得同样的利益，或者用同样的价格获得更多的利益。

2. 独树一帜，难以模仿

企业的盈利模式要具有独特性，难以被模仿与超越，才能独具竞争优势，拔

得头筹。腾讯购买了韩国的选拔综艺 *Product* 系列的版权，打造了热门综艺《创造101》与《创造营》，并且在节目的制作上加入了特色改良；爱奇艺自制的《青春有你》具有不少热度，然而优酷打造的《以团之名》却显然没有二者的热度。优酷和爱奇艺作为老牌视频网站，市场份额上却稍显颓势，主要在于盈利模式的方向不同。

3. 胜人一筹，脚踏实地

不切实际的盈利模式只会造成企业这棵"大树"从内向外逐渐被侵蚀，最后轰然倒塌。那么企业要如何解决这样的问题呢？这便需要企业除了在产品服务质量、宣传上下功夫之外，还要应用大数据系统、云计算等技术，利用物联网丰富的协同资源与时俱进，配合利用科学技术手段弥补传统盈利模式的缺陷。

专栏 1　　　　　　广博股份：数字营销平台的先行者

广博一直致力于品牌化、创新型企业的建设，通过"品牌力工程"和"创新力工程"的培育，先后获得 2008 年北京奥运会中国首家纸品文具经营商、中国十大文具品牌、中国驰名商标等荣誉，聘请韩国、日本、美国等国家的设计师和技术人员，不断加强科技创新，主要修订和起草了《相册、名片册行业标准》《簿册行业标准》等多项全国性的产品标准，成为全国本册行业标准化委员会主任单位。作为文化产业的传播者和专业制造商，广博正努力成为中国文具领域的第一品牌和世界文具品牌的先行者。

一、公司介绍

广博股份创建于 1992 年，是一家集办公文具、印刷纸品、塑胶制品和进出口贸易等为一体的现代企业集团。2007 年公司成为 A 股第一家文具上市企业。公司现有员工 4500 多名（其中外籍员工 6 名），10 家控股子公司（其中 3 家中外合资公司、2 家海外子公司）。经过 10 余年的发展，广博已成为中国民营企业500 强、省级高新技术企业、中国最具竞争力的文具供应商之一。

二、创新打造数字营销平台

公司在充分考察了原有业务、地缘优势等情况之后，决定向互联网产业转型，以期打造数字营销平台。其商业布局模式如图 3-4 所示。

如今互联网发展的势头越来越大，广博作为一家传统企业看到了互联网发展的前景，明白互联网发展才是王道！尽管广博公司在国内纸制品文具行业已经树立了自己的龙头地位，但是其敏锐地认识到传统制造业发展到一定阶段必定面临转型。

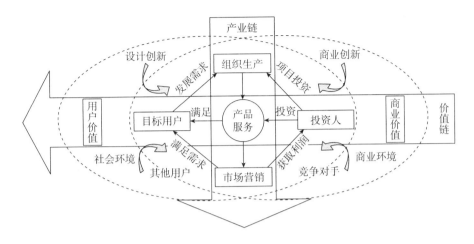

图 3 - 4 广博商业布局模式

第一，业务定位。广博股份电商业务定位于以"集团化采购、个性化服务、精准化营销"为核心，通过发展以京东为代表的合作 B2C 平台、以天猫为代表的自营 B2C 平台及以淘宝为代表的代理 C2C 平台，来积极推进电商销售业务发展，目前三类电商渠道已经初具规模。并与一号店、苏宁易购、飞牛网等多个主流电商平台开展合作业务，初步形成了以天猫旗舰店为基础发展 O2O 网络分销商，促进了线上线下深度融合销售。

第二，品牌打造。广博全力开拓了时尚文具的生态链，在 Kinbor 之后，又以"颜值办公"为理念推出了时尚办公文具品牌 Fizz，进一步丰富品牌文化的深度，扩充文化品牌的内涵。组建手账群、微博、微信公众号，用网红营销、粉丝营销等当下最流行的营销方式确保了粉丝的活跃增长。这一系列举措，让广博的 Fizz 品牌逐步积累了核心用户群体，目前累计粉丝已经超过百万。

三、开拓虚拟现实（VR）和网红模式

现今，VR 取代大量的电子设备屏幕，手机将成为下一个被颠覆的产品。国内外大企业 Google、Facebook、索尼、腾讯纷纷布局 VR 软硬件、内容资源及产业的整合发展成为大公司的新目标。

第一，开拓网红模式。爱丽时尚网是广博股份 2014 年底通过并购灵云传媒收入囊中的。相关资料显示，爱丽时尚网主要为中国互联网用户提供时尚生活及潮流资讯服务，通过媒体平台的传播价值为品牌广告主提供硬广投放、软性专题支持等一系列的广告投放服务。该网站以时尚资讯居多，各路美女云集，而网红与时尚关系密切，网站上有一个 VR 模块，VR 和网红有一定的契合点。

第二，开拓 VR 模式。以游戏为主题的电视剧或者动漫可以在现实和虚拟中

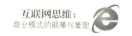

任意穿梭，有了 VR 这些都不是问题。网红则是很好地利用了 VR 这一特点，将 VR 和直播结合起来，成为他们吸粉的最主要渠道之一。更为关键的是，移动直播的愈发流行，正在为 VR 的使用习惯做好铺垫。广博股份将着力发展 VR 和网红的消息一出，市场资金蜂拥而入，股价直接拉涨停，成交金额较之前也明显放大，从此便可见 VR 和网红经济的火爆程度。

未来，广博还将继续深挖文具产业的文化内涵，扩大创意文具市场，将时尚、创意文具产业进一步扩大。作为文化产业的传播者和专业制造商，广博将不断为社会创造出更为丰盈的市场价值和文化理念，努力成为中国文具领域的第一品牌及世界文具品牌的先行者，成为新多元产业的领航者。

资料来源：https：//www.guangbo.net。

三、构成要素：盈利模式组成法

如何将企业环境中的各个元素进行分配与整合，集中为企业的盈利目的进行服务，这是企业需要真正做到的，具体如图 3 – 5 所示。

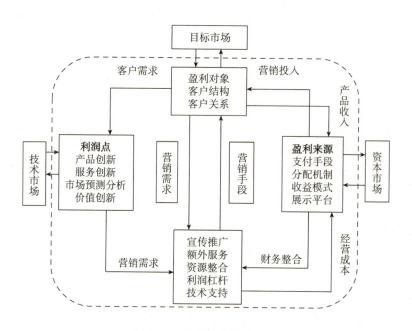

图 3 – 5 盈利模式构成要素

1. 结合要素：构建资源整合平台

在企业的盈利模式整体环境的构建当中，首先要明白整个模式的形成过程中由哪些要素构成，继而在要素的构成之上结合要素来构建资源整合平台。

第一，盈利来源。盈利来源是指企业提供的商品或服务的购买者和使用者群体，他们是企业利润的唯一源泉。盈利来源分为主要来源、辅助来源和潜在来源，企业需要结合当今时代的互联网整合、协同等商业思维，深入目标源群体分析，重点把握目标用户的思维动态，收集数据进行目标分析，从而制定营销策略。

第二，利润点。利润点就是企业能够获取利润的产品或者服务，企业要想在市场上站稳脚跟，就需要具有产品或者服务上的优势，根据市场的数据收集、预测与分析，针对用户的偏好进行精准营销等就成为了企业的必要手段。

第三，利润杠杆。利润杠杆是指企业生产产品或服务以及吸引用户购买和使用企业产品或服务的一系列业务活动，利润杠杆反映的是企业的一部分投入，也反映的是企业对于产品和服务所投入的宣传活动。纵使一家企业的产品或服务做得再好，但是无人知晓的话，也只能落得"曲终人散"的下场。

第四，制定者。制定者是企业的决策者、企业战略的部署者、企业发展方向的把控者。制定者是企业内对企业如何盈利、成本支出往哪一块发力、如何宣传造势等问题的最后决断人，具有极强的敏感和预见性的人，他往往是企业家本人，也许是企业家的盟友，或许是职业经理人。在企业内部的"金字塔"尖上，制定者往往会根据各部门分工的任务，包括市场调查、营销分析、数据分析、技术创新等报告汇总进行最后的营销战略决断，他是企业大方向的掌舵者，需要具有整体性、系统性、经济性以及果断的头脑。

2. 协同策略：互惠互利共享共赢

企业应该如何对当今的市场进行产品的细分与定位，企业如何改革如今落后传统的生产思维和设计理念，企业如何把握时机进行改组，怎么改？改什么？什么时候改？这是企业要面对和思考的关键。面对转型的十字路口，重构现有的价值链和资金链，已经是进退两难之举。但是天无绝人之路，许多传统型的制造企业积极探索"互联网＋"新生产制造模式，规避了同质化、低利润的"红海"市场混战，进入差异化、低成本的"蓝海"市场开拓，进行个性化、专业化大规模定制突出重围，成为行业的领军者，而这背后的核心则是协同生产制造。

3. 盈利流程：协同生产＋协同消费＋互联网平台＝新盈利模式

每个企业的崛起和产业的转型都离不开三个分红期。第一个是风口浪尖的分红期；第二个是技术分红期；第三个是管理层分红期。企业之间、企业与合作伙伴之间、企业上下唯有整合各自的资源建立协同管理、资源共享平台，才能够在竞争激烈的社会市场中占据有利地位，如图3－6所示。

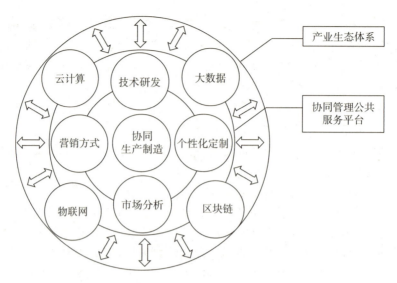

图 3 - 6　协同管理跨界整合图

四、战略作用：谁能"主宰"命运

任何企业都有自己的商业模式及其相应的业务结构，但并不是所有企业都盈利，因而并不是所有企业都有盈利模式。盈利模式是企业商业模式的核心环节，对企业利润获取直接带来作用。

1. 促进发展，决定存亡

盈利模式决定任何行业企业的生死。迄今为止还没有找到一个明确盈利模式的企业是没有任何前途可言的，无论企业的规模有多大，只要找不到正确适合的盈利模式注定过眼烟云、昙花一现。如近几年出现的"共享热"，从共享单车、共享汽车到共享洗衣机、共享充电宝，但共享行业一直处于亏损状态，每日有数以万计的破旧共享单车、汽车等被回收，造成严重的资源、资本浪费，存在前端战线拉得太长、投入成本太高、范围布局管理不善等问题，共享洗衣机一经问世，就如同昙花一现，转眼便消逝在茫茫市场中。

2. 划分等级，一较高下

盈利模式能够决定企业财富价值的等级。在同一个行业中，往往存在着多种盈利模式，而不同的盈利模式也具有不同的获利水平，不同的获利水平能够决定企业未来的成本支出投入方向与发展方向。例如，在中国家庭连锁行业中，美国巨头百思买进驻中国，采用差价模式，即批量直接从家电制造商处采购，由自己的员工通过零售渠道销售，赚取差价；国美、苏宁等本土家电连锁企业，向制造商收取的费用包括入门费、销售分成佣金和各种商店促销等促销费用；这两种盈利模式收到的结果显著不同，以百思买退出中国为结束。这里需要指出的是，那盈利模式获利更多的企业与当地的市场环境有着更为密切的关系。

第二节 盈利模式的互联网重塑：从"I"到"O"

盈利模式重塑是一个从"I"到"O"的过程，这里的"I"是指"单独"，而"O"是指"圆圈"，即企业要从单独走向协同生态圈。协同效应的出现意味着企业转型的转折点已经到来。以协同管理思想为主导的协同生态战略是未来企业变革的方向。企业将商业市场、跨境应用、合作发展三个维度与协同管理相结合，帮助企业建立更加开放、一体化、多维的自我生态协调体系。要通过去边界化、消除障碍、优势互补、生态融合等过程，加快形成协同盈利联盟，形成生态、强体系、强产业、强创新的市场战略。

一、"互联网"式盈利：流量争端下的"风暴"

在互联网背景下的企业所具有的盈利模式，同样，其他企业可以通过合作等资源整合方式进行跨界合作，随着企业的边界逐渐模糊，每个企业的盈利模式都可以互相融合，进行改变而不单单是独立的形态存在。

1. 盈利模式的变迁：从免费到付费

移动互联网的出现，企业无边界盈利模式自然发生根本改变。企业无边界体现的就是开放交互。开放交互体现的观念的改变：从原来封闭的体系，变成一个开放的体系；从原来与企业内外各方面进行博弈的关系，变成一个交互的关系。最初的视频网站中的影视大多都是免费开放的，广告播放也很少，而随着热门IP的出现、流量的出现以及版权问题的凸显，视频网站也开始展现付费意识，随着互联网的发展，手机普及率的逐渐增加，移动视频网站也纷纷建立属于自己的APP，并且通过广告赚取费用，也延伸出了VIP制度以及影片付费制度。

2. 流量变现：传统互联网下的盈利模式

内容分发平台是在用户与内容生产者之间建立桥梁，帮助内容生产者将内容传递给用户，帮助用户找到优质的内容，满足用户信息获取、娱乐、社交和购物等需求，如支付宝平台上有个人出行、餐饮、娱乐方面的服务。电商导购平台本身并不销售商品，通过将各种电商购物网站的信息搜集聚合，帮助消费者方便找到目标商品的产品形式，例如，淘宝、京东就是这类代表。

第一，广告。广告是一种最容易变现，但变现能力相对较低的模式。只要有

流量，就可以通过广告进行表现。互联网企业都会提供各种形式的广告服务，广告收入成为了不少互联网企业的主要收入，也成为了其他企业的成本支出之一。

第二，增值服务。增值服务是难度最大但变现能力最强的变现模式。增值服务的核心在于为大多数用户提供免费的服务，然后通过收费的增值服务获取收入。增值服务的具体表现形式有很多种，例如虚拟形象、游戏道具、VIP 特权等。

第三，交易佣金分成模式。随着互联网的兴起，交易佣金模式在各大平台网站上仍然流行。例如去哪儿网站上各大旅行社、酒店等提供商。一般来说，交易佣金分成模式还有许多具体落地方式，如电商平台、团购与优惠券等。

第四，嵌入式广告。应用内嵌入广告的盈利模式可以说是移动互联网产品使用得最普遍的一种盈利模式了，不少手机游戏中都有采用嵌入式广告植入。应用内嵌入广告的模式操作起来相对简单，只要将广告条放置在应用界面的固定位置即可。同时，不同的应用还提供了不同的去广告方式。

第五，IAP（In - App Purchase）是应用内购买模式。该模式更多见于手机游戏中，提供购买的也基本上是游戏中需要花费的金币或其他消耗品。其他也有应用尝试采用 IAP 的盈利模式，现在手机 APP 中推出了许多具有美颜、修图功能的照相 APP，比如美图秀秀、PINS 等，这些 APP 再为用户提供基本的美颜功能时，对于滤镜的使用、拼图方式的使用均存在付费模式，一旦用户对应用的功能产生了兴趣或形成了初步的使用习惯之后，应用内的内购可为用户提供高级功能或附加特性的解锁服务。

第六，Freemium。所谓 Freemium 模式，意思是通过一部分免费服务来吸引用户，而后通过提供增值服务，将一部分免费用户转化为付费用户。Freemium 模式最常见于网盘、邮件用户端、网络相册、云记事本等多种不同类型的互联网产品。比如受欢迎的手账 APP，通过精美的手账记录功能吸引了许多热爱旅游和记手账、攻略的用户群体，但在其中对于更加精美的图案、彩笔、模板等都会有付费制度；同样的还有百度网盘，百度网盘存储文件非常方便，但是如果要解压文件，那么就需要办理网盘的 VIP。Freemium 遵循的是"二八定律"，即 80% 的用户均为免费用户，仅有 20% 或更少比例的高端用户会成为付费用户。

3. 流量争夺：前流量时代的企业盈利竞争

在企业的盈利模式下，从确定企业的目标对象和利润点后，继而是在盈利模式下的宣传设计。在互联网思维驱动之下，企业的市场早已经突破了地域空间的限制，从周边地区扩大到全国范围甚至是全球的市场范围，企业所面对的用户不再是局限在小小范围内的消费者群体，而是将目标群体扩大到整个市场范围。因此对于企业来说，不论是产品的宣传还是销售，争夺壁垒已经消散，取而代之的是整个大市场下的信息融合和流量竞争。

4. 用户+流量：后流量时代的"双保险"

用户是企业最宝贵的无形资产，得用户者得天下。当产品拥有足够的用户时，企业产品在行业中所具有的话语权和地位就会增加。为什么互联网公司参与甚至赢得跨境竞争？答案就是：用户！互联网打破了信息不对称，使信息更加透明，用户拥有更大的发言权。毫不夸张地说，互联网思维的核心是用户思维、产品设计、极致的用户体验和口碑交流等，都离不开用户的参与。互联网通过无限的传播渠道和信息交流，让信息无限畅通。

专栏2　　　　　　拜腾 ByTon：汽车与数字能力并驾齐驱

这些年，随着物联网互联网和 AI 技术的发展，科技相关行业都开始了技术的更新换代，为自己的传统身躯加入一颗智能的心脏，并且这种变化切切实实地发生在我们身边。诸如智能电饭煲、智能灯控开关、智能音响等都已经走入了平凡的家庭。汽车作为现代社会人们再熟悉不过的产品，也开始了自己的改变，从传统单纯的出行工具，逐渐升级为一部智能出行终端。我们今天介绍的主角，便是最近出现在无人驾驶汽车领域的一颗新星——拜腾智能汽车。

一、公司简介

拜腾本意即为 BytesonWheels，其中 Bytes 代表互联网，Wheels 代表传统汽车，两者相结合即为拜腾的产品定位：要做车轮上的智能终端。拜腾坚信：要将汽车变为下一代智能设备，从一开始就需要考虑到多方面的因素。其中最重要就是我们的车辆工程师，他们在不断地开拓新的移动出行科技。同时，还有一群计算专家正致力于将移动出行数字化。因为在 ByTon，汽车技术与数字科技，两者同等重要。

二、拜腾智能电动汽车将带来商业模式巨变

拜腾 CEO 毕福康表示，智能电动汽车的市场潜力是巨大的，数据显示 2020 年大型城市和高速公路的车用无线通用网络也会得到很好的覆盖，而 2025 年市场上将会产生 4.7 亿台互联汽车。

第一，智能电动汽车。拜腾的智能电动汽车未来将会有一个很大的显示屏，通过屏幕、语音来进行人车交互，提供娱乐模块、办公模块和我的社交模块，还可以实现低速自动驾驶。另外，拜腾汽车将支持人脸识别开锁及提供个性化内容，打造一个完整的生态系统。在这个系统中，汽车相当于一个数据网关，通过这个网关可以实施数据传输，传输速度达到 10GB，能够实时监控外部的黑客攻击。拜腾汽车还运用了 V2X 技术，让汽车与云平台、汽车与汽车之间进行连接。

第二，"直营+合伙人"模式。"上海 ByTon 空间是联结拜腾与用户的第一

个线下物理空间，标志着拜腾'直营店＋合伙人店'销售模式的正式落地。"在开业典礼前的采访环节，拜腾总裁兼联合创始人戴雷表示，"在中国找本地的合作伙伴是有优势的，他们更了解消费者"。"门店设计包括具体销售协议由我们制定，但是店的运营我们会找一些合作伙伴，我们认为最适合中国市场化模式"。

三、上海 ByTon 空间，创立多元协同销售模式

作为拜腾汽车全球品牌体验店网络的第一站，上海 ByTon 空间可谓是亮点满满。

第一，多功能体验服务。有别于4S店以展车和销售为主的设计模式，拜腾将店内划分为欢迎区、产品体验区、活动区和休息区四大功能区域，尤其是产品体验区，可以通过展车、智慧墙、AR 体验台和 VR 体验装置等感受拜腾前瞻科技的魅力。拜腾线下实体店有三种形式，包括为消费者提供咨询、体验与销售等服务的 ByTon 空间城市展厅，覆盖产品售前、售中、交付、售后等全流程的 By-Ton 空间中心店，以及承担车辆交付、售后服务的 ByTon 服务中心。

第二，多元协同销售模式。此外，拜腾还创新推出了"直营店＋合伙人店"的多元协同销售模式。为了确保和直营店一样的服务体验，拜腾为合伙人店确立统一的销售流程和标准，参与核心岗位的招聘与员工培训，合伙人店则提供基础设施和人员。消费者无论到直营店还是合伙人店，都是与拜腾直接签约，享受全国统一价格和高标准的服务。

到 2019 年 1 月，拜腾汽车全球首家品牌体验店开业，再到年底的产量，拜腾汽车一步一个脚印高速前进。同时，有一汽集团、宁德时代、苏宁等重要战略投资者和博世、京东方等国际一流供应商这些实力合作伙伴的资源支持，有占地1200亩、按照工业4.0标准大力规划建设的南京工厂的生产支撑，还有全面开展的拜腾整车测试的品质保障，让拜腾汽车的每一步都走得更加坚实有力。

资料来源：https：//www.byton.cn。

二、协同式盈利：共生共赢战略联盟

对于企业整体的盈利模式来说，需要以用户（线下即用户、消费群体）为基础，基于用户的需求和偏好进行产品的定位、企业的产品设计等，即确定利润点；企业需要借助渠道网络，利用新媒体根据目标用户的偏好和产品的特性进行精准推送，达成稳固流量效应，获得监控的实时流量数据以及通过活动产生的用户反馈，方便企业接下来进行的技术革新，逐步形成企业的利润屏障。

以网络阅读行业为例。在电子阅读的世界里，最开始的网络阅读在 2007 年就开始兴起，那时包括起点中文网、潇湘书院、小说阅读网在内的多家阅读网站百花齐放，占据了网络文学的80%的市场。随着网络阅读的风靡和 BAT 三巨头的资本扩张，腾讯、阿里巴巴、百度、京东等资本大佬先后进军网络阅读市场，

想在网络阅读市场中分一杯羹。但是腾讯和阿里巴巴资本雄厚却缺少 IP 资源，而现有的盛大文学等老牌资本拥有着丰富的文学内容品牌，为了在市场中赢得竞争优势，腾讯与原盛大文学整合建立阅文集团，形成战略联盟，在"支持正版数字阅读"的正能量口号下，引领行业的正版数字阅读平台和文学 IP 培育平台，阅文集团旗下拥有中文数字阅读强大的内容品牌矩阵。囊括创世中文网、起点中文网、起点国际、云起书院、起点女生网、红袖添香、潇湘书院、小说阅读网、言情小说吧等网络原创与阅读品牌；中智博文、华文天下、聚石文华、榕树下等图书出版及数字发行品牌；天方听书网、懒人听书等音频听书品牌。同时战略布局中紧跟互联网技术的发展，建立移动阅读 APP。阅文集团在构建数字阅读战略平台时，就已经将盈利模式进行资源整合，包括所获得的利润点、拥有的技术创新、思维创新以及各种策略。阅文集团还为热爱原创的作者开设移动创作 APP——作家助手和全球译者平台——Inkstone。腾讯在面对网络阅读大市场时，懂得寻找合作伙伴组成协同战略联盟，而相反看到豆瓣阅读、京东阅读，在阅文集团的竞争力上不显优势。这就是协同盈利的力量。

第三节　盈利模式制定：协同大爆炸

盈利模式创新、设计的背后有一定的规律可循。如果能够把握其背后的机理，则盈利模式创新、设计可收到事半功倍之效；反之，则会徒劳。在互联网思维下，盈利模式的创新设计主要配合互联网思维下的协同、整合思维，搭配以数据、技术分析。

一、"四定"法则：稳定模式结构

企业盈利模式绝不仅只涉及盈利渠道的问题，就像一家 O2O 平台，它除了确定平台是通过广告、佣金等形式来获取利润之外，还需要考虑平台如何获得用户来源，如何引入流量，包括后续的服务等多项业务进行融合，可以说互联网思维下的盈利模式内涵之丰富，远远超过定价。

1. "四定"法则的更迭

盈利模式包括"四定"，而在传统企业的思维下，盈利模式仅仅只围绕着产品展开，包括定性、定量、定时、定向。

2. 新"四定"：构建完整结构框架

企业的盈利模式必须具有协同性、共享性、开放性和独特性，并对企业在此基础上进行完整盈利链的发展有着重要的引导作用，如图 3－7 所示。

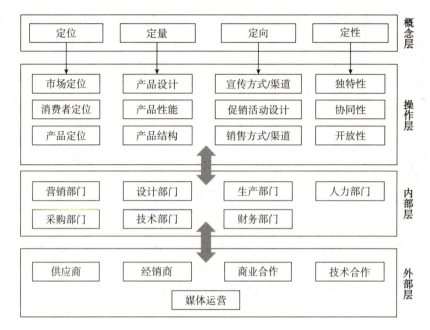

图3-7 协同下盈利模式全要素整合

二、模式设计：价值再造三部曲

一般来说，盈利模式设计包含价值发现、价值匹配和价值管理三个关键技术，如图3-8所示。

图3-8 盈利模式的构建步骤

基于互联网思维的盈利模式表现在很多方面，如线下非常流行的"定制化"服务，通过前端对市场、用户数据的收集、预测和分析，制定出针对市场风潮、用户需求的精准营销；同时，企业可以通过合作的电商平台或者自己独立研发的线上平台按照用户的行为方式及喜好分析进行产品消息推送。

1. 企业价值发现

价值发现简而言之就是企业盈利模式中的收支来源，明确企业的盈利点在哪里、收入可以来自于哪些群体、需要往哪个方向进行成本支出等问题。那么在群体中企业就要了解与企业利益相关的群体，与产品相关的群体。

第一，界定利益相关者。内部利益相关者是指企业的股东、企业家、员工等；外部利益相关者指的是企业的顾客、供应商、其他各种合作伙伴等。这些内外部利益相关者共同创造一个独特的商业价值体系，如图 3 - 9 所示。

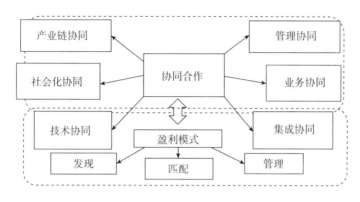

图 3 - 9　互联网思维下的盈利机制

第二，寻找利益相关者之间的关联。从利益相关者的角度思考盈利模式，关键在于寻找利益相关者之间的关联性，思考以下问题：他的利益诉求是什么？谁能够影响他？在什么条件下他愿意参与这个商业模式？等等，只要在众多利益相关者之间形成价值闭环。

第三，确定盈利收支方式。盈利模式收支方式中，消费资格、消费次数、消费时长、消费价值、消费增值的方式收费都有现实的应用意义。具体的实施案例有加盟费、能源合同管理以及投资基金等，消费者通过支付分享费来分享某一项目实施后所创造出来的价值。

2. 企业价值匹配

企业价值匹配至关重要，是企业内外部资源如何分配的方法，它决定了企业盈利水平的高低。企业需要面对市场、用户利用大数据进行市场预测与分析，深挖用户行为体系下的感情因素与偏好，才能基于具体数据做出最恰当的选择。

3. 企业价值管理

企业价值的管理决定了企业盈利模式的稳定性，它就像一个保护罩保护企业创造、创新的盈利模式稳定运营与发展。企业必须构建协同生态圈模式，在内部以优化整合产业链、突出多模态交互为基础，在外部明确可变现商业价值为核心，加强协同链的生成共享，进行技术、商业生态、联盟生态以及资本数据等方面的协同管理，从而引领产业新一轮的发展趋势，为企业的模式创新保驾护航。

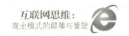

专栏3 　　　　　　　马上消费金融：手机上的取款机

　　马上消费金融要把自己打造成一家线上线下相结合的消费金融公司，业务覆盖全国。当时其牌照是重庆的，估计国家的意思也是分糖一样，大家排好座位，一人一颗。在现在的互联网时代，座位是不固定的，在互联网这样的覆盖全国的新技术下，把某个企业限制在重庆是不可能的事，公司业务是全国性的，公司也希望覆盖更广大的消费大众的金融企业，覆盖线上线下，覆盖各个消费渠道、各个领域，也就是说公司是全开放的，不会集中在一个细分、一个场景的模式。

　　一、公司简介

　　马上消费金融股份有限公司是一家经中国银保监会批准，持有消费金融牌照的科技驱动的金融机构。其旨在充分发挥股东价值，发展互联网平台作用，通过应用场景互联网化、服务互联网化、运营互联网化的模式设置，运用独特的FI-CO规则与大数据模型双引擎的风险控制手段，以及具备良好用户体验的产品设计，使公司成为技术驱动的、领跑中国市场的消费金融公司。

　　二、马上消费金融：以科技支撑用户体验

　　随着大众消费观念的转变，传统的消费金融也是逐渐被更加自动化、智能化的新型消费金融取代。马上消费金融根据金融客群量大、顾客需求复杂、单笔额度低等特点，打造了以金融科技为核心的体系，依托于人工智能、云技术、大数据等新的科技手段，从而使消费金融能够更好地持续发展。如图3－10所示。

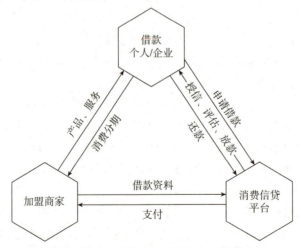

图3－10　马上消费金融的商业思维模式

　　第一，依托高科技。马上消费金融将依托于科技的手段，为广大消费群众创建一个更公正、公平、公开的消费金融环境，利用云计算、大数据征信，为风控系统提供更好的保障，解决传统消费金融征信难的问题，更好地满足用户的多元化需求，将更好、更优质的金融服务带给每一个需要的人。

第二，布局多场景。不论是场景、资金还是风控，都将决定着一家公司的发展前景。目前，马上消费金融已深耕零售、教育、旅游、3C 等多个场景，而且马上消费金融投入重金从事零售信贷系统的研发，大力提升风控技术，并通过运用人工智能、云计算和大数据分析，使得消费金融的公司变得更加有效、更有利于小额、分散、短期、大量的消费金融需求的人群。

三、用创业模式来做金融，走持牌稳健经营道路

央行行长易纲在博鳌论坛上宣布了中国扩大金融业对外开放的 11 条具体措施和时间表，其中也包括了消费金融等银行业金融领域引入外资。如何应对外资大幅开放后的挑战？

第一，"创业 + 科技 + 消费金融"禀赋。马上金融 CEO 赵国庆认为国内消费金融公司需要"创业 + 科技 + 消费金融"禀赋（见图 3 - 11）。赵国庆表示，"创业"是指消费金融公司要有创业创新精神和企业家精神；"科技"是紧随国家科技兴国战略，发挥科技在消费金融领域的引领和驱动作用，做到眼光长远，坚持科技的长期投入；"消费金融"则是普惠金融的重要组成部分，也是绿色金融，钱从银行出来到消费场景中去，拉动内需和去杠杆、去库存和去产能。

图 3 - 11 马上金融的科技赋能

第二，深耕金融科技。目前，马上金融公司拥有近 700 人的研发团队，自主开发了 400 多套与零售信贷相关的全部系统，包括从账务系统、风控系统、催收系统、ABS 系统，到审批一系列的系统工具研发，拥有自带场景识别、人性催收、智能客服、自主获客等能力。通过深耕金融科技，马上金融在坚持走持牌经营的道路上，用创业模式来做金融，呈现了稳健的发展姿态，更实现了对整个行业的引领作用。

马上金融坚持走持牌创业的道路，坚持梦想，一出生就具备科技基因，并坚持走了科技路线。通过组建顶尖的团队，洞悉行业发展的机遇和挑战，在适当的时机坚持了长期投入，形成了可持续发展的能力，终极目标是成为最被信赖的金融服务商，我们有理由相信，马上金融的终极目标会在某一天成为现实。

资料来源：https://www.msxf.com。

三、内部管理：企业价值链重构

企业价值链是企业价值创造的主要来源。价值链是由哈佛教授迈克尔·波特在《竞争优势》一书中首次提出，指企业的价值创造是通过一系列活动构成的，这些活动可分为基本活动和辅助活动（支持性活动）两类，如图3-12所示。

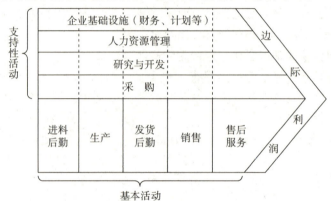

图 3-12 迈克尔·波特的价值链模型

四、外部拓展：全渠道整合

渠道整合开始成为企业发展的高频词汇，因为在互联网时代，用户的需求无限细分且变化太快，要求企业的资源供给必须"跟得上用户鼠标点击的速度"，精度、力度、速度都必须提升一个档次，而企业自有资源和可使用外部资源往往却捉襟见肘。那么如何获得"资源整合"的方法呢？

1. 协同化：从"无"到"有"

"互联网＋"侧重于从线上到线下的过程，而"＋人工智能"则侧重于从线下到线上的过程；"互联网＋"具有新技术优势、体制机制优势和更广泛的社会支持，容易产生爆发性增长，而"＋人工智能"拥有存量优势、行业标准优势和公信力优势。不论是互联网行业染指传统行业，还是传统行业逆袭，竞争无边界，盈利来源也是无边界的，关键看你如何组合、如何实现。

2. 多元化：化"整"为"散"

多元化模式可以分散企业发展的风险，实现最大的经济效益，充分利用内部资源，特别是相关产业的同步发展。在国内目前的企业发展中，基本每一家成功的企业都是有多元化经营的影子，比如阿里巴巴旗下的阿里阅读、京东旗下的京东阅读等，都是大型企业的多元化业务展开。

3. 用户性："黏性"盈利

互联网特别是移动互联网越来越普及，用户互联化程度决定商业模式的获利程度。用户是企业发展和盈利能力的基石。在互联网时代的商业模式中，企业的利润水平、品牌知名度、产品等营销都与用户有着千丝万缕的关系。

【章末案例】　　依图科技：科技多元化领域协同发展

美国消费者新闻与商业频道（CNBC）一年一度的"颠覆者50强"名单于2019年5月15日出炉。这份名单列出了50家企业——从生物技术、机器学习、交通、零售到农业——它们的创新正在改变世界。在这份名单中，三家中国企业上榜，其中包括依图科技。依图科技自2012年创立以来，在智能领域便不断取得辉煌的成绩。从2015年开始，依图的科技研发便被多家合作企业所运用，包括"人脸识别技术"、大数据实时作战云平台、全球人像系统平台、胸部CT智能辅助诊断产品等多项高新技术，依图在智能领域将业务完全扩展开来，业务范围涉及金融、医疗、教育、娱乐等多项行业，于2019年入围全球知名创投研究机构CB Insights 2019人工智能初创企业百强榜。依图科技的发展，引领了我国人工智能的横向发展，其商业模式也值得许多企业借鉴。

一、公司简介

上海依图科技有限公司成立于2012年9月29日，经营范围包括技术开发、技术服务、技术咨询、技术转让等领域的网络技术，进行数字人工智能的动态研究，致力于先进的人工智能技术和工业应用，将构建更安全、健康、便捷的世界。根据代表世界形成的数字与国际视野水平的研发团队，参与人工智能领域的基础科学研究，致力于彻底解决机器、倾听和理解基础问题，在合作中计算机视觉、自然语言理解和语音识别、知识推理、机器人等技术领域做出了突出贡献。2013年获得真格基金天使轮投资，2014年获得了A轮融资，2015年获得公安部科技进步奖，同时与招商银行、阿里云、医院、省市公安局开展了多项合作，将人脸识别技术、大数据实时作战云平台、医疗产品等智能辅助诊断系统产品应用于科技等多个领域，分别于2016年和2017年完成。在研发中心和资本投资方面，建立了联合战略模式。依图科技在走向成功的道路上不断开拓进取，多次荣获国际人脸识别大赛冠军。随着不断的创新，ETU技术成为互联网时代一颗耀眼的明星。

二、多领域服务，打造全新商业版图

以国际化视野组建具有代表性的世界级研发团队，依图科技以雄厚的技术力量推动行业发展。在利益蔓延的时代，依图科技并不急于将自己的研发技术拿出来"炫耀"或者为了把大公司或者实验室的技术拿来快速套利，而是从事数字参与基础科学研究，在人工智能领域致力于解决机器看、听、懂的基本问题，在计算机视觉、自然语言理解和语音识别、知识推理、机器人技术等方面做出突破性

贡献。目前，依图科技公司自主研发的全套技术已应用于安防、医疗、金融、工业园区、零售等多个行业。从招商银行推广的"人脸识别技术"到1500多家分行，到全国"人脸刷ATM"的使用，再到全球数十亿人的人脸系统平台的建设，人脸识别取得的突破是显而易见的。此外，公司还致力于与阿里云合作建设智慧城市。与阿里云合作，构建贵州交警大数据实时运行云平台，与上海市公安局签订战略合作协议，努力用高新技术构建智能安全，保护居民安全。同时，依图科技在医疗科技领域也得到了很多的青睐，2016年其胸部CT智能辅助诊断产品成功落地全国多家知名三甲医院、发布依图医疗"Care.ai"全链路产品、与华西医院联合发布全球首个肺癌临床科研智能病种库和全球首个肺癌多学科智能诊断系统。依图科技以其自身的优势，证明了该技术已扩展到多个领域。在构建商业地图的同时，致力于为安保、医疗等公共服务做出贡献，形成双赢合作，如图3-13所示。

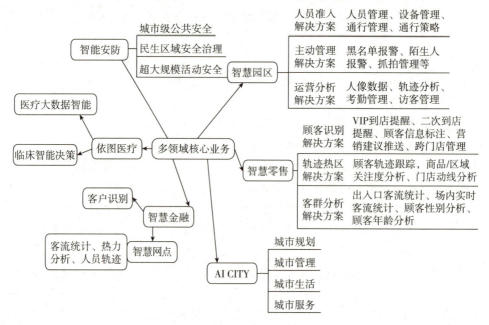

图3-13　依图科技多领域核心业务

三、深入实践，构建技术协同模式

依图科技始终坚持实践是检验AI的最高标准，其将世界优胜算法和行业场景深度结合，以技术进步推动应用升级。依图科技在技术方面也深谙"协同"的道理，在其主要领域公共安全、医疗、金融、园区以及零售等都相继开展合作，不断将技术应用于实践，共同打造更加优秀的场景方案。例如，在公安领域，依图科技于2019年1月与上海市公安局签署战略合作协议。双方将依托人工领域原有技术和行业经验，在上海智能公安建设领域开展全面工作，推动人工智能和大数据技术在公安领域的进一步应用和发展；2019 年春运期间，依图科技的人像系统在全国范围内各大城市的交通枢纽为人民群众保驾护航，大大缓解了春运期间各地安保压力。除此之外，依图科技的人像系统在多个小区、警局配合安保工作，得到了广泛的好评。在医学领域，公司与上海交通大学建立了联合实验室。双方将在医学影像诊断、病理信息分析、分子医学等方面开展合作，探索人工智能对肿瘤的诊断。2019 年，国际电联与爱康集团达成战略合作。双方将在监测儿童生长发育、筛查和体检等癌症高发领域开展实质性合作，将医学人工智能的应用场景从医疗机构拓展到更广泛的健康管理领域，把全民健康管理推向"人工智能"时代。在互联网时代下，单枪匹马地闯早已不符合社会潮流也不切合如今市场、思维变化的实际，依图科技将 AI 赋能多个行业扩展商业版图的同时不忘用技术回馈大众，秉承着"协同"思想构建技术生态圈，用实践推动技术创新，如图 3-14 所示。

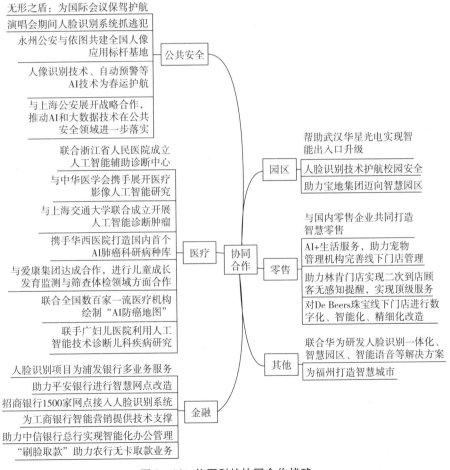

图 3-14 依图科技协同合作战略

四、盈利模式完美化，实现完整闭环

依图科技让技术赋能多个行业，结合多个领域，实现了智慧营销、智慧医疗、智慧城市等全面的建设，但依图科技并没有为此掉以轻心。在其形成的商业模式下，依图科技对于最后一环也完成得非常完美，专门为用户实现交付实施服务、售后运维服务以及培训认证服务，力求让产品、服务完美地交予用户的手中。其中，交付实施服务中依图交付服务团队为目标群体提供专业、全面的交付服务，以用户需求为出发点，提供最优的方案协助快速、平滑、低成本地完成系统的搭建；售后运维服务中，依图专业的技术支持工程师团队为用户提供专业、及时的支持服务，快速响应，精准定位，保障生产系统稳定运行，同时依图运维团队通过积极主动的运维支持和持续优化，保证用户所用系统维持在最佳状态；最后的培训认证服务中，依图提供培训认证整体解决方案，包括全产品使用培训、人才认证体系、行业人才解决方案等，以丰富的培训材料、多样的合作体系满足用户和合作伙伴全方位的人才储备和发展需求。依图完整的商业模式使得其不论是在技术还是服务质量上都远远超过同行企业，值得借鉴。依图科技的解决应用场景包括职员、资产管理部门、物业部门、信息中心、人事管理部门、安保部门。

五、结论与启示

依图科技的技术力量以及其商业思维引起了市场内广泛的关注，同时依图科技还与华为合作联手打造智能语音领域的创新。在互联网时代，依图科技的互联网商业思维以及其协同合作的商业模式值得学习。

第一，坚持研发，协同合作。依图科技自创办以来，始终致力于人工智能技术的研发，2017 年在新加坡设立研发中心，开启全球化战略，同时，依图科技投资了 ThinkForce、AI 制药公司 AccutarBio，依图科技的技术团队不断创新。依图科技在国际 AI 比赛中获得了很多奖项。2017 年在美国国家情报高级研究计划局主办的全球人脸识别挑战赛（FRPC）中获得冠军。同年，在美国国家标准与技术研究院（National Institute of Standards and Technology of the United States）主办的人脸识别比赛（FRVT）中获得第一名，2018 年 FRVT 比赛中获得第一名，成为唯一一支三次获奖的中国队。可以看出依图科技的技术力量是非常强大的。

第二，AI 赋能各领域，打造协同生态圈。要学习依图科技的技术商业化，用 AI 赋能各领域，与各个行业共同打造智慧辅助。同时，依图科技与多个领域的企业展开合作，共同进行技术在不同场景、情况下的不同解决方案的研究，将单纯的技术应用于实处，将单个技术进行组合运用，而这些就需要依靠企业通过不断的思维改变建立起发展的、协同的互联网思维模式。依图科技通过协同合作，既让技术与实践相结合，为企业的未来业务发展打通渠道，也致力于为国内外的安保、医疗以及其他领域的未来做出贡献，不论是其理念、思维还是商业手段，都值得企业借鉴与学习。

第三，品牌营销，"福"能全国。依图科技在用 AI 技术进行商业化合作的同时，不忘运用高科技技术造福群众。多次将人脸识别技术用于智慧城市的构建和智慧校园等方面的合作搭建，辅助公安机构多次抓获在逃犯罪分子，为居民和学生营造良好的生活和学习环境，这是依图科技为什么在"智慧"运用中声名鹊起的原因。通过依图科技与多家政府级项目的参与合作，依图科技已然形成了响亮的品牌效应，开拓了其未来的技术合作和商业合作道路。

资料来源：

（1）依图科技官网，https：//www. yitutech. com。

（2）《依图医疗与爱康集团携手 共同推动医疗 AI 体检应用》，https：//www. leiphone. com/news/201811/9sV2bEizS3sCZslg. html。

（3）《依图医疗方骢：医疗人工智能的中国时代非常确定会出现》，https：//news. hexun. com/2019 – 01 – 24/195977739. html。

第四章

资源整合：互联网化企业
商业模式的必由之路

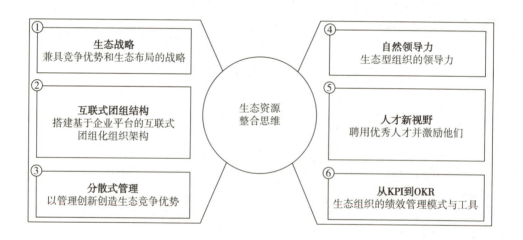

① **生态战略**
兼具竞争优势和生态布局的战略

② **互联式团组结构**
搭建基于企业平台的互联式
团组化组织架构

③ **分散式管理**
以管理创新创造生态竞争优势

生态资源
整合思维

④ **自然领导力**
生态型组织的领导力

⑤ **人才新视野**
聘用优秀人才并激励他们

⑥ **从KPI到OKR**
生态组织的绩效管理模式与工具

【**开章小语**】互联网时代就是资源整合时代。互联网时代，企业要想决胜于千里之外，就不能再像以前那样，仅靠自身某一种或几种优势性资源，暂时占领甚至垄断了市场份额，而是要整合一切可以为我所用的资源，并牢牢控制消费者心智，进而获得可持续发展的市场竞争力。可以说，企业要优化互联网资源，搭建O2O平台，连接上游的供应商和下游的消费者，满足多方需求，最终实现共赢，这就是互联网时代企业新型的资源整合观。

——张一鸣　字节跳动创始人

【开章案例】　**快看漫画：基于互联网思维，全面打造泛娱乐产业链**

天下武功，唯快不破。彼得·泰尔说："创业是非常重要的。经常尝试和犯错误是错误的。"看看连夜连载的漫画，从 0 到 1 的突破似乎正好相反。目前，我国漫画产业的实现路径普遍存在着过分依赖下游合作伙伴的问题。一旦下游出口缩小，内容则丧失自我造血能力。自 2014 年 12 月推出以来，漫画阅读迅速增长。在接下来的几年里，快看漫画迅速成长为一个行业的独角兽。截至 2018 年 1 月，漫画书用户达到 1.3 亿，月活跃用户超过 4000 万。目前，快看漫画业务已突破漫画阅读平台，向付费阅读、IP 开发、广告、游戏、电子商务等业务线并行发展。

一、公司简介

快看漫画是快看世界（北京）科技有限公司于 2014 年发布的一款移动终端漫画应用，为国内外用户提供高清全彩原创漫画书阅读。2017 年 12 月 1 日，快看漫画宣布完成 D 系列融资。2018 年 1 月 18 日，快看漫画荣获"2017 中国运动会风云榜"年度人气二次平台。快看漫画有大量的真实的资源，漫画分类完整，日常编辑选择和推荐高质量的漫画，漫画排版颠覆了传统漫画，适合手机阅读体验，并通过作者 V 社区，实现作者和读者之间的紧密互动，一键关注，你可以得到动态漫画信息。

二、AI 赋能，打破次元壁

从 2014 年 12 月的宣传文《对不起，我只过 1% 的生活》起步，快看漫画一直保持着每年一次的融资频率，截至 2019 年共完成三轮 3.7 亿融资，公司估值超过 15 亿元。三轮融资的分批注入，构建并实现了平台基本服务职能，同时掌控并运营着千余部作品发行版权、IP 开发头部资源，并开始逐步释放价值，影视化则是快看漫画最先涉足的领域。经过几年的探索，漫画平台已经有了明确的商业模式，主要是内容支付、IP 衍生品和广告收入，其中内容支付和 IP 衍生品最为重要。

第一，在 IP 开发方面。快看漫画公布了旗下 IP《快把我哥带走》《单恋大作战》《零分偶像》《你好！筋肉女》等六部作品开发的影视改编计划，上述作品均为典型的女性向漫画。当下女性观众占据了影视剧消费的主流，制作方更倾向于购买女性向 IP；此外，女性向内容也是现阶段更擅长做的事。

第二，在游戏联运方面。广告系统和游戏联运业务则是快看与新上线的新"现金奶牛"。有趣的是，在上线广告系统和游戏联运业务之后，当下的快看漫

画正在变得越来越像 B 站，即一个建立在条漫之上的内容社区。快看漫画将漫画 IP 改编的游戏产品渗透到消费者群体，根据不同的国漫作品推出自己的游戏产品。

第三，在内容付费方面。在付费方式上，对于目前行业内广泛采取的"单章节付费""VIP 免费阅读"和"VIP 收费 + 会员折扣解锁价"三种模式，公司在此基础上同时积极进行创新设想与创新尝试。

三、全面打造泛娱乐产业链，丰富内容业态

动漫市场近年来发展迅速。2018 年，动画产业总值 1500 亿元，网络内容市价 150 亿元。动画产业有巨大的产值能力。漫画作为整个二次元经济的主要上游产业，在 IP 为王的时代受到了广泛的关注。如图 4 - 1 所示。

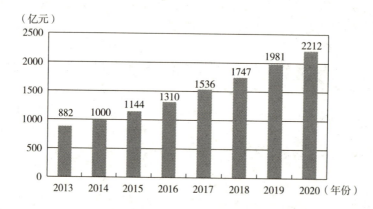

图 4 - 1　2013 ~ 2020 年中国动漫行业总产值

图 4 - 1 数据揭示了这个市场的巨大潜力。近几年，国产漫画也是飞速发展，在质量上有《一人之下》《镇魂街》等头部作品实现了动画化，数量上有数千部漫画正在稳定连载。国漫漫画共有玄幻、热血、校园、恋爱、古风、都市、妖恋、彩虹等分类，内容齐全，基本囊括了漫画所有题材。

快看漫画另辟蹊径，搭建起广阔的漫画创作平台，产品以持续而激进的开发方式相当受欢迎，细分频道连接起相应的海量内容，用户画像定位精准，每一位作者都有足够多的拥趸，社区高频互动，日活跃用户数量（DAU）达千万，大量二次创作内容不断衍生，内容业态进一步丰富多样。明星塑造方法论在二次元世界同样流行，大规模的喂养使漫画爱好者如饮甘饴。快看漫画在占领用户心智的同时，也巩固了用户的忠诚度和黏性。

快看漫画瞄准更为广阔的泛娱乐化市场，全面打造全产业链运营的"泛娱乐战略"，以漫画为中心，联动游戏、社群，深度开发 IP，协力打造年轻用户的娱

乐盛宴。据第三方全域数据服务商友盟统计，快看漫画的用户数量已突破1亿人，加之谢娜、陈赫、周冬雨、郑恺等明星和"快乐大本营"等综艺节目广告的助推，用户数量再次以几何式增长。月度活跃用户数量突破3000万，同比增长81%，渗透率2.76%。

四、以漫画为中心进行资源整合，如何实现弯道超车

快看漫画的崛起其实是有迹可循的，从少女漫画切入，主打娱乐化的内容，从而收获了上亿的年轻受众。但快看依旧在不断拉新和扩大受众面，同时也在加强品牌的影响力。它主要以漫画为中心进行多方面的资源整合，其漫画优势也在不断向前延伸。

第一，抢占用户碎片化时间，快看漫画弯道超车。快看漫画在线时间短，但增长速度非常快，目前用户规模居漫画行业首位。快看漫画为什么能迅速发展到这样的规模，从运营的角度来看，它在把握用户需求方面有着丰富的经验。在线阅读与国内阅读碎片化趋势不谋而合。与其他动漫平台不同的是，快看漫画从一开始就专注于这种形式的漫画。与网格漫画相比，条漫画更适合移动阅读，便于营销，创作和阅读时间更短。快速浏览漫画书正在迅速崛起，并在青少年、轻娱乐、碎片化阅读等领域一直处于领先地位，但普及率还不到50%。

第二，过度娱乐化，快看漫画劣势渐显。快看漫画，关注"娱乐"而不是"漫画"。快看漫画都是以一种服务于交通的方式运作的，而直播、V社区和互动专栏，如"一周的男友"和"拜访流行作家的闺蜜"，则表明快看漫画过于有趣。交通和娱乐是快看漫画崛起之路的脚注。也许目前更适合被称为漫画形式的娱乐平台，而不是漫画平台。娱乐化的定位为快看漫画吸引了大量用户，但娱乐化逐渐成为其进一步发展的绊脚石。

第三，发展漫画IP，须扶持有价值的内容。为了流量的考虑，选择迎合用户的喜好，可能会导致漫画作品趋于"低质量"，陷入灰色地带，给不稳定的漫画产业的发展带来风险。在娱乐方面，相对于微博等社交平台，快看漫画等过度娱乐的动漫平台也具有传播优势。如今，许多漫画作家的漫画作品在微博上连载。动漫平台只是作为一种补充，娱乐定位可能成为快看漫画平台的障碍。动漫IP的开发是该平台长期发展的重要组成部分。动漫平台除了提供生活保障外，还应该为动漫作家提供真实而有价值的支持。对于所谓的高质量内容，是否有一个筛选标准？所谓优质内容，就是能够打动人，引起共鸣的作品。归根结底，这是一种感性的判断。用户总是对内容感兴趣。通过内容吸引大量用户，通过用户吸引资本，最终通过资本构建繁荣的产业生态，是实现繁荣的正确途径。

五、结论与启示

快看漫画的发展定位以及其商业模式布局，不仅让我们领悟到了快看漫画的

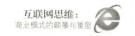

互联网思维，也看出了快看漫画互联网资源整理以及勇于开拓创新的能力。新时代的资源整合更加注重用户、思维、平台和社会化运作四大板块。具体启示如下：

第一，企业发展需要准确的定位。综观快看漫画的发展战略，它坚持"定位的基本方法不是创造新的、不同的东西，而是在头脑中操纵现有的认知，重新组织现有的关系认知"。看围绕核心知识产权的漫画。深入开展工作，全面扫除全国扩散产业，在互联网普及的基础上，进行大蓝图展览。

第二，在资源整合的基础上，要善于突破。快看漫画在传统漫画发展道路上另辟蹊径，搭建起广阔的漫画创作平台，打破圈层经济天花板，向主流文化消费者渗透。其中，"快看漫画，好看到哭"，这条魔性广告出现在 2017 年暑期黄金档《快乐大本营》中，这是漫画平台首次以广告主的身份出现在一线电视渠道，标志着圈层经济的天花板被打破，快看漫画正式宣告向主流文化消费者渗透迈进，在视觉和氛围的冲击下，让那些刻板的大人们也逐渐适应这光怪陆离的变化和令人应接不暇的新世代影像。

第三，互联网下要整合一切可以利用的资源。在当今日益激烈的文化娱乐竞争中，谁拥有强大的资本和内容制作，谁就可以有一个良好的立足点。快看漫画是整合所有互联网资源，为漫画创作搭建一个广阔的平台。其产品继续以激进的方式开发，并非常受欢迎。细分频道连接相应的海量内容，精确定位用户头像。在此基础上，以动漫为视角，着眼于更广阔的泛娱乐市场，构建以动漫为中心、游戏与社区联动、IP 深入发展的全产业链运营的综合性"泛娱乐战略"。

资料来源：

（1）快看漫画官网，https：//www.kuaikanmanhua.com。

（2）《从微博网红到 CEO 25 岁的她拿下漫画领域最大一笔融资》，https：//game.people.com.cn/n1/2017/1215/c40130-29708575.html。

（3）《快看漫画 D 轮融资 1.77 亿美元，正式启动"3S 计划"》，https：//www.lieyun-wang.com/archives/389155。

第一节　互联网时代，企业资源有何新解

现代企业资源不再是传统的企业内部资源，即人才、资本、固定资产和原材料。资源整合的目的无非是利用数据提升用户服务能力，提高用户服务水平，获得更好的投资回报。因为用户资源可以使企业更好地锁定和开拓目标用户，通过建立专业、细分、畅通的集团内部交易渠道，更好地获取用户需求，把握市场变化，更好地提高企业的市场竞争力。

一、用户资源＋关系资源＝企业核心资源

海尔集团董事长张瑞敏曾说过："企业的核心竞争力是获得用户资源的能力。"通过产业集群，海尔能够更好地锁定和发展目标用户，建立专业、细分的集团内交易渠道，更好地获取用户需求，把握市场变化。在当今互联网时代，企业集群下的用户资源也能更好地提升其市场竞争优势。

1. 什么是用户资源

"We Are Social"和"Hootsuite"发布的最新数据显示，全球互联网用户已超过40亿，这证实了世界上有一半人口在接触网络，其中超过一半是"智能"设备，因此人们可以随时随地更轻松地获得丰富的互联网体验。这就是互联网企业能够参与甚至赢得跨境竞争的原因。互联网的存在打破了信息的不对称，使信息更加透明，使用户获得更大的话语权，完全俘获用户的心。毫不夸张地说，互联网思维的核心是用户思维。产品设计、极致的用户体验、口碑传播都离不开用户参与。

2. 什么是关系资源

关系资源不仅限于传统意义上的关系，对于企业来说，关系资源往往是变化的和相对的。有时竞争对手也可以是企业的关系资源；员工也可以被视为企业的关系资源；同一生产线上的一个环节必须对下一个环节负责，否则在生产中可能会出现问题，所以下一个环节也是前一个环节的关系。事实上，这是一个从关系的角度来思考企业的生存与发展，这对企业有很大的好处，我们可以称之为"关系资源思维"。

3. 用户资源和关系资源的融合是企业资源整合的动力

实现用户资源和用户资源的融合是企业形成资源整合的动力问题。那么，如何从更广的视野去借用户和用户的力量来为企业谋发展呢？

第一，服务用户，精准目标。企业资源的整合离不开用户的直接参与。事实上，企业应该根据用户的需求方向研究制定服务产品的生产和管理解决方案，并确定相应的绩效评价指标，建立互动协调机制。在竞争对手对各种资源进行致命抢夺的情况下，用户作为影响企业生存的"上帝"，显然是很多人的眼睛。如何准确定位用户需求，为用户服务？本书提供了五大基本途径：尝试做自己的用户、尝试做竞争对手的用户、学会与过去的老用户交流、让客户帮你寻找问题的症结、从用户中聘用重要人员。

第二，用户价值，关系为王。一般认为，用户资源整合主要是根据用户价值提供差异化的产品和服务，努力与用户建立长期的战略伙伴关系。因此，用户价值的实现在企业资源整合中起着至关重要的作用。毕竟，大多数企业的目标都是利润最大化。

专栏1   **小红书：互联网思维的践行者**

随着国内经济的不断发展，不断壮大的新兴中产阶级的经济状况达到了一个新的高度。他们在新的文化和市场环境中成长，对生活方式的需求超过了传统认知，产生了更高的消费需求。然而，就国内企业的生产理念和产能而言，很难满足高端消费群体的高水平需求。因此，这一群体将瞄准产品市场更加成熟的海外市场，使海外购物越来越受欢迎。小红书是世界上50家最具颠覆性的初创公司中的前十名。在胡润研究所的独角兽指数中，小红书的估值上升了186%，位居第三。小红书已经成为中国消费者和优秀品牌之间的纽带。

一、公司简介

小红书由毛文超、瞿芳于2013年在上海创立，是一个年轻人的生活方式平台和消费者决策门户，致力于让美好生活在世界各地触手可及。在小红书中，用户以短视频、图形等形式一点一点地记录生活。截至2019年3月，小红书拥有2.2亿用户，并继续快速增长，其中70%的用户出生于20世纪90年代。随着营销战略的升级，小红书已成为美容化妆品、护肤品、母婴保健品、健身产品等创新营销的沃土。与其他电子商务平台不同，小红书是从社区起步的，最初用户主要在社区分享海外购物体验。后来，除了美容化妆和个人护理，在体育、旅游、家庭、酒店、餐厅等方面的信息共享也出现在小红书中，涵盖了消费者体验和生活方式的方方面面。如今，社区已经成为小红书的屏障，其他平台也无法复制。与美团、阿里巴巴一起被 Fast Company 评为中国最佳创新公司。

二、创新资源整合，优化商业模式

小红书的成功主要得益于其独特的资源整合方式，其致力于通过账号运营，整合优化粉丝数据。据此，小红书颁布新规，只有符合新规指标的签约的品牌合作人才能进行商业推广行为。那么，非品牌合作人就只能先认真产出真实优质的内容，通过日常内容来获得5000粉丝，月均1万曝光，成为品牌合作人之后才能商业推广，如图4-2所示。

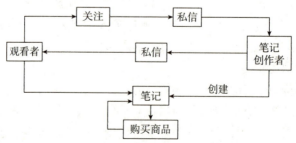

图4-2 小红书产品分析

第一，做好账号定位。账号定位决定了粉丝受众，内容方向，这样才能获得忠实粉丝、精准粉丝，粉丝不在多而在于精，未来才更有商业价值。

第二，保证账号内容质量。内容在保证日常更新数量的同时，要提高笔记质量，图片、文字、视频都要提升质量，高质量的笔记，平台会给更多流量扶持，能吸引更多曝光阅读，自然粉丝关注的机会就更大了。

第三，加强账号运营。多做日常共享，少量软性植入推广，不要明目张胆地商业推广。日常共享是让自己更真实，真实的博主才能获得真实的粉丝。

第四，注重互动共享。平台方强调曝光量，鼓励博主通过互动激发站内活跃，提升曝光；鼓励博主通过共享传播，挖掘站外流量，提升曝光。

三、新营销渠道：打造刷屏级爆款

小红书可以作为一个行业脱颖而出独角兽价值十亿美元的企业，不能脱离其独特的新媒体运营思维，打开一个新的方式来分享的内容，明星产品，用户原创内容分享，鼓励大量用户自发产生质量笔记和创建一个社区的气氛再次手术。例如，Tatcha 在美国有很好的声誉，但在中国却不为人知。用户在社区分享消费体验后，逐渐引起了中国消费者的关注和喜爱。现在小红书已经成为 Tatcha 在中国唯一的合作伙伴，如图 4-3 所示。

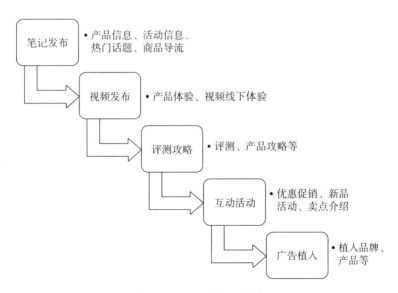

图 4-3　小红书平台模式

在互联网思维时代，小红书重新定义了管理和驱动模式，最终实现了高度的商业资源整合，在一条充满机遇和考验的独特轨道上，向更高的目标冲击。作为一个年轻的生活方式分享平台，小红书是一个生活方式分享社区，通过机器学

习，精准高效地匹配海量信息和人。用户通过分享文字、图片和视频笔记，记录这个时代年轻人的正能量和美好生活。

资料来源：https：//www. xiaohongshu. com。

二、数据成为新生产要素

以大数据为基础，全球数以亿计的在线商务平台和商业生态实现了精准营销和智能进化，诞生了智能商务时代。毫无疑问，在智能商务时代，数据已成为不可替代的生产新要素。

1. 经济学意义上的生产要素

现代西方经济学认为，生产要素包括劳动力、土地、资本和创业人才。其中，劳动力是最重要的经济资源和生产要素，劳动力价值取决于劳动力再生产所必需的生活资料价值。通过劳动商品交易市场中的雇佣劳动关系，实现劳动力与资本的结合。土地作为生产要素的一类，是尚未被人力改造的各种自然资源的总称。资本是资本家和雇员之间剥削和被剥削的生产关系。

2. 数据成为新生产要素

数据的开放、共享甚至交易和流通是一切时代互联网的重要组成部分。自从"互联网＋"成为国家战略以来，中央政府一直在加大力度推进数据开放，各地纷纷进行了有益的尝试。大数据时代强调的不是"大"，而是"活"，即判断一个数据是否有价值，主要的标准是数据是否被活用。显然，开放和共享是最大化数据价值的最佳方式。信息使用的边际效益不断增加，信息流和共享的范围越大，所创造的价值越高，而线上和线下数据化和数据开放是信息流大规模流动的两大前提。

三、资源的本质是什么

如果企业不清楚自己的资源构成，就无法相互了解，在竞争中取胜。如果不清楚各种资源，就很难准确地判断各种情况。要做好企业的战略管理，就必须了解企业的资源，努力集聚优势资源，推动企业朝着更高的目标迈进。

1. 企业资源的特点

企业资源可以分为物质资本资源、人力资本资源和组织资本资源。当企业充分利用自身资源的稀缺性和不可替代性，在没有任何现有或潜在竞争对手实施相同战略的情况下实施能够创造价值的战略时，企业就具有了竞争优势。如果这一战略不能被竞争对手模仿，那么它将具有可持续的竞争优势。

2. 互联网时代资源的本质是数据主导下的要素匹配

数据化是资源整合的基础和前提，数据化有助于消除资源整合盲点，将资源整合过程可视化和动态化，以供合作伙伴参考和对接，也为整合方案的改进和资源的匹配协调提供数据支撑，以此获得更优质的、兼容性资源；资源数据化还能加速多方资源整合的对接速度，打造无障碍数据接口，建立融合界面和互动式经营场景，赋予资源方经营的动力。

第二节　资源整合中的互联网思维

在互联网思维时代，资源整合型的平台才是真正的时代之主。我们正处于一个"大数据"的时代，无数聪明人借助着这个趋势大行其道，获得了前所未有的成功，其中主要的武器就是资源整合。未来，将是一个高度灵活、高度个性化的定制时代，更是多方主体资源整合制胜的时代。

一、技术驱动思维：颠覆与迭代

互联网思维逻辑讲的是什么？通俗地说，就是让企业家看到未来，花未来的钱。从前我们将市场中的三要素，即生产者、消费者、消费品区分开来研究，但如今在互联网思维的冲击下，互联网企业把这三者都整合到一块了，产品的消费也能渗入生产的过程中去。

1. "大智移云"颠覆了什么

互联网技术促进了一种新的经济形式的出现，互联网成为整合资源的平台。互联网是一个开放系统，它不仅具有自身独特的资源整合优势，而且可以成为封闭系统整合外部资源的平台。资源整合作为一种战略调整手段，其目的是优化资源配置，获得总体最优。在互联网思维中，企业资源整合的范围也更加紧张。

2. 互联网平台如何实现协同消费 = 协同生产

在传统的消费模式中，各种因素之间的关系比较简单，主要由生产者、市场中介机构和消费者组成。市场的活力主要取决于消费者和生产者之间的黏性和联系。协同消费作为互联网与生产消费相结合形成的一种新的消费模式，已不再是传统生产消费模式的附属物。其本身聚合和激化需求就是一个价值增值和经济剩余生成和分配的过程，也是传统消费的延伸和优化，如图4-4所示。

"协同消费"一词起源于英国市场顾问雷·阿尔加（RayAlgar）。他认为，消费者会在网站上交换产品和服务，并以各种方式分享产品和服务。后来，Rachel Potsman 和 Lu Rogers 将协同消费作为一种基于社交网络、资源共享和协同消费的新型经济模式。提出了协同消费的四个核心原则：一是群聚效应，其主要内容是凝聚核心用户，获得社区认同，创造触发点。二是闲置生产力，其主要内容是优化配置，物尽其用。三是社会公共资源，其主要内容是合作与消费的融合，"网

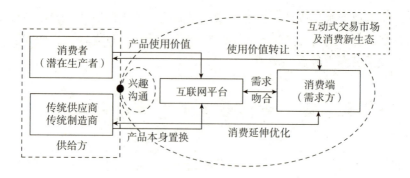

图4-4 互联网平台的协同模式

络效应"促进了公共利益的最大化。四是陌生人之间的信任，公开透明的社区，人际和资源回归交易的核心，信任是不可打破的。在此基础上，进一步阐述了协同消费的三种新模式，如表4-1所示。

表4-1 三种协同消费新模式

协同消费模式	具体内容
产品服务系统	闲置在个人手中既占用空间又没有使得产品的功用充分发挥出来，网络服务提供商就会开发一个"租赁市场"，使得这些闲置物品逐渐"租赁"化。因而，需求方消费者能以低于购买商品的费用来共享或租用私人所有的商品，来完成他们所需要做的事情，而不需要考虑任何保养、保修等问题，因为所有权仍然是属于供给方消费者或者能够提供某些资产的企业，而非需求方消费者
市场再分配	由于互联网的广泛应用，以及网络购买平台的发展，二手买卖的发展也从某种程度上改变了人们的消费习惯，那些闲置的物品，不是被扔掉而是被拿去进行二次交易。消费者可以选择不丢弃某个特定的商品，而是将它再次出售换取现金、免费赠送给别人或是和他人交换其他利益
协作型生活方式	拥有相同兴趣爱好的人可以对时间、技能、空间甚至可以是资金，进行共享和交换，如共享办公场地、共享汽车、共享房屋租赁等

3. "互联网+"携手"智能+"的协同管理迭代

协同化是企业资源整合的协同创新机制，其要义是企业将各种资源要素创新整合，使之能够为了完成共同的任务或目标而进行的协调或运作，实现这些资源协同效应。企业资源整合的协同创新机制包括形成机制、运行机制、反馈机制及进化机制四个子机制，协同动态完善协同创新的环状机制，保障企业资源池合理运转，降低资源的隔阂和摩擦，实现资源整合的协同目标，如图4-5所示。

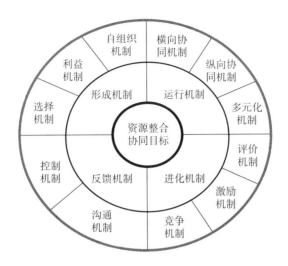

图 4 - 5　资源整合的协同创新机制

二、文化融合思维：传承与创新

如果企业文化不能促进企业转型升级中的重点和难点问题的解决，而只是吹拉弹唱敲边鼓，那么企业文化可能会进一步边缘化。"企业文化＋"要求企业运用文化建设的思想、方法和现代工具，在战略转型升级、集团控制、兼并重组、人力资源管理、领导力提升、团队建设等方面，从事重要或短期的工作。实施基于"理念—规划—制度—措施—行动—评估—改进"的专项解决方案，全过程、闭环、动态管理，直接提高相关方面的绩效。

专栏 2　　　　　　　　**巴图鲁：汽配 B2B 平台模式**

近年来，我国汽车零部件市场也呈现出快速发展的趋势，随着我国汽车生产行业的发展，我国汽车零部件行业也呈现出快速发展的趋势。但中国的汽车零部件市场非常分散，全国有超过 50 万个修理工厂，但没有汽车配件经销商的市场份额超过 1%。这样的一个工业格式非常低效，一直无法摆脱其高度依赖人的现状。此外，配件系统不完善，配件信息流不透明，各环节监管困难等问题，导致市场出现滞销现象。随着中国移动互联网的快速发展，不成熟的市场不仅带来了挑战，也提供了无限的机会。

一、公司简介

广州巴图鲁信息技术有限公司（以下简称"巴图鲁"）成立于 2013 年 9 月，

是一家专业从事汽车售后市场的工业互联网公司。其产品主要有维修配件、事故配件、易损件和维修配件。公司拥有自主研发的动态配件数据库和智能交易系统，终端用户总数超过 5 万，实时销售的数量接近 200 万，如图 4-6 所示。

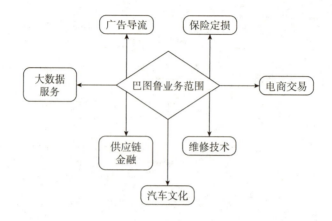

图 4-6　巴图鲁业务模式

巴图鲁汽配店是目前国内专注于所有汽配交易的 B2B 服务平台，形成了从汽配搜索、报价比对、支付到配送的闭环汽配交易服务。巴图鲁以三大核心为主要目标：大部件数据库、高效的信息系统平台、完善的供应链服务体系，用新的商业计划为传统汽车产业从互联网上进行改革，实现信息流、物流、现金流量、数据流量四流合一，促进产业整体升级引领。汽车配件店是公司创建的汽车配件 B2B 电子商务平台，将互联网技术带入行业，解决行业对人的专业需求，使行业数字化、标准化、智能化。目前，巴图鲁已经实现了"整车零部件"的在线智能订单交易，以智能交易和专业服务完成了传统汽车零部件行业的价值重构、体验重构和交易模式重构。

二、以数字化交易为平台，打通供应链上下游

数字平台不仅是提供配件实时价格的参考平台，还应该真正参与交易，链接上游配件系统，为下游提供友好的操作界面。巴图鲁采用全新的电子商务解决方案，将传统的汽车零部件行业转型为互联网。通过数据和信息映射，将上游供应链连接起来，以匹配下游的实际需求，从而提高供应链系统的效率，实现多赢。

以"汽车零部件交易平台"为核心，提供全面服务给最终用户，通过城市合作伙伴，形成闭环的线上和线下交易，降低供应链水平和提高供应链的效率，如图 4-7 所示。

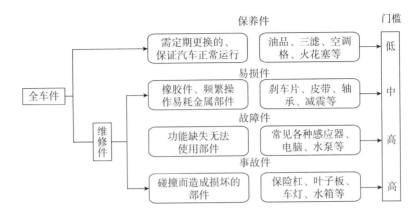

图4-7 巴图鲁全车件交易平台

三、引领运营模式创新：建立完善配件数据库

产业电商这个体系里，我们最近一直在谈创新，到底创新改变的是什么？核心是两点：一是要素组合的深度和要素组合的效率；二是组织模式创新。巴图鲁是国内所有汽车零部件和配件的 B2B 电子商务平台。经过十多年的积累，巴图鲁建立了一套模型零件数据系统，不仅拥有完整的模型数据库，而且还匹配了模型与附件之间的关系。目前，数据库已经整合了大部分主流车型和配件信息。

与其他数据平台不同，巴图鲁在自己的编码系统基础上，进一步开放了配件供应商与配件之间的连接。巴图鲁数据平台不仅整合了原厂配件，还整合了大量品牌配件，在那里可以选择更多的配件，获得更好的体验。这意味着维修车间可以通过平台获得大量面向市场的动态维修、多质量等级的事故零部件的价格和供应渠道。同时，巴图鲁也介入了交易。

由于平台已经开放了配件编码、供应、价格体系，维修店可以精确定位指定配件，与不同品牌、不同价格相比，在平台上独立下单，大大提高了交易效率。交易数据的积累可以为巴图鲁的配件数据库提供数据，这可以不断地改进和优化现有的数据积累。

巴图鲁秉承开放多赢的理念，未来将依托庞大的数据库，以数据共享的方式，连接汽车后市场其他领域，充分发挥大数据的价值潜力，为配件供应商、维修厂、4S 店、保险机构等合作伙伴提供更多服务，促进合作共赢，实现"让汽车后市场的服务变得简单"的最终愿景！

资料来源：https：//www.baturu.com。

三、价值创造思维：共享与共赢

随着互联网在消费领域的蓬勃发展，人们可以看到互联网在工业制造、工业

协作等企业级应用领域的巨大发展空间和可能性。这促使互联网企业注重更高的价值、更强的直接支付意愿和能力，以复制成功的"互联网思维"模式，重构传统产业生态。互联网思维的关键是如何实现价值创造思维。

1. 瞄准价值

价值是企业的基础，创造价值是员工对企业的核心意义。因此，要瞄准价值的方向。那价值的方向该如何寻找呢？

第一，要明确你工作的目的是什么。比如采购部的目标是什么？可能大家会脱口而出：肯定是采购啊，直白一点就是买东西；而我不这么认为，因为买东西谁都会买，那如何体现你的价值呢？因此，采购部门的目标是以低成本、高效率的方式进行采购。一旦这个目标明确，价值点就显而易见：最低的成本，最高的效率，最好的效果。围绕这三个价值点，采购部的工作体现了最核心的价值。

第二，分清小团体利益与企业利益之间的关系。比如，由于运费上涨，导致物流费用瞬间增加，而运费是对物流部绩效考核的核心指标。这时，物流部为了降低运费，选择延迟发货。这就导致了跟用户约定的发货时间出现延误。这一延误直接影响了用户的生产，因为原材料短缺，产能只开到了 50%，最终，在账款结算时被用户扣掉了 10% 作为补偿。这就是在个人小利与企业大利出现矛盾时，你的选择便决定了你的价值。

2. 价值共享，互利共赢

资源整合下的分享经济模式的终极目标和价值取向是"共享"。共享传承人类商业文明、交流商业文化、传递最新商业资讯。互动、体验、共享是资源共享模式的不同测面，统一于人类协同共享商业活动的全部过程之中。互动的过程是在体验和共享中进行的，没有离开体验和共享的单一互动；体验的过程是在互动中推进的，体验的成果是在共享中实现的，没有离开互动和共享的纯粹体验；共享是体验和互动的归宿。分享经济模式是互联网时代基于闲置商品或服务共享的一种新的商业模式，如图 4-8 所示。

图 4-8　价值共享模式

第三节　企业资源整合的商业逻辑

合理的资源整合业务逻辑需要企业组织协调其内部功能，是相互关联的，但彼此分开，并整合其外部合作伙伴参与共同的任务，有独立的为用户服务的系统，它实现了"1 + 1 > 2"的效果。一方面，资源整合是企业绩效的重要来源；另一方面，资源整合也是企业竞争力的主要来源。企业是否具备实施资源整合的能力，是判断企业竞争优势的重要依据。

一、平台战略考量

未来的竞争是产业链与平台之间的竞争。只有在平台的基础上，才能真正实现业务的弹性延伸，凸显产业链的价值。

1. 平台化是企业信息化发展的必经阶段

回顾国内企业信息化建设和发展的历程，可以明显看出其中的规律，事实上就是从分散到集成，从个性化到平台化的过程。具体如表4 - 2所示。

表4 - 2　企业信息化发展过程

时间	内容
2005 年以前	企业信息化建设已初具规模，业务分散，数据没有整合，形成了一个个信息孤岛
2005 ~ 2008 年	部门间的系统开始走向零星的点对点对接，出现"财务业务一体化"
2008 ~ 2012 年	企业开始采用平台来实现内部的业务整合，将研发、生产、服务、流通等链条进行整合，实现了业务一体化管理的目标
2012 年后	企业将走向平台化发展，实现供应商、经销商以及电子商务平台的整合

2. 平台助价值链弹性延伸

工业时代使我们习惯于线性思维模式。但在互联网时代，互联网使我们有可能创建在线平台，允许企业从外部创造新的资源。传统的产业模式是紧缩供给和业务运营，平台模式逐渐成为一个外部协同供应商的生态系统。未来的竞争是产业链与平台企业之间的竞争。只有在平台的基础上，才能真正扩大业务弹性，突出产业链的价值。

专栏3　　　大搜车：剑指数字服务　笑傲汽车江湖

网络企业，特别是电子商务企业，提出并发展了新的零售业务。从汽车产业

的角度出发，汽车与互联网的关系也是从电子商务商城和垂直网站中衍生出来的，通过网络流量获得线索，通过邀请实现离线体验的转化。长期以来，通过互联网获取线索已经成为汽车行业吸引顾客的重要来源，占有相当大的比重。然而，网络营销在汽车行业中的应用也遇到了与其他行业电子商务一样的问题，如交通红利的消失和在线获取流量或线索的成本增加等。因此，在互联网上涌现的新零售店在汽车行业迅速兴起。新的零售经营理念在汽车行业中的应用，主要体现在消费升级和技术创新推动下的汽车零售新渠道和新服务经验。这也使得整个汽车产业进入了消费者主权的时代。

一、公司简介

大搜车由姚军红先生于 2012 年 12 月创立，是一家全新的汽车零售金融平台。阿里巴巴集团、蚂蚁金融、晨星资本、华平（Warburg Pincus）和 Primavera 资本已获得超过 12 亿美元的融资。2017 年 12 月，大搜车被硅谷的全球数据研究机构"投手簿"列入"2017 年世界独角兽"名单。我们的使命是促进汽车工业的数字化文明，我们的愿景是建立一个年营业额超过 2 万亿元的汽车工业互联网平台。我们的核心价值观是"用户至上""奋斗第一""效率""利他主义""协作"和"创新"。大搜车公司自成立以来，一直致力于推动汽车工业的数字化文明。通过服务产业链的上下游、扶持和上下游的联动，大搜车尽一切努力创造汽车贸易和流通的生态，共同为消费者购买和使用汽车提供更高效、更方便服务。

二、领跑产业数字化：打造汽车产业互联网协同生态

"一成首付弹个车！"走进很多写字楼，都能听到这句广告语，这是大搜车旗下弹个车的宣传文案，凭借简单的七个字，大搜车轻松撬开了汽车金融市场的突破口。作为一家以数据为立身之本的公司，大搜车自 2012 年成立以来，致力于推动汽车工业数字化过程，形成汽车整体循环生态，为消费者购买和使用汽车提供高效、便捷的服务。目前，DaOSU 建立了一个相对完整的汽车工业网络协作生态，覆盖了 90% 的大中型二手车经销商，超过 70000 辆新车网络（4S 店除外）已数字化。它拥有许多汽车，比如汽车 YiPAI、炸弹、汽车、汽车商店 168、汽车运营商、Brecon 和其他子品牌，如图 4-9 所示。

三、渠道为王：基于 SaaS 系统布局汽车产业链

近几年，二手车在线交易一直是一场重大的市场大战。通过 SaaS 系统，大搜车将大多数离线二手车经销商连接在一起，为中国 80% 以上的二手车经销商提供服务。2014 年，大搜车推出了"牛车"，为小型二手车经销商提供服务。2015 年，大搜车推出"大风车"，为大中型汽车制造商提供车辆管理、用户管理、营销管理等服务和整体解决方案。凭借其技术优势，大搜车迅速建立了自己的"护城河"，覆盖了全国 90% 的中型和大型二手车经销商，并建立了与其竞争

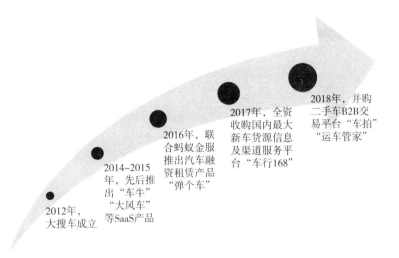

图 4 - 9　大搜车的成长历程

对手无与伦比的优势。作为起点，大搜车自身再次加快了布局车的流通产业链，这就是社会渠道与传统，如图 4 - 10 所示。

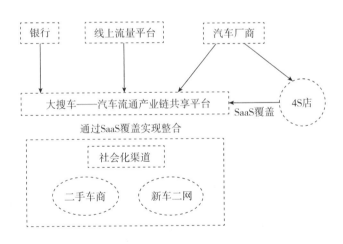

图 4 - 10　大搜车 SaaS 交易平台模式

大搜车致力于做车商的第二大脑，让汽车交易更简单、高效、科学。汽车产业数字文明的远大目标，犹如一场前路漫长的星际远航，而刚刚起步的大搜车，未来将发力下沉市场，如同 18 岁风华正茂的少年盟主，手握覆盖海陆空的蚂蚁雄兵，策马快奔，理想高远。

资料来源：https：//www.souche.com。

二、实现产业链到生态圈转变

传统的产业升级路径是通过技术创新实现产品迭代或产业链延伸，最终形成产业集群。在互联网时代，除了垂直延伸，行业间的横向整合已经成为常态。相关产业形成互利共赢的"生态圈"。这个新行业来自生物圈和创建新模型将不可避免地成为传统产业转型的新亮点。

1. 产业链的转型成为必然

在过去的十年里，中国经济在国际市场上已经成为一个巨大的数字，中国市场本身的潜力也越来越明显。企业发展模式中出现了一些新的元素，如阿里巴巴、百度、联想等企业，引起了人们的关注。中国企业下一步要做的就是认清产业链的变化趋势。目前，在加快世界产业链调整的进程中，独家占有只能暂时取胜。产业链的占用并不重要，但还远远不够，企业需要管理好自己的生态圈。

2. 从产业集群中寻找生态圈

互联网竞争格局已经改变，生态＋生态竞争将成为企业的主流。核心竞争力的本质是企业对资源的短期和长期优化配置，使企业的资源配置创造最大的价值链，因此企业价值链管理至关重要。企业价值链不是孤立存在的，而是由供应商价值链、企业价值链、渠道价值链和买方价值链组成的价值链体系。企业管理成功的关键在于产业集群效应的形成。

第四节　资源整合的关键点

企业资源整合必须围绕某一目标而进行，把分散的资源和各不相同的方法，甚至是性能完全相反的方法，根据有序的原则进行调度、组合、配置，从而把许多看似零散、分割的资源予以排序、取舍，使资源发挥出最大的效能，产生最佳效果，企业资源整合需要注意的四大要点：①确定企业整合目标；②企业自身能力定位；③确保整合的可行性；④确保整合的经济性。

一、明确企业能力定位，磨刀不误砍柴工

企业资源整合是一项企业战略决策，主要是随市场的变化而对企业的各种资源进行整合与优化。这就要求企业能清晰认识自身的能力，特别是资源整合能力。一般企业定位要经过的过程是：从产品、品牌、企业定位三者的整合到三者的分离。

1. 技术性：团结一致

互联网思维下，技术创新与生态共同体应互相结合，行业之间的边界早已超越了原先的界定。企业的技术创新不仅仅关系到产品的研发，还包括对市场数据、用户数据、竞争对手数据等进行技术分析、内外部管理技术整合等。总之，在互联网思维下，技术整合绝不仅仅是考虑产品，同时在构造生态共同体时，也需要注意信息技术传递的通畅，如图4－11所示。

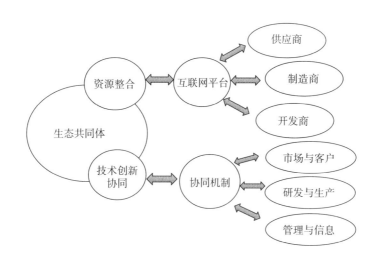

图4－11 技术与资源生态图

2. 资源整合引爆"核聚变"

IBM公司CEO彭明盛在美国《外交》杂志上发表"全球整合企业"一文中所说"跨国企业"已经过时，现在已经步入"全球整合企业"时代。在整合经济的时代，不见得有了核心技术和核心产品，这个企业就有竞争力。真正的核心竞争力，是企业进行资源整合能力。谁具有更强的资源整合能力，谁就拥有无可争辩的竞争力。

第一，时间压倒一切。资源整合对企业最大的帮助就是能够让企业实现一个项目的时候更加快速。如果企业想要承担一个项目，聚集需要的人员、设备可能都比整合资源困难得多。外部资源是开放的，任何商业模式在信息透明的互联网时代将很快被复制，在同等商业模式上效率的竞争才会维持企业的发展。

第二，资源有效协调优化。在资源整合下，企业能够运用一切触手可及的资源，在企业构建的协同化战略同盟中，打造盈利模式的同时，企业之间的资源可以根据需要进行流通和合作，形成企业之间的共赢。现如今越来越多家电、汽车

等传统设备企业都提出智能化、连入互联网和云端化。

第三，目标一致，众志成城。企业资源整合必须围绕某一目标而进行，把分散的资源和各不相同的方法，甚至是性能完全相反的方法，根据有序的原则进行调度、组合、配置，从而把许多看似零散、分割的资源予以排序、取舍，使资源发挥出最大的效能，产生最佳效果。

专栏4　"独角兽"好享家：为生态圈伙伴赋能，共创财富

近年来，人们对改善生活的需求越来越大。随着消费水平的提升和中产阶级的崛起，"优质生活"逐渐成为终端用户的刚性需求。一套舒适、智能的家居解决方案和多样化的选择已成为一种新的市场趋势。据不完全统计，中国从事小康家庭产业的集成商已迅速增加到4万多家，市场容量超过1万亿元。好享家舒适智能家居有限公司（以下简称"好享家"）成立于2009年，经过五年的区域直接运作，2014年正式启动了战略转型，实施了平台开发，逐步建立了资本产业创新发展模式。在"内外维修"的过程中，好享家已经吸收了200多家地区领先的舒适智能家居整合服务提供商，产生了集聚效应，成为中国舒适智能家居行业最大的云服务平台。

一、公司简介

好享家是中国专业的舒适智能家居集成服务提供商五星控股集团的子公司，致力于家庭舒适智能家居系统的集成解决方案，重点是提高家庭消费水平。好享家自2009年成立以来，一直以不断提高生活质量为己任，其主要类别包括冷暖系统、新风系统、净水系统和智能系统。目前好享家的服务网络覆盖16省超过100个城市，已完成线下1000余家网点的全国布局，持续受到资本市场的关注，三年内累计融资12.5亿元，同时获得行业高度认可。2019年，好享家荣耀登榜全国独角兽企业。

二、入驻好享家"赋能型"舒适家居生态圈平台，价值几许

好享家前后获得三轮融资，总计近10亿元的巨资注入，提升这一创新舒适家居生态圈平台本身价值。2017年4月，"中美绿色基金"对好享家的C轮融资，更将促进其针对中产阶级家庭的绿色、环保人居事业的进一步发展。因此，自好享家"城市合伙人"计划推出以来，其影响力已覆盖15个省直辖市，超过80个城市，吸引190余家子公司入驻，并建立起500余个线下服务网点。"互联网＋好享家模式"也在倒逼舒适家居的再升级。如图4－12所示。

第一，品牌溢价。基于好享家目前成熟的运营模式及行业品牌影响力，好享家能够通过这一共享平台，为"城市合伙人"提供品牌优势及成熟、可复制的

运营模式，以及高效的方案设计、可靠的金融支持，还可以通过其线上"舒适 e 站"及"销售员个人站"等拓宽获客渠道。

图 4 – 12 "互联网 + 好享家模式"

第二，能力提升。好享家拥有完善的连锁经营管理体系，独具品牌特色的培训体系，为"城市合伙人"提供专业的技能及销售培训，以及全国各地连锁店标准化形象展示，进一步渗透其品牌影响力，提升其服务辨识度与用户信任度。

第三，产品红利。由于资源共享，多渠道、多模式销售将得以实现，因此，大单集采、仓储共享、低成本、高毛利、售后服务全面升级也能逐步实现。

第四，资本回报。好享家现已拥有VR/AR等技术，并已推出3.0版体验店，全国连锁门店实现统一管理、运营；同时，采用股权激励机制，全面调动运营者积极性，全面提升其管理能力。

三、深化战略：打造赋能型的生态圈平台

好享家高调发布"舒适家居生态圈"深化战略，启动"舒适云"新项目，扮演产业路由器的角色，通过平台服务公司，为消费者打造赋能型云服务平台。回顾我们的生活，家庭场景的基础设施已经悄然发生着变革。作为国内智能舒适家居行业的领军企业，好享家基于分享经济的舒适家居生态圈，目的在于将厂家、经销商、个体经营者与消费者的积极性充分调动起来，换言之，数以万家集成服务商共享平台资源，深度挖掘用户需求，借助连锁服务平台品牌影响力与完善的服务体系，最大限度地增加渠道、降低互动成本、简化交易环节，使信息更加透明化，也使竞争更加公平公正。如图 4 – 13 所示。

如今，好享家正借助消费升级之下中产阶级崛起的风口，用共生型思维全面链接整合行业资源，持续推进"城市合伙人计划"，打造健康可持续的舒适家居生态圈，实现共建、共享、共生、共赢。

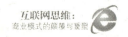

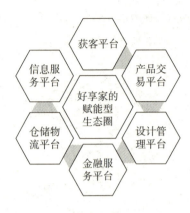

图 4 – 13　好享家的赋能型生态圈

资料来源：https：//www.cyzone.cn。

二、确定企业整合目标，朝着目标向前进

企业资源集成必须以目标为中心，并清晰地围绕目标进行。只有在目标明确的情况下，集成才会有部署的方向，达到最佳的效果。清晰整合目标的能力是企业获得竞争优势的关键，也是新经济时代现代企业的要求之一。在资源整合的明确目标下，企业可以紧紧围绕目标，使整合发挥应有的作用。

1. 紧扣国家促进协同生产方向

我国也在大力推进企业朝着智能、协同、共享的方向上发展，其目的是打造一批网络化协同生产制造公共服务平台，加快形成制造业网络化产业生态体系，进一步提高重点领域的核心竞争力。协同生产制造包括智能制造、大规模个性化定制、网络化协同生产制造和服务型生产制造，如表 4 – 3 所示。

表 4 – 3　我国促进协同生产具体实施策略

主要任务	具体内容
智能制造	以智慧工厂为载体，开展智能制造试点示范，推动互联网技术在生产过程中的融合应用，支撑制造业智慧化转型，着力在工控系统、智能感知元器件、工业云平台、操作系统和工业软件等核心环节取得突破，加强工业大数据的开发与利用，有效支撑制造业智能化转型，建构开放、共享、协同的智慧制造产业生态是发展智能制造的方向
大规模个性化定制	支持企业利用互联网开展基于个性化产品的服务模式和商业模式创新，鼓励互联网企业整合市场信息，挖掘细分市场需求与发展趋势，为制造企业开展个性化定制提供决策支撑

续表

主要任务	具体内容
网络化 协同生产制造	充分发挥制造业骨干企业的带动作用和公共平台的服务能力，通过互联网与产业链各环节紧密协同，促进生产、质量控制和运营管理系统全面互联，推行众包设计研发和网络化制造等新模式。促进企业社会多元化服务能力，促进全社会多元化制造资源的互联网化，促进创新资源、生产能力、市场需求的集聚与对接，有效实现产业协同
服务型制造	鼓励传统企业利用互联网技术面向产品全生命周期开展的增值业务，拓展产品的价值空间，促进企业有效整合利用数据驱动全环节提质增效，实现从制造向"制造＋服务"的转型升级

资料来源：《"互联网＋"协同制造的政策解析》及网络公开资料整理。

2. 目标实现的方法——集成过程

集成过程是一系列以目标为中心的企业行为，是一种基于目标的实现方法。日本尼希公司最初是一家小工厂，虽然公司在尿布生产技术方面有了长足发展，但为了在其他领域获得更多的利润，公司盲目追求多元化发展，生产雨衣、泳衣等产品，使薄弱资源更加分散。此后，受日本政府公布的人口普查数据的启发，公司集中整合了企业资源，放弃了除尿布以外的所有产品，确立了尿布生产的企业目标，形成了自身的质量竞争优势，并在生产过程中不断创新，使得质量、价格、销售、服务等方面拥有自身优势。

3. 明确整合目标

明确了目标是整合的第一原则，使资源和方法的配置能够有针对性，紧密围绕目标，使整合发挥应有的作用。也就是说，企业资源的整合要能满足目标的要求，形成实现目标的有利能力。

三、确保整合的可行性，一步一个脚印

资源整合是系统论的思维方式，是企业获得核心竞争力的关键要素。企业的竞争优势不仅来源于自身的资源，还取决于企业整合资源的能力。在最流行的术语中，业务运营的最大目标是实现团队增长和性能改进。

1. 走出"画地为牢"

对于企业来说，如何确定资源整合方案是否可行呢？企业资源整合的可行性标准可以从两个方面来判断。资源整合需要一个具体的、可操作的方案，而不仅仅是为了解决所谓的战略问题。资源集成方案必须保证集成的易用性，提高集成的成功率。

2. 吸收应用先进技术，挖掘数据潜力

互联网技术的出现，解决了万物互联的问题，提高了生产效率和质量，更重

要的是互联网本身跨界、融合的特性为企业的智能制造提供了一块重要资产——数据共享圈。企业充分利用互联网技术和制造基地的创新成果，构建制造商、供应商甚至开发商之间的网络协调结构，实现市场与研发、生产、管理、沟通的协同，形成一个完整的业务网络，如图4-14所示。

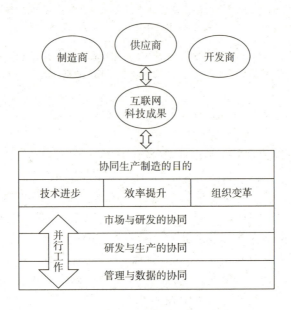

图4-14　协同生产制造模型

四、确保整合的经济性，向"钱"迈进

在探讨企业资源整合的经济性时，首先要明确资源本身并不产生经济价值。只有把它们投入到具体的生产经营活动中，才能充分有效地加以利用，有目的地、有效地加以整合，才能产生经济价值。那么，如何最大限度地发挥有限资源的效用呢？这就要求在整合过程中，在注重资源的可得性时，为了提供更多的决策选择，相关的资源和信息越多，资源利用的成本越高，经济就越好。

整合化的经济强调合理性、有效性和适当性，这就要求避免复杂性，努力节约资源、方法和其他因素，强调充分性和适当性，并筛选取得的好方法。但在实践中，我们也应该避免过于"贫乏"的资源。因为它注重经济，注重"比例"，而应该使用的资源和方法却不敢使用。有时，为了达到这一目标，在整合的过程中，会根据需要适当补充资源。总之，企业资源的调度和配置不能脱离企业的实际能力。企业资源的有限性决定了企业必须采取经济手段来实现自身的发展，并根据企业目标的实际需要考虑经济的整合性。

【章末案例】 **阳光印网：照进企业级采购的一米阳光**

随着互联网技术的飞速发展，云打印的概念迅速普及。印刷是市场中不可忽视的一部分。中国包装印刷已超过 1 万亿元，成为世界第二大印刷大国。然而，我国印刷包装企业总数为 30 万家，占中小企业总数的 90%，这些企业都是小而分散的。张红梅是一位跨行业的企业家，在传统印刷和投资银行业务方面有丰富的经验。2011 年，她将注意力转向互联网印刷，并开始为阳光印刷做准备。阳光印刷网络，从寻找订单为印刷厂担任"推销员"的角色。有了订单，印刷业就能生存得更好。阳光印刷网络的另一件大事，是引领着整个行业的转型和升级。阳光印刷网络从未被百度、京东、阿里巴巴、艾尔所认可。根据张红梅的判断，从 c 到 b 的过渡节点已经进入了整个创业趋势。近年来，被誉为"互联网采购专家"的阳光印刷网，基于自己的创新模式，逐步形成了一套适合自身发展和多重效益的生态优势。阳光印刷网络如何利用自己的优势创造一个独特的平台？我们拭目以待。

一、公司简介

阳光印网成立于 2011 年，是非核心业务采购领域的先行者，为企业用户提供办公、营销、包装、物流、商务礼品套装等场景的一站式采购服务提供商和供应商。公司拥有印刷、包装用品、礼品、数码设备、服装、品牌创新设计六大业务门类，从形象、包装到活动，由专业的设计师团队为企业提供全方位的服务。创意设计解决方案，为企业提供更时尚的一站式服务。特别是在商业印刷领域，阳光印网的市场份额和增长率处于主导地位。目前，阳光印刷网络的供应链集成15000 多个供应商，提供服务超过 20000 个中小企业用户和 20 多个行业，如电力、网络、物流、零售、教育、房地产、金融等覆盖 29 个省份，300 多个城市，1600 多个地区。

公司总部位于北京，阳光印刷网络在上海、广州、深圳、杭州、南京五个城市设有分公司，拥有员工 600 余人。经过近七年的发展，阳光印网已成为工业互联网领域的代表性企业。到目前为止，阳光印网已收到 a、b、c 三轮融资，共计5 亿元人民币，其中包括复星集团、金福亚洲、软银中国、启信集团。

二、"O2O + C2B"：打造"一站式"柔性化采购平台

在互联网时代，阳光印刷网络具有极其严格的过程管理，真正实现了一个灵活的采购平台。通过严格和标准化的过程管理，阳光印网创建一套快速响应一站式灵活的采购平台，完成建筑平台活动。凭借这个平台，阳光印刷网络与流程管理和服务，吸引了越来越多的用户和粉丝，最终在销售货物方面取得了巨大的成

功。过程管理是赢得胜利的神奇武器,阳光印刷网络首先赢得了平台运作,从而在互联网上实现了全面的突破。改造过程本质上是利用互联网来优化印刷行业的垂直产业链。通过重塑过程,阳光印刷网络在设计服务、供应商管理、物流和分销系统、营销等方面创造了一系列核心竞争力,如图4-15所示。

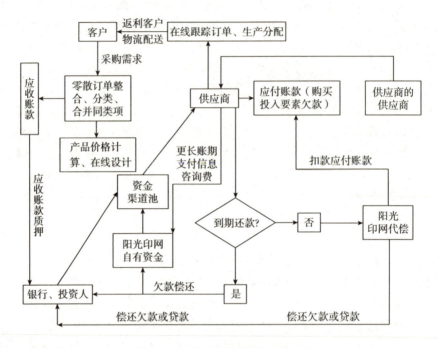

图4-15　阳光印网的商业模式

经过多年的优化,阳光印刷网络现已成为各种联合物流服务模式。例如,仓库采用总部和多级仓库管理模式,分布方式包括国家分布、区域分布、城市内分布等。铁路、特种汽车、航空运输等方面的运输方式。所有这些物流系统的管理正在得到改进。事实上,企业用户对打印物流的要求高于 C-End 用户。阳光印刷网络是免费的物流,但这并不妨碍提供更好的物流用户体验。利用 Internet 工具,依靠产业链创新,实现价值链的降低、渠道扁平化、价值链环节的压缩。随着角色和任务的明确性,福利的分配变得更容易。

三、用“宝盒”开启电商包装新格局,推动绿色环保

除了对模式和技术一以贯之的推崇之外,阳光印网对于产品的开发及应用推广也是平台的一大亮点。在与电商行业持续的合作中,阳光印网发现了一个不容小觑的现实问题:包装耗材对环境带来的巨大压力以及环境污染问题。鉴于此,阳光印网率先发出倡议和呼吁:拒绝使用强污染包装,尽量减少过度包装,电商大家庭要注重包装轻量化、材料再利用和可循环再生，加快绿色材料的研发与应用。成立了"绿色环保研究院"，专注于绿色环保包装材料产品的探索和研发。从2016年至今，阳光印网投入大量人力物力研发了节能环保型包装产品阳光宝盒。截至目前，阳光宝盒已开发出三个产品系列，F1、F2和可循环周转箱。阳光印网一举成为电商行业的低碳标杆！以F1中的U型锁扣环保箱为例，它采用的封口方式依据了瓦楞纸特有的韧性，将T字型纸张结构折叠后插入U型模切槽内，利用纸张的韧性自动展开，达到自锁的目的。之后，纸箱只有被破坏后才能重新开启，这一简单的发明既防盗又环保。如图4-16所示。

图4-16 U型锁扣环保箱封口示意图

阳光宝盒采用创新材料打造生产，具有绿色无污染、可循环利用、甲级防盗、高抗压性等特点，还可根据企业需求进行定制化生产和研发，力求将电商行业的包装耗材污染降至最低。阳光宝盒为阳光印网带来了巨大的社会影响力以及多项荣誉：2017年可持续发展包装大奖、2018年物流技术创新奖……风头一时无两的"阳光宝盒"在2018年全球智慧物流峰会上还得到了阿里巴巴集团董事局主席马云的关注和盛赞。

四、阳光印网高效协同平台模式

如今，踏准了节奏的阳光印网正在加速狂奔。但当张红梅推出阳光印网时，她说，"互联网创业看上去很光鲜，实际上却很辛苦"。即便如此，张红梅的梦想从未动摇过，她把主要精力用在了阳光印网平台建设上，并以高效的协同创新平台模式来引导阳光印网的飞跃。印刷业的"互联网+"不仅是O2O的深化和延伸，也是O2O的突破，阳光印网"互联网+印刷"模式的重点体现在"一站式采购平台"上。这个商业模式可称为"O2O+C2B"混合模式。

第一，自身的先进模式。阳光印网之所以可以做到现在的规模，其根源在于自身的先进模式。在个性化定制市场中，SUN印刷网行业目前推崇的C2S2b模型价值发挥了很好的作用，即面对消费者个性化定制的需求，SUN印刷网平台快速响应，高效聚集分散的资源，以满足品牌制造商的生产规模。一方面，阳光印刷网络已经从企业用户那里收集了大量的订单。该系统将进行智能拆卸、智能整合

和智能配送订单，并将其分配给具有适当能力和地理位置的供应商，以有效释放供应商的剩余能力。另一方面，阳光印网的大量供应商在线，通过共享采购、共享物流，挖掘价值降低，大大提高了生产效率，降低了用户的管理成本，使用户获得了最低的价格、最好的产品质量。

第二，向"非核心事物采购平台"进化。张红梅曾经不止一次说过：印刷不至于印刷。阳光印网作为下半年互联网创业的新品种，不仅是传统印刷的转型升级，更是颠覆性的创新。谁能先看到发展的趋势，就能最先积聚起"势能"。据此，阳光印网为企业用户提供所有非核心事务的采购服务，开拓了包括商务印刷、包装耗材、数码工装、礼品新品、品牌电子品、服装以及品牌创新设计在内的七大产品线。其瞄准企业非核心事务采购的应用需求，提供超过 1500 个品类、50 万个 SKU 的采购定制品，实现了从设计、制作到配送的一站式企业采购解决方案，降低了企业用户采购方面的人力、财力的消耗，让企业更加集中精力和资源投入到核心业务中去。

五、结论与启示

阳光印网全力拥抱互联网，其平台的服务优势、品类支持、全新模式、技术创新以及用七年服务经验沉淀的庞大体系，为众多新零售企业的发展提供新思路。至此，对处在互联网思维时代下的企业应做出如下思考：

第一，零售的本质在于供应链整合能力与效率。网络销售只是企业向消费者传递生活理念和价值的渠道之一。企业需要采用 O2O 模式来把线上的人气带到线下，这不仅可以避免上述问题，还可以继续发挥核心竞争力。O2O 的核心是抓住能够在网上找到自己需要的产品信息的消费者，通过喜好、互动、组织活动等各种吸引方式吸引消费者到线下消费，一个更完整、更方便消费者体验的过程。

第二，营造极致体验、跨界融合。中国零售业的专业人士需要吸取教训，也可以最好地发挥自己的特色，建立自己的壁垒。在满足消费者需求的同时，越来越多的消费者关注消费过程中的互动体验。态度的转变也促使许多电子商务品牌将注意力从在线商店转移到离线商店。因此，发展"IP 跨境"业务模式就显得尤为重要。准确把握价值定位，满足目标受众的内在需求，在多种业务类型中选择合适的品牌，创造独特的氛围和环境，通过持续的经营活动吸引目标受众关注。

第三，注重品牌选择，强调个体性和独立性。传统零售企业要有自己的发展途径。零售行业最大的优势是把服务尽量做到极致，并把服务朝着这个极致的目标去努力。在"大而全"的规模大行其道的当下，小而美未尝不是一个好的选择。企业要注重品牌推广和营销，努力做到市场产品差异化，满足消费者的情感需求，提高消费者黏性。

资料来源：

（1）阳光印网官网，https：//www. easypnp. com。

（2）《阳光印网：照进企业级采购的一米阳光》，http：//www. sohu. com/a/194920828_743959。

（3）《阳光印网张红梅：互联网时代下传统印刷业务的出路》，http：//www. sohu. com/a/284176377_ 753294。

第五章

分享经济：互联网化企业
商业模式的主旋律

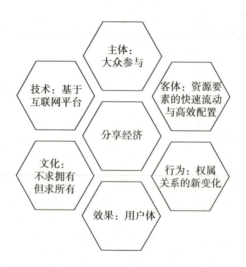

【**开章小语**】引领互联网浪潮横扫企业创新发展的思路，各国在"更加严峻的选择和更严重的后果"中提出了"分享经济"的新理念，习近平总书记表示：要落实"互联网＋"推进建设。数字中国发展生产力行动计划，支持基于互联网的各种创新，提高发展质量和效率。不可名状的是，分享经济的建立所带来的数据的开放和共享具有巨大的经济和社会价值。

——罗宾·蔡斯

【开章案例】 阿姨帮：城市合伙人的"共享平台"

近年来，我国家政服务业快速发展，市场总规模以约 20% 的速度扩大。2018 年，家政服务业经营规模达到 5762 亿元，同比增长近 30%，从业人员总量超过 3000 万人。目前，家政服务业在母婴护理和养老护理两个业态上蓬勃发展，推动家政服务业市场规模不断扩大。但供需结构失衡、从业人员素质水平较低、企业规模化程度较低等问题将会阻碍家政服务业的产业升级。目前国内家政服务行业总体规模已经突破 1.5 万亿元人民币，还以每年 30% 的速度增长。未来消费的升级将刺激家政服务需求不断增长，家政服务企业也将在向互联网转型的过程中提高服务效率和质量。阿姨帮作为一家互联网家政服务公司，在两年左右的时间完成了四轮融资，但是二三线以下城市的家政服务还主要依靠传统家政去做，普通家庭依然享受不到高品质的家政服务，阿姨帮致力于将公司创新服务品类以及服务理念带到每个社区家庭，阿姨帮要如何实现领跑家政行业？

一、公司简介

阿姨帮是一家移动互联网公司，创立于 2013 年 7 月，隶属于北京达客优家信息技术有限公司，创始人为万勇。从 2013 年 7 月创立以来，公司坚持家政阿姨高准入标准，严格把控家政服务质量，一直以更高品质的服务质量为奋斗目标。截至目前，阿姨帮平台已覆盖北京、上海、广州、深圳、杭州、成都、南京等城市。用户可以使用阿姨帮手机 APP 在线预约包括上门保洁、家电清洗、保姆月嫂、家居保养、搬家、维修安装、除甲醛等家政服务。阿姨帮凭借"订单智能调度系统"，有效提高了家政员及第三方商家的服务效率；方便客户使用阿姨帮 APP 快速匹配到合适的阿姨或其他商家。平台还通过自主创新研发的"家政服务品控系统"，严选优质家政阿姨、严格跟进每一个订单，为客户提供更高品质的家政服务。

公司在成立之前就获得了雷军/顺为资本的天使投资，是一个提供优质家庭服务和企业后勤服务的平台，用户可以在线预约保洁服务、家电清洗、家居保养、保姆、月嫂、育儿嫂、空气治理、搬家、维修、居家换新等服务，并覆盖北京、上海、广州、深圳、杭州、成都、南京等城市。公司通过高频的保洁服务为入口打品牌，建立标准化的业务研究体系、培训体系和品控体系，并不断在供给侧进行创新改革，获得了良好的市场口碑和地位。2015 年初，随着互联网家装及互联网公寓的兴起，公司正式进入企业服务市场，并陆续搭建了基于企业保洁为入口，企业养护服务、企业送水、绿植养护、企业用车等为辅的企业后勤一站式服务平台。

二、打破自营模式，推出"城市合伙人"计划

长期以来，阿姨帮运营模式为自营模式，阿姨帮通过三个渠道招聘阿姨：一是地推模式，也就是类似新东方刚成立所采用的贴海报模式；二是通过线上招聘；三是阿姨之间的互相推荐。在阿姨帮阿姨来源中，阿姨之间互相推荐的比例已达到70%。阿姨帮从自营到逐渐开放社区O2O平台，打破自营模式的边界，通过引入城市合伙人，迅速将平台的地域规模扩大。这个平台包含三层含义，一是家政服务标准化，二是物流服务，三是线上虚拟家庭。阿姨帮实行的是平台+线下和纯平台这两种模式并行。公司引入城市合伙人具体有三个标准。

第一，具有当地一定资源。对于家政O2O平台来讲，进军一个新城市需要面临当地资源的调动和整合，城市合伙人具有相关资源和经验甚至之前就从事相关行业，对于后续开展业务大有裨益。

第二，拥有优秀的团队。阿姨帮的筛选标准里对年轻团队更加偏重，传统团队对于阿姨帮的理念认同方面可能会有偏差。

第三，拥有一定的资金。阿姨帮认为城市合伙人准备需要两年时间，前期拥有60万～100万元的资金投入。

未来阿姨帮继续将业务陆续下沉到其他二三线城市，也将继续扩大自己的版图，使得阿姨帮平台成为整个家政行业当中最具有家政生态圈活力的领导品牌，如图5-1所示。

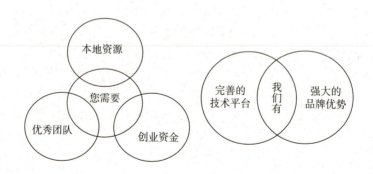

图5-1 阿姨帮创意式合伙和传统代理加盟的区别

O2O本质是服务，服务中最看重的是品质。公司在完善布局家庭保洁、家电清洗、家具保养、企业服务等自营业务后，阿姨帮布局于开放平台中，与管家帮宣布达成战略合作，打通月嫂、保姆、育儿嫂等服务，而且平台品类又逐步扩大到甲醛治理、老人陪护、搬家、居家换新等。加入城市合伙人共创模式后，城市合伙人将获得业务培训、技术系统、市场推广、营销策划、业务运营、公关传播、财务法务七大支持。

三、创新垂直平台模式："零利润"打法

自营平台标准化流程可以保证阿姨的专业度。在阿姨入职时，阿姨帮平台会对阿姨的年龄、身体条件、文化以及沟通能力进行考察，随后阿姨帮会聘请经验丰富的家政培训师对新上岗的阿姨进行培训，培训合格才能上岗，培训内容是从接单、联系用户开始的贯穿服务。另外，阿姨帮还通过用户评价系统和回访制度来保障、提升用户质量。自营让阿姨与平台的利益关系较为密切，因此阿姨的服务质量更能够得到反馈和保障。公司对阿姨服务质量严格把关，因为用户更加注重阿姨的服务质量，家政服务面向人群是中高端，单项服务客单价差异不大，用户其实更愿意选择服务质量高的阿姨帮家政平台。

目前小时工市场价格是每小时 30~40 元，在传统公司这部分收入阿姨仅能拿到一部分；而在阿姨帮，小时工价格是 25 元，这部分服务费全部归阿姨所有。不仅帮助阿姨赚到更多的收入，还使阿姨帮在价格上更有优势。阿姨帮没有采取"抽取保洁阿姨的中介费"，正是通过这种"零利润"的做法迅速壮大用户群体。阿姨帮的家庭服务平台可以更好地通过品牌效应达到宣传的目的，同时阿姨帮家庭服务平台的加盟公司协助门店的媒体广告、网络广告、报纸广告和其他宣传方式。该平台拥有传统家政公司无法比拟的优势，采用线上线下相结合，用户在线上进行筛选服务并支付，线下进行消费验证和消费体验。如图 5-2 是阿姨帮家庭服务平台与传统家政公司的区别。

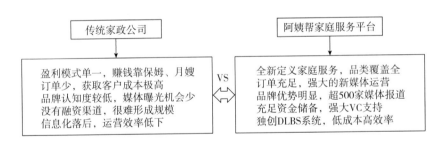

图 5-2　阿姨帮家庭服务平台与传统家政公司的区别

四、打造产品多元化，提供优质服务

阿姨帮致力于让家庭生活更美好，让企业办公更愉悦。在家庭生活上，公司服务于注重生活品质的中高端人群，帮他们从繁杂的家务中解放出来，让他们有更多的时间去打拼事业，去陪伴家人；在企业办公上，致力于提高中小企业的后勤服务体验，提供更高品质、更高效率、更低成本的一站式整体服务，公司就是要让更多的社会成员享受到家政服务，一方面有利于人们对家政服务的了解，另一方面也有利于家政服务自身的发展，从而让企业后勤更高效，办公更愉悦。家

庭服务包括保洁、保姆月嫂、搬家、家电维修和清洗以及居家换新等业务，另外阿姨帮拥有企业保洁服务，优选企业阿姨，配备专业工具，实现一站式保洁服务，来降低企业运营成本。公司针对企业实际需求，提供更加专业的后勤保障，包括企业保洁、企业送水、养护清洗、甲醛治理、绿植租摆等相关服务，旗下拥有众多明星企业的客户，比如拉勾、艺龙、探探、小猪等，合作了正邦、优家、搜房和36Kr等诸多项目。阿姨帮之所以领先于家政行业其他公司，其优势主要来源于品质保证、快速响应和省钱放心：①完善的品控体系，为家庭和企业的体验保驾护航；②企业管家1对1服务，专业客服提供售前售后支持；③实现"零利润"计划，严格把控一站式服务质量。

五、结论与启示

眼下，"瓜分"意思浓重、市场纷争四起的家政O2O行业，在资本强势进驻的鼓舞下，正在酝酿着新型家政消费习惯、市场及资本格局的全面形成。目前阿姨帮作为综合性一站式家庭服务平台，整个城市业务都处于盈利状态，本着"服务用户，尊重阿姨"的理念，合理对接两端需求，供应市场、服务用户，实现社会价值。这也给同行业其他公司带来了启发。

第一，坚持"供给侧改革"，满足消费者需要。互联网家政平台不仅是要让人来用，更是要让人留下来，需求端和供给端要同步，套用目前流行的话说，互联网家政行业也要进行"供给侧改革"，从提高供给质量出发，扩大有效供给，提高供给结构对需求变化的适应性和灵活性，提高全要素生产率，更好地满足广大人民群众的需要。

第二，保持创新能力，提高服务质量。阿姨帮非常注重家政O2O的线下经营，并且阿姨帮不断保持领先的创新能力，阿姨帮不仅非常注重软件的重要性，而且重视线下的阿姨。目前已经逐渐延伸到家庭服务的其他品类，比如家电清洗、家居保养、衣物干洗、企业服务等。家政行业的根本还在于线下服务，而服务的根本在于清洁工与服务品质。

第三，推动家政服务信息化，整合资源和共享。家政服务公司应该以建立家政服务信息网平台为切入点，综合运用多种信息化手段，建立全方位、多功能、一体化的信息展示、用户之间信息交流和技能培训平台，充分实现资源的整合和共享。

资料来源：

(1) 阿姨帮官网，https://www.ayibang.com/。

(2) 《阿姨帮O2O战略意欲"撒豆成兵"招募"城市合伙人"》，http://news.ifeng.com/a/20160405/48359896_0.shtml。

(3) 《阿姨帮和管家帮战略合作会：合作兴"帮"品质至胜》，https://www.pin-tu360.com/a20308.html。

第一节　互联网时代企业的分享经济

大数据时代要求企业共享资源。只有坚持分享经济的理念，才能实现合作共赢。例如，如果你的车停在车库里，你能让它移动来赚钱吗？如果空间不够，那就是多余的。如果停车位已经满了，你的车外壳可以喷洒广告赚点钱吗？这些是剩余资源。网络思维时代的分享经济是以转让使用权的形式，整合线下商品或服务，产生经济效益。

一、互联网＋分享经济＋人工智能＝新革命

新一代人工智能正在全球蓬勃发展，为经济社会发展注入了新的动力，深刻改变了人们的生活和工作方式。习近平总书记在 2018 年世界人工智能大会上指出："中国正致力于实现高质量发展，人工智能发展应用将有力提高经济社会发展智能化水平，有效增强公共服务和城市管理能力。中国愿意在技术交流、数据共享、应用市场等方面同各国开展交流合作，共享数字经济发展机遇。"

1. 分享经济是一种商业模式

分享经济的本质是对资源的使用及对价值的获取，其本身即为一种商业模式。

分享经济的商业模式可划分为五个关键因素：平台战略、众筹模式、跨界整合、共享管理和价值创造。

2. 分享时代三驾马车

随着移动互联网的快速发展，分享经济已成为一种潮流，更成为一种趋势，会越来越贯穿于你的工作、生活。如今网红经济、社群经济、分享经济是继互联网经济之后的新概念经济，或者说是互联网经济发展新阶段的三驾马车，在三个不同赛道上为着同一个目标而奋力奔跑，推动着"互联网＋经济"向更高的层次发展，终将成为推动分享时代的三驾马车。

3. 分享的本质：连接、流量、关注、分享

比如 Airbnb 便是把房屋空闲者和房屋需求者连接起来，供给者与需求者双方有了一定的互动，需求者可向供给者了解房屋的位置、年龄等情况，房屋供给者甚至可以直接给房屋需求者发房屋照片等，最后双方达成交易便是实现分享。分享经济的前提是不影响所有权。因此，分享经济的本质其实就是连接、流量、关注、分享。分享时代下的分享经济更加契合分享的真谛，即越开放更分享。

爱大厨是一款厨师上门烹饪服务的 APP，使用用户提供的地址，在四周快速

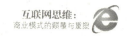

找到合适的厨师，在用户需要的时间内上门为他做一顿好吃的饭菜。爱大厨从成立之初单纯实现大家回家吃饭、吃好饭，逐渐成为一个开放的厨房，这都是一种全新的服务模式。不过实际上还是存在很多延续性，例如叫小时工上门做饭是一直存在的需求，爱大厨提供的厨师上门服务在烹饪水准和服务标准上都有了质的提升。厨师上门意味着一种高水准、低价格、食品安全十分有保障的服务，让每个家庭都雇得起私人厨师，随时下单随时享用。如今，每天有超过 2000 个家庭在享用爱大厨厨师带来的全新就餐体验。

专栏 1　　　　　　　　车和家：让出行更温暖

汽车和家庭都生来就有一个简单的问题：现有的汽车真的是最好的旅行解决方案吗？如果你一个人去上班，为什么要开五人座的车？如果你每天都在同一个十字路口堵车，有没有更好的途径去那里？你为什么找不到停车位？如果一个家庭只能拥有一辆车，我们如何才能最大限度地提高汽车的效率，使整个家庭可以一起快乐地旅行？鉴于这些痛点，基于为用户提供智能电动车解决方案的目的，轿车和家居对自己的业务和产品进行详细的战略定位，以满足消费者的需求。2018 年，首个汽车和家庭理想汽车品牌的推出，突破了电动汽车的技术极限，其程控电气技术突破了许多新能源技术，突破了技术壁垒。程控电动汽车满足了现代家用汽车的需求，赢得了许多企业和汽车用户的青睐。

一、公司简介

"车与家"成立于 2015 年 7 月，致力于打造新型智能电动汽车，改变用户的传统出行体验。2019 年，汽车和家庭支付 6.5 亿元人民币获得力帆的汽车资格，而汽车和家庭在 2018 年 10 月正式宣布了它们的第一款车型——理想车型。值得一提的是，使用编程电气技术是理想的。这与许多造车新势力使用的技术不同，在上市的时候也受到多方的关注。融资方面，车和家几乎同步完成 B + 轮融资，累计融资达到 57.55 亿元人民币。目前，车和家正寻求 3 亿 ~ 5 亿美元的融资，并计划 2018 年在海外上市。未来，车和家将通过先进的电动技术、智能驾驶技术和人机交互技术为用户提供全新的智能出行体验。

二、独特盈利模式：打造直营销售渠道

在使用过程中，可实时通过手机 APP 查看车辆信息，收到车辆服务提示，并远程操控车辆，如图 5 - 3 所示。

三、精确定位车联网，实现智能出行

目前，车和家准备推出两款战略产品：一是小而美的 SEV（Smart Electric Vehicle）将满足城市 1 ~ 2 人的短途出行；二是大而强的 SUV 则将满足家庭用户

中长途的出行需要。SEV 定位于新生代个人旅行车，其精巧的车身尺寸设计将大大提高日常短途出行的便利性，同时具备高品质的座舱和创新的车联网功能。在充电方面，它可以直接用家庭 220V 充电端口充电，也可以在家里单独充电，就像手机一样方便。SUV 位于新一代家庭 SUV 中，满足 6~7 人的家庭旅行需求。它将采用扩展范围的电力解决方案，以满足不同用户的实际能源环境需求，使每个人都能享受到电动驱动的舒适性和低能耗。在智能系统方面，将配备高级驱动辅助系统，实现未来的自动驾驶功能。

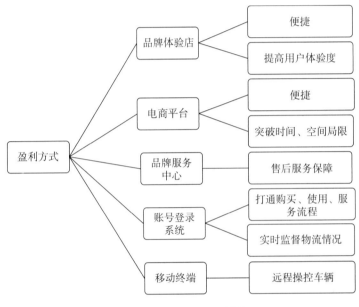

图 5 - 3　车和家盈利模块

车和家除了技术上的优势之外，在企业盈利方式上也展现了其独特的智慧头脑，在产品定价上，车和家作为智能驾驶的领头企业，除了补贴之外针对主要中高端人群；在销售方式上，车和家将以直销的品牌体验店作为销售渠道的重心，为用户提供全新的购买和服务体验。这些品牌体验店将开设在消费者工作与生活圈周边，用户日常即可便捷地体验产品，同时也可以直接从网上购买产品；车和家还将开设直销的品牌运营中心，为用户提供省心和统一的售后服务保证；车和家将建立用户账号体系，打通用户的所有购买渠道、使用和服务流程。在下单后，用户可及时看到自己的所有订单和物流状态。

车和家的理念是具有研发、供应链、制造、质量和成本控制的综合能力。这一能力将满足汽车和家庭的市场需求，更大程度地延伸产业链，扩大生产能力的要求。在未来，汽车和家庭继续走不同于传统汽车制造商的道路。当外部环境对

汽车制造的新力量不那么友好时，能恢复外界对汽车和家庭的信心吗？

资料来源：https://www.lixiang.com/。

二、分享思维成长的"烦恼"

近年来，由于互联网思维的发展，分享经济已经成为中国人日常生活的一部分：共享旅游、共享充电宝、共享房屋等。值得一提的是，共享单车服务起步于中国，是一项全面意义上的"中国式创新"。设计水平和制造技术都是"中国创造"和"中国智能制造"的典型代表。分享经济深刻地影响和改变了人们的生活方式、经营模式和组织管理模式。成功的分享经济平台并不是简单的复制，而是在模仿的基础上进行地方创新。

1. 缺乏相适应的监管体制

基于网络的分享经济具有典型的网络化、跨区域化和跨产业化特征。一方面，当前主导的经济社会管理体制是建立在工业经济和大规模工业生产的基础上的。管理体系还注重事前审批和准入，强调集中、分级管理等管理方式。整个系统体现了"流程繁琐、效率低"的特点。另一方面，根据现有的法律法规，大多数分享经济模式被怀疑是"非法的"（重点是资金筹集、数据利用和传销等形式），随时可能被终止。有很多这样的问题。分享经济的发展对现有的政策、制度和法律提出了新的挑战。

2. 缺乏系统化分享思维认知

到目前为止，人们对分享经济的认识仅仅是实证分析和观察，系统科学的理论研究还相对缺乏。例如，对于分享经济发展的社会财富效应、对社会就业总量和结构的影响以及相关宏观系统的设计，没有系统的理论指导或有效的数据支持。

3. 创新引发既得利益体，阻力重重

分享企业具有显著的成本优势，创造无限供应能力，边际成本接近零，使传统企业面临巨大的竞争压力。在独家垄断市场中，分享企业的进入及其快速扩张影响着原有的经营逻辑和经济秩序，直接导致社会财富和利益的再分配，不可避免地遭遇既得利益的怀疑和阻碍。但在飞速发展的行业前景下，互联网企业迎来了大数据时代，在大数据时代的带领下，一切都将变得更加系统化。分享思维成长"烦恼"也将逐一被解决。

三、分享经济的重塑与颠覆

数据化是分享经济实现的基础和前提，数据化有助于消除分享经济盲点，将分享过程可视化和动态化，以供合作伙伴参考和对接，也为分享方案的改进和资源的匹配协调提供数据支撑，以此获得更优质的、兼容性资源；分享资源数据化还能加速多方资源整合的对接速度，打造无障碍数据接口，建立融合界面和互动式经营场景，赋予资源方经营的动力。企业分享经济不仅需要"互联网＋人工智能"科技创新成果提供的先进技术手段，重要的是具有互联网思维的协同分享机制，才能使资源整合各方资源和能力产生协同效应，即企业分享经济的协同化。

第二节 分享经济大拼盘：多享体验

当下，无论什么行业，都渐渐淘汰传统模式中不适应现代社会发展的要素，从而构建更加先进的，适应自身需求与社会发展的商业模式。分享经济成为一种新型的经济商业模式，随着时代的发展，更多的分享经济平台也蜂拥而至，这意味着将有更多的资源被有效配置。

一、内容分享经济：微营销

微营销是指通过移动互联网的主要传播平台，与传统网络媒体和大众媒体合作，通过战略性的、可管理的、持续的线上线下传播，建立、转化、强化用户关系，实现用户价值的一系列过程。主要做法是内容分享经济。微营销中具有代表性的营销方式有微博营销和微信营销。

第一，微博营销。微博营销以微博为营销平台。企业通过更新微博与网民分享产品信息，通过开展相关产品活动或发布最新热点话题，增强用户与企业的互动，帮助企业树立良好形象，从而达到企业营销的目的。微博营销的范围包括认证、有效粉丝、话题、知名博客、开放平台、整体运营等。

第二，微信营销。微信是通过用户发送语音短信、视频、图片和文字等向周边人进行营销的分享经济模式。微信营销是网络分享经济时代企业营销模式的创新。商家通过微信公共平台展示自己的微官网，开展微会员、微推送、微支付等一系列活动来推广自己的产品，实现点对点匹配。企业纷纷开通微信公共平台，并不断尝试各种有效的微信营销方式。

二、团队分享经济：华为知识管理

平时在生活中我们也有这样的体验：我们自己遇到开心的事，就想立即告诉其他人，希望他人能分享你的快乐。的确，从心理学上来说，人的情绪容易传染周围的人，不论是积极的还是消极的，因此常看到这样的场景，就是一个人因为悲伤而哭泣，而周围的朋友也情不自禁地流下了眼泪；看到一个人很开心，周围的朋友也很愉快。通过这种方式，消极的情绪得到缓解，积极的情绪得到传播。因此，分享可以说是一种很有影响力的群体沟通、相处的方式。

华为坚持分享经济的理念，在实践中为其他企业树立了丰碑。其将内部的分享经济外延到大生态，与员工分担责任、共享利益，成就了华为今天的大事业。华为管理层坚持在工作中，需要团队成员能够齐心协力，在生活中形成一种"家庭式"的情感，要让团队成员感受到：这是一个"同呼吸共命运"的组织。任正非要求，经理人首先所要学会的就是协同力的重要环节——分享。

专栏 2　　　　　果心科技：为您的家园再添保障

随着国内物联网技术的发展，智能家居市场正在蓬勃发展。作为国内最早开发基于手机的电子钥匙管理平台并进行商业应用的公司之一，北京果心科技有限公司（以下简称"果心科技"）率先进入智能家居门禁产品——智能门锁市场。2015 年，市场上智能门锁品牌只有几百个，但 2016 年整体趋势呈爆炸式增长。短短几年，智能门锁市场从最初的十几家企业发展到现在的数千家企业。国内智能门锁产品具有异国情调。没有统一的门锁标准。智能门锁需要多种适配，产品质量有待提高。作为一家专注于研发的科技企业，果心科技在物联网时代如何承担自己的责任？

一、公司简介

果心科技于 2013 年 11 月 15 日由海归学子创立。公司孵化于中国科学院留学人员创新创业基地，并获得北京市创新创业资金支持。公司致力于在"互联网＋"时代提供连接物与物、人与物的高品质软硬件产品和综合解决方案。公司团队成员具有世界一流学府研究、工作经验，在大型软件、互联网应用设计开发、系统安全架构、电子安防产品、集成电路设计制造等领域均具有丰富的实战经验和强大的研发实力。公司产品方案由智能门禁终端、楼宇对讲终端、智能锁终端、联网控制器、移动应用、PC 管理平台以及云服务等部分构成。典型应用场景包括物业小区、办公园区、长租公寓、短租公寓、写字楼、地产项目。目前，果心科技在北京、深圳、香港、武汉、顺德以及重庆开设了服务体验中心。

二、"线上服务＋线下体验"，打造功能一体化

果心科技利用智能技术在线上提供数字授权模块、门禁门锁集成、智能锁以及联网锁等功能，通过物联网技术将旗下产品智能锁、联网锁等与 PC 端、移动端等进行连接，管理人员可以通过电子设备即可管理酒店、公寓、民宿等的大门锁和房间的动态锁，业主也可以通过已建立的社区平台在线寻找第三方服务和物业管理，为大多数物业管理和业主提供方便的服务。果心科技设计的数字授权模块集成 iOS，Android 开锁只需一行代码，支撑各种业务需求，丰富的授权管理接口，对称秘钥、公私钥加密、动态加密、游客可用访客模式登录微信关注公众

号，无须下载 APP，同时还有二维码开门、用户权限管理等多种功能。同时，果心科技在多个城市开设线下体验中心，用户可以在进行合作之前去体验中心进行体验，保证产品质量和服务的同时能够感受到果心科技的强大技术。公司深入行业痛点，推进智慧社区落地。如图 5-4 所示。

图 5-4 果心智慧物业综合解决方法

三、"智慧"赋能商业模式：多项领域齐发展

果心科技成立至今，已经将智能领域衍生至多个领域，开设有智慧物流、智慧办公、智慧通行、智慧公寓、智慧酒店以及 E-KEY SaaS 多项领域业务，将智能技术赋能多个模块，完成技术向商业的转型。果心科技打造的智慧社区 APP 通过对各类服务资源的整合，对物业服务的内容和体验进行了调整转型；同时结合社区场景，打造新型的商业生态服务体系。果心科技研发的智能锁、连接手机设备的手机动态解锁、微信解锁等多项智能功能用于其他领域，如图 5-5 所示。

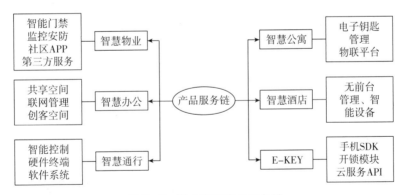

图 5-5 果心科技产品服务链

不可否认的是，果心科技凭借智能化技术和贴心服务俘获了大批消费者的心，而且物美价廉的智能锁也是时尚科技年轻人的新宠。未来，果心科技继续严格把关智能锁，用科技力量解决市场痛点，相信它可以成为未来开启智能家居的重要一步，让家居生活智能化，让家庭安全再次升级。守护家庭安全，从智能锁做起！

资料来源：https://www.guosim.com。

三、消费分享经济：闲鱼

滴滴、Airbnb……分享经济正在渗透到各个领域，逐渐成为年青一代新的消费模式。CBNData 与阿里巴巴旗下的闲置交易平台"闲鱼"发布了《90后分享经济消费报告》，该报告发现，"90后"不仅经常利用闲鱼暂时"闲置"，还发明了"技能交换""拍卖"等新颖的玩法。

四、用户分享：人人都是产品经理

企业可以借助互联网提供的便利给用户带来与众不同的分享体验，让用户成为主导者，拉近与用户的距离，人人都可以是产品经理，从而最终获得用户认可，打造极致化的产品。

产品经理制度最早出现于美国的宝洁公司，随着宝洁公司的成功，这种管理模式迅速在各种行业中进行推广。从营销的角度看，产品经理制度通过设立某种产品的专门负责人，可以有效地对该产品的市场调研、设计以及最后的发布等各个流程进行有效管理。目前各个优秀互联网企业，如阿里巴巴、腾讯等，它们出色的表现与优秀的产品经理是分不开的。

作为一个好的产品经理，最重要的就是倾听、发现和激活用户的需求，用户购买的不是产品或服务本身，而是附加于产品或服务之上的各种产品体验。在购买的过程中，消费者自由发布自己的使用感受，进而为其他用户提供借鉴，有效地提高用户的信息优势，而企业特有的信息优势尽管在这个过程中也得到了发展，然而其主导地位受到了明显的冲击，用户成为主导产品销售和使用过程的主导力量。这就使得企业必须重视用户的需求，从用户的角度改善产品。

第三节　分享经济合聚变：0 与 N 的进阶

分享经济产业发展时间不长，但在短时间内迅速渗透到许多行业和细分市场。分享经济正在向前发展，从高频标准化到专业化、复杂化的贸易，从消费到生产。当代创新模式已经突破了传统的线性和链式模式，呈现出非线性、多角色、网络化、开放化的特点，并逐步演变为以多学科协同互动为基础的协同创新模式，形成了扁平型、自主型的"联合创新网络"，不仅是"创新联盟"技术平台在打破区域和国界的界限，也在区域创新的基础上，扩大到全球协同创新，建立庞大的创新网络，实现创新的最大整合要素。

一、"0→1"自主创新分享经济：人无我有，人有我优

著名的硅谷投资者彼得·蒂奇在他最畅销的书《从0到1》中提到，人类与其他物种不同的原因在于他们有创造奇迹的能力。0到1意味着两件事：一是创业从0到1；二是创新从0到1。从0到1是企业进行技术创新必须经历的过程。从0到1形成创新，创造颠覆性的技术研发创新模式。企业自主创新的综合共享与协作是指企业自主创新的主体、对象、时间和空间、环境和效果的相互协作。如图5-6所示。

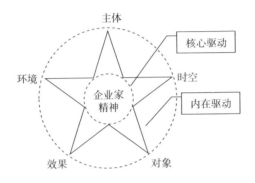

图5-6　0到1分享经济的自主创新模式

第一，主体的分享。创新不仅是研发人员的问题，更是全体员工的共同行为。所有员工都应该在分工的基础上互相合作，共同分享。每个人都成为创新者，并产生个人无法产生的共享和创新功能。菲利普·科特勒认为，主要有三个利益相关者：员工、用户和股东。企业自主创新的最终目标是为三大利益相关者创造和增值，自主创新的过程自然需要三大利益相关者的协同努力。

第二，对象的分享。企业自主创新的对象是大多数人所说的创新要素。创新要素主要有六个：战略、技术、市场、文化、制度和组织。企业自主创新目标的全面分享，是指自主创新需要与战略、技术、市场、文化、制度、组织等目标要素相匹配，分享资源，才能实现最佳的创新绩效。

第三，时空的分享。可以分为创新时间的整体分享、创新空间的整体分享和创新时间与空间的整体共享。创新时间的整体分享是指以时间为基础的即兴创新与即时创新的相互协调，即创新要不时地进行协调。创新空间的整体分享包括所有链接分享在创新过程中，创新资源配置对整个行业（在线和离线）全球配置的分享和协调，分享和协调内部和外部空间的创新企业，也就是说，分享经济效益应该意识到在创新。

第四，环境的分享。企业自主创新环境是协同意义上的外部控制变量，主要包括政府、中介机构、高校、独立研究机构、区位等变量。企业自主创新环境的分享与协作是指这些外部变量在企业自主创新过程中的相互作用、相互分享与合作，尤其是政府调控手段的协调。

第五，全面分享的创新效益。一方面，企业自主创新的经济效益、社会效益和生态效益有机地融为一体。另一方面，企业自主创新分享经济的整体效应不仅大于主要创新效应的简单和，而且大于经济效应、社会效应和生态效应的简单和。

第六，创新主体、对象、环境、时空、效果之间的分享经济实现。主要是指企业自主创新主体、客体、环境、时空和效应系统的多维非线性互动分享。

从0到1难；从太极回归无极：从1到0更难。归零心态，制胜法宝，有无相生，戒定方能生慧。如果一个企业能够清空自己，回归零，它将能够获得更多的新鲜知识、能力和良好的心态，等等。只有这样，它才能获得更大的力量，坚持进步，不断超越自己，不断创新。

二、"1→N"二次创新分享经济：移花接木，创新融合

在畅谈0到1的自主创新模式的过程中，也不可忽略《从0到1》中所提及的另外一种创新——1→N的创新模式，即将国外成功成熟的产品或技术移植过来，或者说"抄袭"过来移花接木，为我所用。但是必须明确的是1到N有两种可能，一种是简单的模仿，另一种是学习中创新。二次创新模式的分享经济则必须提到企业创新体系改革的议程中来，所谓分享经济二次创新模式管理，主要是结合市场发展需求及原生技术短板，将几项现有技术进行共享的协同组合，从而衍生结合出一种新的技术形态，在此过程中必须经历两大阶段，即引进吸收分享创新和整合集成协同创新。如图5-7所示。

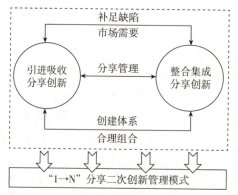

图5-7 "1→N"分享经济二次创新管理模式

综观全球，分享经济创新已成为创新型国家和地区提高自主创新能力的一种新的组织模式。中国作为一个发展中国家，正逐步从制造业经济转向创新型经济。二次创新经济的形成需要新的发展动力、机制、模式和路径等，这与企业息息相关。通过资本的力量进行收购或是购买专业授权直接引进国外先进技术，与自身的核心技术进行互补，增加技术积累，将会是应对市场变化或发展需要的不二之选，例如，中国的汽车在短短十年的时间里，基于一体化的共享创新，从引进 200 公里/小时的高速动车组，自主研发的 300 ~ 350 公里/小时的高速动车组，到全面创新时速 380 公里、世界上最快的 CRH380A，再到研制中国标准动车组，不仅建成了世界上最长的高速铁路里程，而且引领高端装备跨过"海"，成功演唱"中国制造"，实现了分享经济二次创新管理模式的转变。

专栏3 **神策数据：电商数据分析法宝**

《中国企业家》杂志评选出"21 位未来之星——年度最有前途的新兴企业"，神策数据于 2018 年进入榜单。数据显示，2018 年，神策服务的付费用户覆盖互联网金融、电子商务、证券、零售等多个细分和垂直领域，包括万达、小米、银联、平安等多家公司。目前，中国整个大数据产业基础薄弱，数据意识不强，迫切需要推广。神策数据最大的障碍是服务，融资就像一个"光环"过程，每个投资机构的认可都是一个光环。神策数据如何在这个赛道中发光？

一、公司简介

公司围绕用户需求和数据分析，推出了神策分析、神策用户肖像、神策智能操作、神策智能推荐、神策客景等产品。公司团队的四位核心成员都来自百度大数据部门，在大数据处理方面有多年的经验。主要为互联网企业提供大数据分析产品和解决方案，为传统企业提供大数据的数据分析功能，并在用户行为分析的基础上完成对用户的数据收集和数据分析。智能数据提供了诸如私有部署、基本数据收集和建模支持以及辅助开发 paas 支持等优势。

2015 ~ 2018 年，神策数据完成了总计 5900 万美元的 C 轮融资。

二、独特体验制度，满足用户需求

神策数据利用大数据预测、分析等技术对各行各业的企业数据进行分析，并且提供咨询服务，神策数据基于 600 多家企业服务经验的基础上，为不同的行业细分了九种体验 DEMO，如图 5 – 8 所示。神策数据掌握了不同行业的应用情景以及该情景下的案例分析和处理方法，同时这种体验方式带给用户更高的安全感。

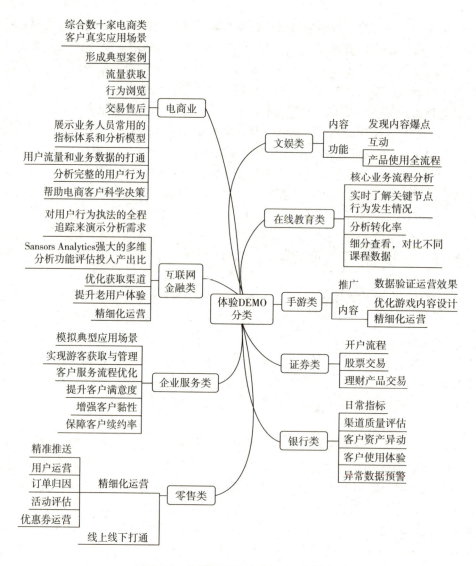

图5-8　神策数据体验 DEMO 分类图

三、覆盖多领域，实现数据驱动

　　神策数据是一家专业的大数据分析服务公司，是大数据分析行业的先锋，为用户提供深入的用户平台，以及精准的咨询服务，致力于为用户实现精确服务。神策数据基于用户行为分析的前沿技术和实践，面对不同行业，神策数据拥有一支专业的服务团队，可以为用户进行一对一的定制服务，业务已经涵盖了互联网、金融、零售等十多个主要行业，并能支持企业的多种功能。公司在大数据领域积累了核心和关键技术，包括海量数据的采集、存储、清洗、分析和挖掘、可视化、智能应用、安全和隐私保护等领域。同时，Shence 数据将公司掌握的核心技术商业化，并根据用户级大数据分析和管理的要求，推出 Shence 分析、Shence 用户视图、Shence 自动操作、Shence 智能推荐等产品。如图 5 - 9 所示。

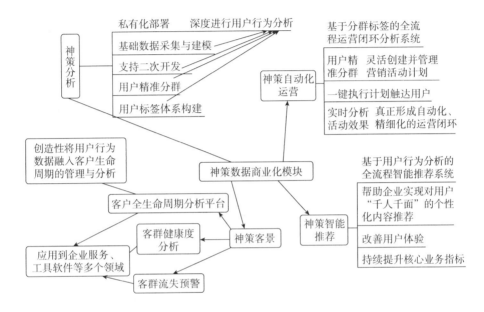

图 5 - 9　神策数据业务细分图

未来国内大数据战场，根据用户行为和需求快速地迭代产品，提供更为精细化的运营服务成为抢占市场的关键。神策数据致力于重构中国互联网数据根基，帮助用户实现数据驱动，给用户带来价值，神策要做数据界的"海底捞"，数据驱动，从现在开始！神策如何赢得这场战斗值得期待！

资料来源：https：//www. sensorsdata. cn。

三、"0→N"协同创新分享经济：产学研一体，驱动迭代

对于企业而言，先是进行 0 到 1 的创新，必须要接上从 1 到 N 的创新，才能真正完成一个创新过程的循环。如果说 0 到 1 的创新过程是企业的混沌开元，而 1 到 N 的创新过程则是企业的成长发育过程。在《浪潮之巅》的作者吴军看来，企业有时候缺乏的，恰恰是能从 0 一口气走到 N 的能力，在未来 0→N 的协同创新过程将会成为一种创新主流，而产学研一体化，则是这一分享经济的协同创新模式的重要元素。依托互联网搭建资源平台，其依托于产学研

的发散效应，逐步衍生形成众包、众筹、众创等多种共享协同创新模式，如表5－1所示。

表 5－1　协同创新模式分类

共享协同创新模式	具体内容
众筹	"聚众人之智，筹众人之力，圆众人之梦"，由创意者通过微信、微博、互联网等网络工具以及专门的众筹网站，向社会大众发布创意项目，从而吸引个体进行投资以支持创意者的模式
众创	基于"互联网＋"及其深度发展，以及知识创新时代背景下的创新特点和需求，促使社会中每个人都成为创新主体，通过政府引导、市场导向等途径，架构起来的新型创业服务平台的统称
众包	企业或机构采取比外包更为开放的思路，树立人人都是专家的理念，基于互联网平台，聚集社会大众智慧，挖掘创意或破解业务技术难题，为企业提供多元化、多方位的服务

　　"产学研"协同创新是在特定的协同模式下，产学研三方对科技资源进行最优配置，对协同管理系统进行双向选择的基础上，追求更高的投入产出效益。主要包括企业主导、高校科研院所主导、政府指导下的协同创新模式。"产学研"协同创新模式是一种多学科、多因素、多层次的战略合作形式。整合创新要素，使创新主体功能最大化，实现资源优化配置，促进创新成果产出，如图5－10所示。

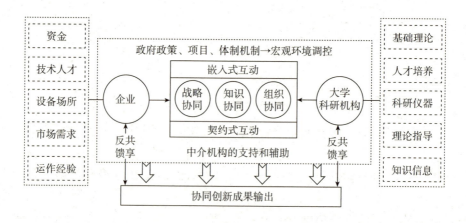

图 5－10　产学研一体互动式协同创新模式

第四节　分享经济：原力觉醒

面对互联网的巨大颠覆，人性、组织规则和商业逻辑并没有发生根本性的改变。人性就是：发现自我，实现价值；企业要回归"制造产品"，通过不断创新实现自我价值；组织规则在任何时代都意味着"平等""参与"和"分享"，包括互联网时代。在主权日益激烈的背景下，处于中间环节的企业更难实现平等。因此，突破企业的个体成长行为，加快实现更高层次的创新和利润分享是企业商业模式改革的主要问题。

一、跨界分享经济：跨出边界，跨出飞跃

用户需求的价值重构是跨界分享模式的核心。随着企业进入互联网信息技术革命，现实世界和虚拟空间得以通过，可以实现跨国界从区域边界、行业边界、组织机构等多种跨国界共享整合的在线边界、业务管理等。模式为企业带来革命性的变革，互联网的出现，为跨界分享提供了良好的经济发展手段和条件。跨界分享是企业关注消费者需求的本质，不同行业的商业模式通过互联网技术在智能整合领域，分享价值创造的逻辑过程，以及"资源共享、互补"优势、价值转化"三板斧、分享，构建跨界分享的商业经济独特内涵"。

1. 分享经济跨界与"伪"分享经济跨界

一般情况下，互联网创业企业容易陷入"伪分享"的陷阱，花了巨大代价研发出一款消费者根本不需要的产品。但在跨界风潮之下，这种错误出现的概率还是非常之大的。把握住了消费者的"真需求"，做到企业多元发展要素的分享。跨界整合过程中的分享经济变得异常重要，主要紧抓三大重点，如图 5 – 11 所示。

专业优势资源共享 ⇨ 品牌交集产品分享 ⇨ 目标客户群分享价值

图 5 –11　跨界整合的三大重点

2. 分享经济的四大协同模式

闭环非常简单，分享内容可以是各种类型。安装支付通道后，可以快速完成个人之间的分享支付。平台收集一定比例的交易流程，一次性完成交易。正是这个简单的闭环系统使得分享经济在今天如此流行，如图 5 – 12 所示。

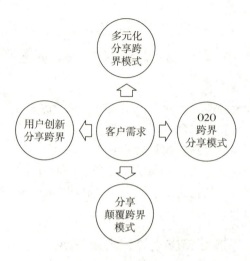

图 5 – 12　分享经济跨界模式四大类型

二、价值链分享经济：协同分享，价值优化

在《未来是湿的》和《认知盈余》两本书中，互联网革命最伟大的思想家克莱·舍基讨论了几个问题：互联网用户将形成什么样的社会？我们如何适应这种变化以实现协作共享？如何找到自己实现价值优化机会？在资源和技术不足的条件下，用户和企业必须建立动态共享和共同创造价值实现机制，如图 5 – 13 所示。

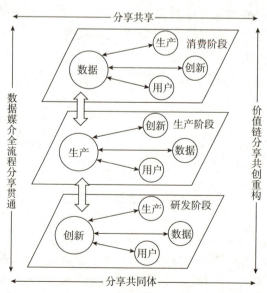

图 5 – 13　动态四点三维分享共创价值实现机制运行轨迹

三、生态圈分享经济：生态裂变的终极奥义

互分享经济商业模式创新就是让企业裂变成生态圈。各个生态群落的生态成员根据自身的发展需要，通过互联网技术，自发寻求与跨领域和跨行业的待选成员在强关联业务上的合作分享，通过建立生态联系，进而撬动多生态群落之间的资源共享、业务往来及协同演化，并逐渐形成一个协同开放的商业生态圈，实现多级生态子系统的裂变重组。

1. 生态圈模式的"三三"法则

生态圈最初是自然科学的一个术语。1993 年，穆尔（James Moore）在《哈佛商业评论》上首次提出了"商业生态系统"的概念。通过许多学者的逐步完善，"生态圈"正在成为商业关系建设的一场革命。商业生态系统是指通过产品供应商、分销商、用户、配套产品供应商、竞争对手、政府和其他利益相关者等不同组织的互动和分享经济而形成的经济共享体。在生态圈模型中，每个组织都有不同的功能，但也形成了相互依赖和共生的生态系统。生态系统中的组织和个人，虽然受到不同利益的驱动，但它们是互利共存、资源共享、共同维护系统的延续和发展的。

2. 生态圈三层次：共生＋互生＋重生

生态圈模式作为商业关系基础上的革命，实现了共生、互生和重生三个层次的功能，实现了成员之间的共生关系和交替的描述体系，通过不断地为成员相互创造价值，维护生态系统健康发展中的共同价值体系。

3. 分享经济能成未来主流

分享经济是建立在两个前提之上的：一个是供过于求的经济；另一个是现代人在物质和认知上有双重剩余，需要在社会中进行传递和互动。分享经济将成为主流，但这只是一个开始。整个分享经济在 GDP 中间、社会整个分布中间占有更大比例，但并非所有行业、所有的业态都适用于分享经济模式。在这基础上适用于分享经济的互联网商业模式有三个标准：重构体验的颠覆、重构连接、重构商业价值。

4. 生态圈的绝密要领——协同管理

随着"互联网＋"的兴起，人们开始赋予"生态"更广泛的内涵。所有通过互联网发展起来的紧密相连的产业形式都可以称为"生态圈"。以苹果为例。苹果的商业模式是一个典型的生态系统。其核心竞争力在于围绕 iOS 系统构建的软硬件集成的封闭模式，通过 ITunes 和 Applestore 持续向用户提供高质量的服务和内容，并不断扩展增值服务的边界，从而将每一项服务连接起来。

在当前极度动荡和复杂的环境下，企业必须以核心竞争力合作，优化企业生

态系统的能力，加强节点生态、组织生态和战略生态的协同创新，形成生态环境。通过协同管理引起的生态化，拓展企业协同生态圈，如图 5-14 所示。

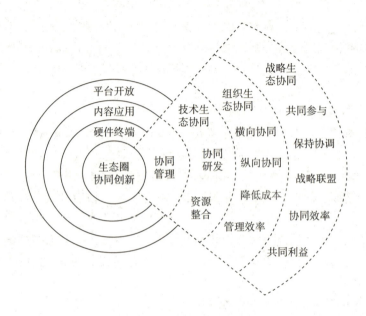

图 5-14　生态圈协同创新模式

四、利益分享，一人一杯羹

分享经济的确给我们带来了各种好处，包括个人闲置资源的高效使用，以及选择的个性化和多样化。但是现有的项目要成为整个商业模式革新的药方，甚至达到所谓的社会零边际成本，我们还有很长的路要走。但不论这条路该怎样走，无法实现利益分享的"分享经济"，就是要流氓。商业模式的颠覆和改革，首先要摆脱平台和平台使用者之间的利益争夺，实现利益分享，才能被市场长期接受。

1. 中国分享经济规模大、成长快

分享经济已成为推动可持续发展的重要力量。大型平台企业迅速崛起。截至 2018 年第一季度，以货车运力共享为特色的全平台已聚集了全国近 80% 的干线运力，吸引了 500 万司机用户和 100 万货主用户。在知识和技能共享领域，猪八戒平台集聚了来自 25 个国家和地区的 1300 万名知识工作者和 700 多家用人单位。中国有 7 亿快手网络直播平台注册用户。作为移动医疗手术预约平台，名医刀业务已覆盖全国近 30 个省份，拥有 3 万多名合作专家。其中，分享经济的快速发展得益于我国经济发展的独特环境，从而形成独特的优势：网民优势、后发优势、政策优势、文化优势。

2. 促进就业格局新发展

分享经济的快速发展，改变了传统的就业方式，创造了巨大的灵活就业机会。人们可以根据自己的兴趣、技能、时间等资源参与分享活动，以自由职业者的身份灵活就业。近年来，中国城镇新增就业每年超过 1300 万人，分享经济发挥了就业蓄水池和稳定器的作用。调查和计算数据表明，分享经济的就业弹性系数显著高于传统产业。

3. 分享经济快速发展的大趋势不会改变

分享经济作为新业态、新模式、新理念，是信息技术革命与社会经济发展相结合的必然产物。发展过程中会出现一些问题和困难，但大趋势不会改变。

五、合作分享，奏响时代进行曲

分享经济开启了互联网时代发展的新篇章，开启了新时代。新型分享经济体系在引领创新创业、促进经济增长、培育发展新动能、推动供给侧结构性改革、构建现代经济体系等方面的作用日益凸显。可以说，发展分享经济对我国具有特殊的意义，是信息技术革命带来的一个难得的历史机遇。熊彼特说创新的本质是要素的重新组合，凯文·凯利说"重混"是未来发展的重要驱动力，而分享经济实现的正是资源的大规模网络化、智能化配置，其所带来的创新效应远非资本家和单个企业可以比拟的。

1. 更多的创新效应逐步显现

分享经济的快速发展也推动了技术创新和产品创新。大数据、云计算、物联网、移动互联网、基于位置的服务、近场通信、移动支付、现代物流等新一代信息技术的创新应用分享在经济发展中的表现非常出色。

2. 新业态、新模式风起云涌

从现实发展的角度看，近年来最活跃的"大众创业、万众创新"领域大多具有分享经济的基因。从创意设计、营销策划到餐饮、住宿、交通，从资金、设备到物流、劳务，从美容、医疗到知识、技能、产能，分享经济的触角已经延伸至许多领域。共享平台的数量继续增长。短短几年，在一些领域涌现出数百家企业，一批初具规模、特色各异，具有一定竞争力的代表性企业迅速形成。分享经济模式大多出现在中国，属于中国的原创分享经济模式也开始大量涌现。

【章末案例】　　　寒武纪：AI 智能芯片独角兽

人工智能产品不仅具有高附加值，而且消耗更少的人力资本和自然资源，这

使得人工智能产业的发展有利于我国产业结构的优化，调整了劳动密集型产品出口的主导地位。加快了经济全球化和互联网的快速发展，人工智能行业在中国是一个关键时期，在人工智能领域，尽管在技术等方面，算法芯片，独立研究和发展仍然与美国有一定的差距，但在大型数据，人力资本等方面，市场需求仍处于一个有利的位置，中国人工智能产品的发展基本上与世界同步。未来，中国将大力推广人工智能，具有巨大的技术研发潜力。据统计，进入 21 世纪以来，随着数字化经济的推进和人工智能的发展，基于国内外人工智能研究和应用场景的不断完善，同人工智能相关的专利申请数量不断增加。2015 年以来，我国的人工智能研究进入了白热化阶段，相关专利申请超过 2.8 万件，2016 年中国人工智能相关专利申请超过 2.9 万件。

一、公司简介

寒武纪是北京中科寒武纪科技有限公司的简称，是全球智能芯片领域的先驱。公司的使命是为人工机器打造各类智能云服务器、智能终端和核心处理器芯片。寒武纪科技的使命是带领人类社会从信息时代走向智能时代。公司创始人兼首席执行官陈天石博士从事处理器架构和人工智能领域已有十余年。他是一位在国内外学术界享有盛誉的杰出青年科学家。曾获国家自然科学基金委员会"优青奖"、"Ccf – intel 青年学者奖"、中国计算机学会优秀博士论文奖等。公司骨干成员均毕业于国内外一流大学。他们在芯片设计开发和人工智能研究方面有着丰富的经验。相关领域平均研发时间 9 年以上。该公司于 2016 年推出的寒武纪 IA 处理器，被第三届世界互联网大会评为 15 项"世界互联网领先技术成果"之一，已被数千万智能手机使用。

二、"端云一体化"的商业模式获强有竞争力

公司于 2018 年推出了 MLU 100 机器学习处理器芯片，在运行主流智能算法时，其性能和功耗均优于 CPU 和 GPU。目前，寒武纪已与智能产业上下游各大企业建立了良好的合作关系。大部分 AI 芯片公司专注于一端，如 Invida、Intel、IBM、谷歌等主要专注于云芯片开发，而 ARM、Horizon、深圳科技主要专注于终端芯片开发。从寒武纪的商业规划来看，公司主要专注于各类智能终端服务、智能终端和智能机器人核心处理器芯片，拥有终端 AI 处理器 IP 和基于云的高性能 AI 芯片两条产品线，形成"端云一体化"模式。如图 5 – 15 所示。

在产品方面，寒武纪模仿与华为的合作模式，依靠 IP 授权进行拓展。当智能通信设备与寒武纪处理器接入时，图像、音频等的理解速度可以提高近 100 倍，例如，使用带有 Cambrian 1A 处理器的华为 Mate 10 手机扫描英文文章，微软翻译软件可以实时将文章翻译成中文。

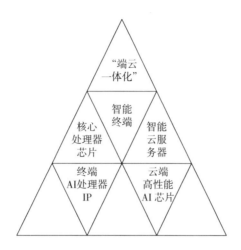

图 5 - 15 "端云一体化"模式

三、AI 芯片领域的创新跨越

随着人工智能芯片领域战争的日益加剧，除了技术上的突破，更多的应用场景应该被拼命捕捉。寒武纪人工智能芯片行业最流行的商业场景有四种，分别是家用或消费类电子产品、安防监控、自动驾驶汽车和云计算。

1. 家用或消费类电子领域

在家用或消费类电子产品中，华为 Mate 10、Mate 10 Pro 和苹果 iPhone X 等高科技手机都使用了人工智能芯片。2017 年 9 月，华为发布了全球首款人工智能芯片麒麟 970 手机，开启了人工智能芯片接入手机的时代。2018 年 10 月，装配最新的人工芯片的华为 Mate 10 和 Mate 10 Pro 正式推出。麒麟 970 人工智能芯片配备了专门研究人工智能的模块 npu（神经网络处理单元）。它的技术起源于寒武纪。

2. 安防监控领域

AI + 安防是位于金字塔顶端的高端业务。目前，人工智能 + 安全大多用于国家安全投资项目。它不会一次性推出大量业务，而是会随着产品贬值不断迭代。目前，海沧和大华是安全领域的两大巨头。2017 年，海沧、大华占据 43% 的市场份额，营收超过 100 亿元，净利润超过 10 亿元。当其他企业家还在探索安全操作人工智能的方法时，这两家巨头已经率先实施了"人工智能 + 安全"战略。

3. 自动驾驶汽车领域

在自主驾驶领域，人工智能芯片已经为自主驾驶工作平台的核心部件。寒武纪副总裁钱成认为，交通运输需要系统的人工智能技术，对技术的需求是僵化

的。近年来，英特尔收购了 Movidius、高通 NXP、特斯拉废弃的 Nvidia ai 芯片，推出了旅程地平线人工智能芯片，并推出了四维空间地图，宣布了国内首个先进驱动辅助系统（ADAS）芯片的生产。可以说，随着自动驾驶仪着陆应用的发展，它将成为人工智能芯片的另一个主要核心市场。

4. 云计算领域

在云计算中，各种互联网人工智能功能，如在线翻译、人证比对、图像搜索等，都由云人工智能芯片支持，提供计算能力，云计算市场的发展潜力是巨大的。我们今天使用的所有互联网应用程序，如社交媒体接入或点外卖、在线购物等，都得益于云服务数据室提供的计算能力。云人工智能芯片具有性能强大的特点，可以同时支持大量的操作，并可以灵活支持不同的人工智能应用，如图片、语音、视频等，这是一个巨大的市场，也是各大芯片巨头咬得最紧的战场，Invida、Intel、Qualcomm、ARM、United Development Section、BAT 等已进入云 AI 芯片领域。

总的来说，这些业务场景的应用支持着 AI 芯片持续火爆的市场。许多人工智能芯片初创企业正逐步涉足商业产品，被称为"人工智能落地元年"，相信各大芯片巨头的相关产品将陆续上市，人们将很快进入"无芯片不 AI、无终端不 AI、无行业不 AI"的时代。

四、深耕终端处理器

此外，在终端处理器方面，寒武纪已经过了较长时间的深度培育。2018 年 11 月，寒武纪科技发布了三款智能处理器 IP 产品，与寒武纪 IA 相比，这三种新产品在功耗、能效、成本等方面都得到了进一步的优化。以开放共享的态度接受行业的评价，将寒武纪最新科技成果与世界各地的同事分享，让世界各地的用户能迅速接受和使用一系列的人工智能芯片。寒武纪在技术上实现了"云顶协作"的概念。使终端与云能够在统一的智能生态系统的基础上协同完成复杂的智能处理任务。

五、寒武纪带来的启示

近年来，新一代人工智能产业发展迅速，特别是新技术、新设备带来了新的互动、新的连接方式，产生了许多新的形式、新的内容。在互联网思维时代，人工智能不断融入各行各业，其嫁接的媒体将重新定义信息传播。寒武纪是运用人工智能技术，不断坚持创新和协同开发，在技术上贯彻"端云协同"的理念，在开发和推广终端处理器 IP 产品的同时，也十分重视基于云的智能芯片的研发。这次发布的 MLU100 云端芯片，不仅其本身可以高效完成多任务、多模态、低延时、高通量的复杂智能处理任务，还可以与寒武纪 1A/1H/1M 系列终端处理器完美适配，为用户提供前所未有的智能应用程序体验的云合作。

第一，富有竞争力的商业模式。在寒武纪商业模式中，公司专注于许多分类的服务终端、智能机器人核心处理器芯片，拥有终端 AI 处理器 IP 和基于云的高性能 AI 芯片两条产品线，形成了"端云集成"模式。在终端产品方面，寒武纪复制与华为的合作模式依靠 IP 授权进行拓展，具体来说，当手机或电脑等智能终端嵌入寒武纪处理器时，图像、音频等的理解速度可以提高近 100 倍。例如，使用带有 Cambrian 1A 处理器的华为 Mate 10 手机扫描英文文章，微软翻译软件可以实时将文章翻译成中文。

第二，跨越式创新。寒武纪人工智能芯片行业最流行的商业场景有四种，分别是家用或消费类电子产品、安全监控、自动驾驶汽车和云计算。在家用或消费电子领域，华为 Mate 10、Mate 10Pro、苹果 iPhone X 等高科技手机均采用寒武纪自主研发的人工智能芯片。在安全监控领域，当其他企业家还在探索人工智能安全运营方式时，寒武纪已开始实施"人工智能＋安全"的战略部署。在自动驾驶领域，人工智能芯片正成为自动驾驶仪计算平台的核心部件。

第三，深耕核心领域。寒武纪科技推出三款智能处理器 IP 产品。与寒武纪 IA 相比，这三种新产品在功耗、能效比、成本等方面都得到了进一步的优化。在寒武纪，中国推出了第一个面向云的人工智能芯片/卡产品（asic），实现了从终端到云的整体布局。MLU－100 是我国第一个云智能处理芯片。与之前的产品相比，其性能有了很大的提高，主要用于视觉、语音等复杂场景的云智能处理。

资料来源：

（1）寒武纪官网，https：//www.cambricon.com。

（2）《寒武纪发布云端 AI 芯片和终端 IP 产品》，http：//www.cena.com.cn/smartt/2018 0504/93124.html。

（3）《寒武纪宣布完成数亿美元 B 轮融资 估值达25 亿美元》，http：//tech.163.com/18/0620/08/DKNUO1PU00098IEO.html。

第六章

价值创造：互联网化企业
商业模式的终极目标

生态系统时代 企业市值空间 Enterprise market value in ecosysterm economics	=	单位连接品所 创造的互联价值 Merchandise' connected value for internet plus	×	价值生态系统 的连接数 Connectivity of value ecosysterm

【开章小语】 价值创造是互联网时代的商业逻辑。企业生存的基础是价值创造，一开始，企业将对价值创造的认识局限于财务管理领域，然后逐步扩展到战略管理领域，延伸到企业管理的全过程。在实践中，企业价值创造已成为企业管理的核心，越来越多的企业认识到，只有不断创造价值，企业才能立于不败之地。从价值创造的角度来理解企业商业模式构建和发展，其实质是以用户价值创造为起点，以企业价值实现为终点的全过程。换句话说，企业商业模式创新即是价值创造过程的创新。随着互联网的蓬勃发展，企业价值创造的方式发生了翻天覆地的变化，在互联网思维的影响下，企业需要从新的视角去开展价值创造，以适应激烈的市场竞争环境。

——雷军　小米科技 CEO

【开章案例】　福光股份：致力打造中国光学镜头领军企业

2019 年 1 月 6 日，第十二届中国产学研合作创新大会在北京举行。此次大会以"加强产学研用深度融合　促进民营经济创新发展"为主题，以产学研合作助力民营经济创新发展为主题，是一次共建服务平台、共商创新大计、共享合作成果的产学研盛会。福建福光股份有限公司派代表参加了本次会议，并被表彰为在产学研协创新中做出突出贡献的单位，授予"2018 年中国产学研合作军民融合奖"证书及奖牌。作为光学行业的典型代表，福光股份所处行业属于光学行业。光学行业是当代信息技术、新材料、生命科学、生物医药、资源环境等重点发展领域的重要支撑，目前已经深入国民经济和社会的各个领域，并已成为当今前沿科技发展不可或缺的关键环节。那么如何驱动福光股份的创新发展战略？如何实现冲击 A 股上市的目标呢？

一、公司简介

福建福光股份有限公司（以下简称"福光股份"），总部位于福建省福州市，是专业从事军用特种光学镜头及光电系统、民用光学镜头、光学元组件等产品科研生产的高新技术企业，是福建省重要的军民融合企业、全球光学镜头的重要制造商。公司产品包括激光、紫外、可见光、红外系列全光谱镜头及光电系统，主要分"定制产品""非定制产品"两大系列，"定制产品"系列包含军用特种光学镜头及光电系统，用户为中国科学院及各大军工集团下属科研院所、企业等。

"非定制产品"主要包含民用安防镜头、车载镜头、红外镜头、物联网镜头、AI 镜头等激光、紫外、可见光、红外全光谱镜头，是安讯士、大华股份等安防龙头企业的主要镜头供应商。物联网镜头、AI 镜头是公司当前重点布局的新兴领域，用户主要为华为、旷视科技、依图科技、云从科技、地平线、海康威视等人工智能知名企业，并广泛应用于平安城市、智慧城市、物联网、车联网、智能制造等领域。多年来，公司始终坚持建立军民融合的科技创新体系，发展军民两用技术，积极响应国家发展战略性新兴产业的号召，作为福建省军民融合产业联盟主要发起单位，深度贯彻国家军民融合战略，大力推动区域内军民融合产业发展。公司紧跟世界光学技术发展的步伐，秉承专业、创新、务实、进取的经营理念，踏实奋进，精益求精，致力于成为中国光学镜头领军企业。

二、争当"技术牛"，建立军民融合创新发展平台

福光股份被业内人士认为是典型的"技术牛"，拥有四项自主研发核心技术，拥有大口径透射式天文观测镜头的设计与制造技术、复杂变焦光学系统设计技术、多光谱共口径镜头的研制生产技术和小型化定变焦非球面镜头的设计及自动化生产技术。公司成立后在原有的基础上发展壮大，培养和引进人才，积极探索和践行军民融合的发展道路，逐步建立了有特色的军民融合创新发展平台。

公司成立了"省级企业技术中心""福建省精密光电企业工程技术研究中心""省级全光谱光学镜头工程研究中心""省重点实验室"等科研平台。为了适应市场需要、满足用户要求、提高产品质量、降低制造成本，同时也为了加快公司技术积累、打好技术基础、加快产品研发速度、提高技术人员素质、防止技术人才的流失等，公司制定了《企业技术中心管理制度》《新产品导入程序》

《新产品开发和管理制度》等，指导产品研发工作，以确保公司的创新能力。公司与中科院上海天文台朱能鸿院士共建院士工作站，且被评为国家示范院士专家工作站。院士工作站围绕公司急需解决的重大关键技术难题，由院士及其创新团队与公司技术人员联合攻关，促进产学研高效合作，加快重大科技成果转化。公司制定了《院士工作站管理规章制度》，促进院士工作站的建设和运作。同时，公司作为光学科研行业具有代表性的军民融合平台，出台了一系列制度措施践行军民融合创新发展的道路。军民融合创新的开展使公司经营规模持续跨上新台阶，形成了军民互相促进、融合发展的良性循环局面。

三、涉猎多领域，促使多元化发展

2017 年以后，福光股份继续引领超高清视频在安防监控领域的技术突破和应用，率先设计开发出 25～300mm、8K 高清的连续变焦镜头。公司全面进入物联网、人工智能等战略性新兴技术的各个应用场景，如人脸识别、车载成像、机器视觉、智慧城市、智能家居等，光学系统及镜头演变为物联网、人工智能系统最前端感知层的核心器件。当前，物联网、人工智能技术在国家战略的大力推动下，在安防、金融、交通、零售、家居、医疗、教育等各个领域快速推广应用，公司产品面临广阔的市场前景，如表 6-1 所示。

表 6-1　福光股份的主要产品介绍

产品名称	介绍
非球面技术的应用	采用了非球面技术，使新产品的各项指标超越原球面产品。在同等参数的基础上体积更小，图像更加清晰
透雾镜头	采用近红外滤色片、镀膜技术及电子图像增强技术，能穿透薄雾；远距离全天候安全监控不再有盲点
高分辨率镜头	高分辨镜头系列，像素均超 1.0MPIX，部分镜头高达 3.0MPIX、5.0MPIX，专家鉴定国内首创
红外夜视镜头	超宽光谱响应，拥有更大的夜视距离、更好的夜视性能

四、持续为用户创造价值，扛起产业大旗

用户与员工是福光最大的财富与基石。致力于更高品质的产品回报用户的信任，创造更好的企业福利回报员工的辛劳与汗水。福光股份矢志成为一家受业界认可和敬仰的中国民族品牌与全球卓著的专业公司，如图 6-1 所示。

五、结论与启示

未来，人工智能各个领域的深入应用和技术升级，将成为全球领先的专业光学系统供应商，在物联网、人工智能、大数据的技术突破和应用推广中发挥实质

图 6 – 1　福光股份的人才理念

性作用。公司开启向更高目标出发的征程，科创板为公司充满动力，国家超高清行动计划及 5G 技术的商业化为公司插上一双翅膀，超高清、超精密是公司未来的发展方向。

第一，注重与主营业务关联的知识产权获取，强化知识产权与产业融合。企业的核心知识产权对于企业保持行业内的竞争优势、保障企业主营业务的持续经营具有非常重要的作用。因此，知识产权对于拟上市企业主营业务的贡献度应受到监管部门的重点核查。

第二，重视知识产权风险排查，不断提高知识产权管理能力。近年来，知识产权问题成为企业上市遇到的极具杀伤力的风险，甚至会对企业上市造成致命影响。由于科创板定位于科技创新型企业，因此企业更应加强知识产权风险的日常排查，不断提高知识产权管理能力。

资料来源：
（1）福光股份官网，https：//www. forecam. com。
（2）《福建福光股份有限公司科创板首次公开发行股票招股说明书（申报稿）》，http：//www. nbd. com. cn/articles/2019 – 03 – 28/1315416. html。
（3）《厦华电子拟收购福光股份 61. 67% 股权》，http：//finance. eastmoney. com/news/1354，20171229817593854. html。

第一节　互联网思维下的价值创造

价值创造，顾名思义就是企业价值的创造过程。从最初的有形产品到无形服务，再到信息和知识，企业创造的价值一直处于动态变化之中。互联网思维是一切商业思维的起点。由于互联网的出现，传统企业价值链的活动方式必然发生变化，所以我们应该对企业价值链进行重构。互联网思维强调用户至上，关注用户价值。

一、用户价值：企业价值创造的源泉

对于企业来说，需要明确互联网思维下用户价值所具有的特点：一是用户价

值（效用）有多大，很大程度上取决于用户的认知，并非一个完全标准化的财务或数学指标；二是同样的产品功能，对于不同的用户、同一用户处于不同场景下带来的价值（效用）不完全一样。由于互联网时代的变迁，科技浪潮的一波接着一波，用户的需求也会与科技发展互相影响，不断变化。但"一以贯之"的核心规律是永远不变的。企业做产品，其实做的是用户价值（一次和行业交流的感悟）。

1. 用户价值

在企业的整个商业循环结构中，产品或服务是唯一从内部视角（企业）与外部视角（用户）都一致的产物。企业战略如何落地？策略如何解构？定位如何实现？这些自上而下的经营问题都会落到产品（服务）的各个层面上（如属性、成本、设计、定位等），而这些都包括在企业的整个盈利环节当中（见图 6 - 2）。

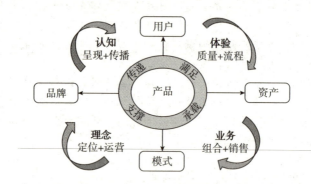

图 6 - 2　用户价值

2. 用户价值的评估

在超级用户时代，新的黄金法则诞生，Top10% 的用户可贡献普通用户 5 倍的价值。这意味着互联网 2∶8 原则在 DI 数据智能时代已不适用，10% 更稀有的超级用户正在成为移动互联网的商业核心。一个企业是否持续地为用户创造价值是其获得长期发展的基本原则。企业创造盈利模式就是在个人、群体、企业等之间，让产品依托于市场，保证一个产品系统地运转下去，我们获取的商业价值要小于或者等于用户价值，才是一个良性的系统，而好的模式就是一个良性系统。

3. 用户价值再造

早在1997 年，Woodruff 教授就提出，企业只有提供比其他竞争者更多的价值给用户，即优异的用户价值，才能保留并造就忠诚的用户群体，从而在竞争中立于不败之地。其用户层次模型对用户如何感知企业所提供的价值问题进行了回答。该模型提出，用户以途径—目标的方式形成期望价值，如图 6 - 3 所示。

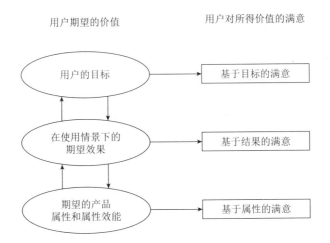

图 6 - 3　用户价值层次模型

4. 以用户价值为核心的企业价值特征

在互联网环境下，企业价值从何而来？IBM 公司曾做过一个关于企业价值来源的调查，员工、商业伙伴、用户、竞争对手都是调查的对象。然而调查结果出乎意料，调查对象中员工排名第一，熟知企业价值研究的学者却排名最后。为何会如此？得出的主要原因之一是互联网的发展使得企业价值的体现发生了变化，这些变化归纳起来主要表现为四个方面，如表 6 - 2 所示。

表 6 - 2　互联网思维下企业价值的变化趋向

互联网思维下企业价值的变化趋向	①高效	互联网使信息传递方式变得高效、快捷
	②互补	两种不同商品或服务能互相捆绑、补充
	③锁定	企业为阻止用户流失、合作伙伴的背叛而采取的一种战略手段
	④创新	基于现有思维方式提出不同于传统的思维观点或普通人的思维见解，利用现有的知识和资源，特别是环境，改进或创造出新事物、新方法、新要素、新路径、新环境，并能得到一些益处的行为

二、价值重构：价值链→价值网络

从金融到地产、从电商公司到传统企业，铺天盖地的"互联网思维"成为业界的热词，如何用互联网思维颠覆传统行业成为各行各业讨论的热门话题。在互联网思维下，传统商业者甚至每个参与市场竞争的企业及企业家，都已不再是看客。在互联网时代，传统企业价值链的活动方式发生了变化，整个价值链上的结构进行了重组，价值的实现形式不同于以往。作为一种新型信息传输的载体，

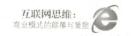

互联网以其无中心、无边界和快捷、普及等特性，迅速成为全球波及面最广、影响最深远的传媒。因此，相对于大规模单向生产、推广的工业化思维，所谓互联网思维就是在互联网独特的生态环境中，顺应其颠覆性态势，企业重新审视和解构各相关体利益格局、全价值链运营策略的思考方式。

1. 用户需求：互联网思维重构企业价值链是必然

企业价值链是企业价值创造的主要来源。迈克尔·波特在《竞争优势》中指出，企业的价值创造是通过一系列活动构成的，这些活动可分为基本活动和辅助活动（支持性活动）两类。基本活动包括进料后勤、生产作业、发货后勤、市场销售、售后服务；而辅助活动则包括采购、研究开发、人力资源管理和企业基础设施，构成了一个创造价值的动态过程，即价值链，如图6-4所示。

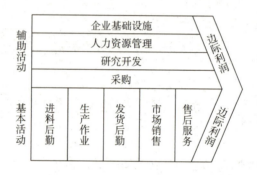

图6-4 迈克尔·波特的价值链模型

2. 价值网络：协同创造的逻辑

在互联网思维下，企业价值链条的设计和制定必须以用户为中心，消费者反客为主，深度介入产品设计研发、生产销售的全流程。同时，消费者需求的个性化及其强烈的情感诉求，使产品迭代变得快速而频繁；人们消费方式和信息接收习惯的根本性改变，也决定了产品销售、品牌传播的渠道、策略和方法的选择。互联网思维本质上就是一种顺应人性的管理自主思维。"互联网精神"强调"开放、协作、分享、共赢"，企业的内部管理同样如此，如图6-5所示。

专栏1　　　　　柏楚电子：激光切割，引领智能时代

2018年8月23日，第四届柏楚电子用户大会，暨柏楚先进激光加工技术研讨会于上海柏楚电子科技股份有限公司隆重开幕并于8月24日圆满落幕。大会主题为"激光切割全面进入智能时代"。研讨会的持续举办进一步加强了国内外激光行业企业及机构的多层次、宽领域合作，为中国激光加工领域架设起沟通的桥梁，为激光加工设备产业链上下游企业搭建了良好平台，推动激光加工产业、学界、应用领域的互动融合和跨越发展。此次研讨会邀请国内外知名企业50余家，与会嘉宾超过 90 人，激光行业精英齐聚柏楚，共同探讨激光加工产业最新研究进展、共同规划产业发展蓝图。

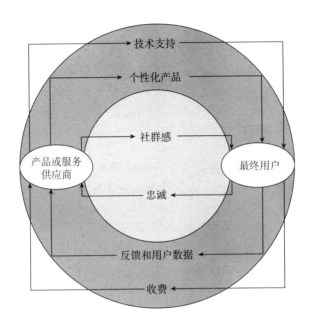

图 6 – 5 互联网价值生态模型

一、公司简介

2007 年 9 月 11 日，上海柏楚电子科技有限公司于紫竹国家高新技术产业开发区创办成立，是一家高新技术的民营企业，创办之初获得了上海市大学生创业基金及闵行区科委扶持。公司自成立以来，坚持自主研发、创新创业、诚信务实的核心价值观，秉承专业、专注、专研的工作理念，深入了解用户诉求和意见，不断革新产品，以高新技术和高效管理创造经济效益，致力于成为为用户提供卓越服务、为中国先进制造产业革新、为股东创造丰厚回报的公司。经营范围包括电子产品、计算机软件及辅助设备的销售、电子科技领域内技术开发、技术转让、技术咨询、技术服务等。

二、技术领跑，深耕多元化领域

公司坚持"一业为主，相关多元"的发展战略，除轨道交通控制系统行业相关业务外，亦提供有轨电车、智慧城市、电力电气化及工程总承包等相关多元产品和服务。公司高度重视技术的积累与持续创新，积极面向世界科技前沿，开展前瞻性的研究。未来公司将持续开展先进及智能技术研发，致力在先进轨道交通控制、轨道交通智能综合运维、智慧城市及行业通信信息、轨道交通专用芯片等领域取得突破，引领行业发展新方向。

公司以技术研发为核心，长期深耕于轨道交通控制系统领域，拥有国际一流、国内领先的技术实力。在我国大力拓展和升级现有铁路与城市轨道交通系统的背景下，公司自主研发的中国高铁列控系统（CTCS－3、CTCS－2）、中国高铁自动驾驶列控系统（CTCS－3＋ATO）、城际铁路自动驾驶列控系统（CTCS－2＋ATO）、城市轨道交通列控系统（CBTC）、货运编组站综合自动化系统（CIPS）、铁路电务智能运行维护管理系统、综合运输调度指挥系统、轨道交通综合安防系统、中低速磁悬浮控制系统（MATC）、现代有轨电车智能控制系统、计算机联锁系统、调度集中系统（CTC）等核心系统，以及轨道电路、应答器、继电器、道岔转换等设备已全面覆盖国内轨道交通网络，为行业加速升级提供了先决条件，为国内轨道交通安全高效运营提供了强有力的支撑，以满足国家重大战略需求。

三、创新商业模式：提供全产业链一体化服务

公司在轨道交通控制系统领域深耕多年，顺应我国铁路及城市轨道交通政策、运行模式、市场环境，形成了稳定、高效的商业模式。公司主要通过公开招标的方式获得订单，并主要采取集中采购的方式获取生产原材料，通过成熟的设计集成、设备制造及系统交付业务模式为用户提供轨道交通控制系统一体化全方位服务，如图 6－6 所示。

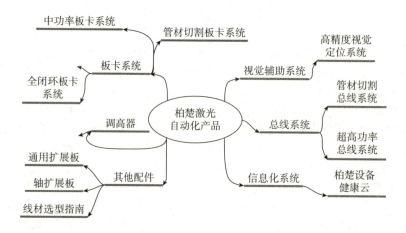

图 6－6　柏楚电子的产品系统

目前，柏楚电子在保持国内市场持续增长的同时，努力开发海外市场，力争进一步提升公司在全球市场的影响力。作为全球领先的轨道交通控制系统整体解决方案提供商，为持续巩固和加强全球市场领导地位，公司坚持以质量安全为生命，加快科技创新步伐，发挥产业链一体化优势，实现发展成为以轨道交通控制技术为特色的世界一流的跨国产业集团！

资料来源：柏楚电子官网，https：//www.fscut.com/。

三、价值创造的新思维

在互联网时代，传统企业遇到的最大挑战是基于互联网的颠覆性挑战。马云认为，互联网不仅是一种技术、是一种产业，更是一种思想，是一种价值观。互联网将是创造明天的外在动力。创造明天最重要的是改变思想，即通过改变思想创造明天。为了应对这种挑战，传统企业首先要做的是改变思想观念和商业理念。敢于从未来看现在，看到更多的机会，而不是拘泥于今天的思维去描绘未来，只看到现实中的威胁。互联网正成为现代社会真正的基础设施之一，就像电力和道路一样必不可少。互联网不仅是提高效率的工具，也是构建未来生产方式和生活方式的基础设施，更重要的是互联网思维应该成为我们所有商业思维的起点（见图6-7）。

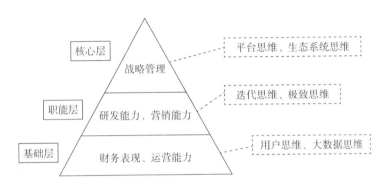

图6-7 企业价值因素与互联网思维

第二节 价值创造的互联网化驱动因素

企业价值驱动因素是影响和推动企业价值创造的决策变量。对于企业价值创造驱动因素，应该从企业价值及价值创造本质出发，以创造用户认同的价值为根本途径，实现企业价值创造最大化的目标。

一、基础层驱动因素：财务表现与运营能力

企业在分析自身价值驱动因素时，最常采用财务分析的方法对企业价值的主要来源进行度量和判断。企业价值的财务表现具体包括公司盈利能力的指标、资产营运能力的指标、公司成长性的指标、营运和投资支出的指标及资本成本的指标。人类社会已进入新经济时代，而知识、网络、数字就是这个时代的特征。这个时代是创新的时代，同时也是优胜劣汰的时代，优胜劣汰是自然法则，而创新则是唯一受这个法则青睐的。

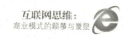

专栏2 　　　　　铂力特：金属 3D 专属打印专家

增材制造又称"3D打印"，是基于三维模型数据，采用与传统减材制造技术完全相反的逐层叠加材料的方式，直接制造与相应数字模型完全一致的三维物理实体模型的制造方法。经过30多年的发展，全球增材制造产业正从起步期迈入成长期，呈现出加速增长的态势。中国增材制造行业相对欧美国家起步较晚，在经历了初期产业链分离、原材料不成熟、技术标准不统一与不完善及成本昂贵等问题后，当前中国增材制造已日趋成熟，市场呈现快速增长趋势。作为国内领先的金属增材制造企业，铂力特公司紧紧抓住行业发展和政策支持的战略机遇，不断加强自身产品技术的研发水平，不断拓宽下游销售渠道，以实现快速成长与发展。

一、公司简介

西安铂力特增材技术股份有限公司是一家专注于工业级金属增材制造（3D打印）的高新技术企业，为用户提供金属增材制造与再制造技术全套解决方案，业务涵盖金属3D打印原材料的研发及生产、金属3D打印设备的研发及生产、金属3D打印定制化产品服务、金属3D打印工艺设计开发及相关技术服务（含金属3D打印定制化工程软件的开发等），构建了较为完整的金属3D打印产业生态链，整体实力在国内外金属增材制造领域处于领先地位。作为国内增材制造行业早期的参与者之一，公司通过多年技术研发创新及产业化应用，在金属增材制造领域积累了独特的技术优势。公司已发展成为国内最具产业化规模的金属增材制造企业，产品及服务广泛应用于航空航天、工业机械、能源动力、科研院所、医疗研究、汽车制造及电子工业等领域，其打印工艺技术与生产能力方面达到世界一流水平，尤其在大型精密复杂零件打印方面，更是处于领先地位。

二、采用"自主研发 + 合作研发"研发模式，凝聚核心技术

公司采取自主研发为主合作研发为辅的研发模式。公司设立技术研发部、产品开发部和设备研发部三个部门，从不同方向负责公司的技术研发工作，形成了内部研发和用户需求研发相结合的研发机制（见图6-8）。同时，公司从项目研发所需资源、成本等方面综合考虑，在部分项目研发过程中，采取与大学和科研院所展开合作研发的方式，提高公司的综合研发实力。公司拥有自主知识产权和核心技术，不存在对他方的依赖并影响公司资产、业务独立性的情况。

内部研发（行业发展预测、产品技术创新、满足市场需求）

研发机制

客户需求研发（不同部门取得客户创新需求）

图 6-8　铂力特的研发机制

三、"直销"方式，提供完整产业生态链

制造企业是否采用 3D 打印技术，还需要综合考虑产品在整个生命周期的价值传递作用，这种作用在航天航空工业中体现得比较明显，如 GE 通过增材制造的方法不仅改善了燃油喷嘴容易过热和积碳的问题，还将喷油嘴的使用寿命提高了 5 倍，并且提高了 LEAP 发动机的性能。增材制造的应用方式正逐步从原型设计走向直接制造，随着 3D 打印技术的发展，3D 打印技术实现大批量生产的可能性很大。铂力特业务范围涵盖金属 3D 打印设备的研发及生产、金属 3D 打印定制化产品服务、金属 3D 打印原材料的研发及生产、金属 3D 打印工艺设计开发及相关技术服务，构建了较为完整的金属 3D 打印产业生态链，极大增强了公司的竞争实力。

公司用户主要分布于航空航天、工业机械、能源动力、科研院所、医疗研究、汽车制造及电子工业等领域，公司相关产品及服务主要以直销方式提供，同时公司代理销售德国 EOS 公司部分设备。公司自主研发多个型号的增材制造设备，并向用户提供"一站式"的服务，在提供金属 3D 打印设备及打印服务方案过程中，公司亦将德国 EOS 的设备作为解决方案的一部分提供给用户，以确保部分用户的特殊需求得到满足（见图 6-9）。

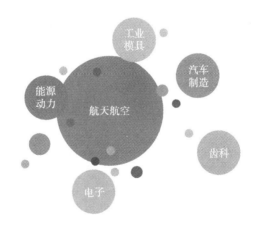

图 6-9 铂力特的多种解决方案

未来，铂力特将继续秉承"设计更自由制造更简单"的服务理念，在金属3D 打印行业持续创新，坚持"技术创新、产品创优、行业领先、回报社会"的使命，让用户满意，让员工满意，让股东满意。

资料来源：铂力特官网，https：//www.xa-blt.com。

二、职能层驱动因素：研发能力与营销能力

职能层驱动因素如图 6-10 所示。

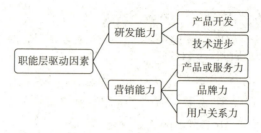

图 6 – 10　职能层驱动因素

1. 研发能力

研发能力主要表现为产品开发和技术进步。

第一，产品开发。产品开发包括创造性研制新产品，或者改良原有产品。产品开发是企业产品战略中的重要组成部分，它决定产品的特征、功能和用途。有效的产品开发能帮助企业创造较高的价值，为此产品开发应选择那些能够顺应并且满足用户需求的产品样式，这一点在互联网时代变得尤为重要。

第二，技术进步。技术进步在现代激烈的市场竞争中，无论是产品服务成本的降低，还是产品服务质量的改进，都依赖技术水平的提高。显然，技术水平的改进将极大地提升企业价值。

2. 营销能力

营销能力主要包括产品或服务力、品牌力、用户关系力。

第一，产品或服务力。产品或服务力是决定企业价值创造力的重要因素。消费者之所以能产生与企业进行交易行为的动机，其主要诱因就是产品本身能带给消费者使用价值。因此，产品本身的效用能否满足消费者的需求，始终是决定企业能否带给消费者价值的一个首要因素，这同时也是企业获得利润的前提条件。

第二，品牌力。消费者在其对产品或服务基本效用的需求得到满足后必然会有更高层次的需求。品牌力是企业的产品或劳务的价值超过其自身价格的部分在消费者心中的影响程度，企业品牌力的形成是一个长期积累和沉淀过程。具有较高知名度和美誉度的品牌能带给消费者更多的价值，继而使消费者产生一种品牌偏好，其产品必然具有市场竞争优势。

第三，用户关系力。在互联网经济时代，企业借助各种网络平台来开展用户关系管理，以此来了解、研究、分析用户的需求与欲望，确定企业应该生产什么产品，并设法降低用户购买和消费成本，把产品或服务有效率地传达到用户那里，通过企业与用户的双向沟通，建立基于共同利益上的新型企业。

三、核心层驱动因素：战略、组织和制度

核心层驱动因素是企业提升自身价值、获取竞争优势的关键所在。核心层因素

能够综合反映一个企业的核心能力，这种核心能力是企业在长期发展过程中形成的独特资源，因此具有价值性、稀缺性、难以替代性的特征。企业的核心能力主要体现为企业的战略管理方面。企业的战略管理包括企业的竞争战略、组织结构、管理制度等，它是企业高效有序运转、实现其核心能力的组织和制度保证。因此，企业不断地创造和培育核心能力是实现企业价值创造的重要途径，如图 6 - 13 所示。

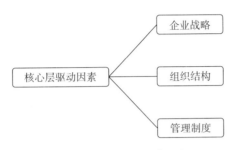

图 6 - 11　核心层驱动因素

第一，企业战略。企业战略是企业最重要的管理活动，是企业价值形成的决定性因素，是企业价值创造的源泉，它能对企业价值产生持续重大的影响，并能长期提升企业价值。企业战略一般是通过行业吸引力分析的方法，来做出企业未来业务发展规划。当选定一个有吸引力的行业或市场后，企业需制定正确的竞争战略，由此获得竞争优势。企业对自身竞争战略的正确把握直接关系到企业持续盈利能力，盈利能力越强，企业创造的价值就越大。

第二，组织结构。组织结构的概念有广义和狭义之分。狭义的组织结构，是指为了实现组织的目标，组织全体成员在管理工作中进行分工协作，在职务范围、责任、权利方面所形成的动态结构体系。广义的组织结构，除了包含狭义的组织结构内容外，还包括组织之间的相互关系类型，如专业化协作、经济联合体、企业集团等。组织结构表明了组织各部分排列顺序、空间位置、聚散状态、联系方式以及各要素之间的相互关系，是整个企业管理系统的"框架"。其本质是为实现企业发展目标而采取的一种分工协作体系，合理的组织结构能帮助企业创造较高的价值，实现价值最大化。

第三，管理制度。管理制度包括企业治理和管理控制。企业治理是关于企业利益相关者如投资者、企业管理层、员工之间相互约束、相互控制的有利于企业实现经济利益的一系列制度安排。企业治理通过绩效考核、薪酬规划、投资者关系管理来促进企业价值创造活动的贯彻和实施。管理控制是以企业价值最大化为出发点，涉及计划的执行、组织活动的监督、企业发展战略的控制等一系列管理活动。管理控制的目的是使企业战略被有效执行，从而使企业的发展目标得以实现。

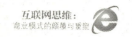

第三节 互联网时代企业价值创造过程

互联网时代用户是立业之本,得用户者得天下。聚焦于用户价值,在商品经营方面,要打造真正受消费者欢迎的商品。在提升消费者体验上,推出了一系列互联网化产品或服务,旨在更好地服务消费者,并为其提供更精准的服务。各种互联网平台很好地体现了这种人们对于资源利用率的提高,如 Airbnb、Uber、滴滴等平台,为人们空闲的房间、上下班路上车里空闲的座位等提供了创造价值的机会,那些重新被利用起来的空余资源就是他们创造的价值,体现除了这些平台本身的市值外,更真真实实地体现在了那些利用了空余资源所创造的价值。

一、什么是价值创造过程

企业价值创造的过程主要包括价值确定、价值主张和价值实现三个步骤,企业价值创造驱动因素贯穿于企业价值创造全过程。价值创造是一个动态连续的过程,如图 6 – 12 所示。

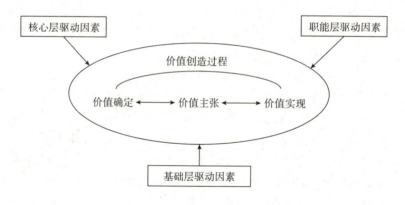

图 6 – 12 企业价值创造过程模型

专栏 3 华兴源创:检测设备领先者

在信息化之后的数据时代,原有的信息化发展所依赖的基础设施已经不能满足数据时代的基础设施要求。在新时代下,要以数据为核心运用,建设新一代信息基础设施,通过新的基础设施支撑数据整合应用、开放应用,从而推动产业转型升级。

苏州华兴源创电子科技有限公司是一家领先的工业自动测试设备与系统解决方案提供商。主要测试产品用于液晶 LCD 与柔性 OLED 中小型平板、集成电路、汽车电子、太阳能面板等行业的生产厂家，也为保险和银行等行业提供定制融合通信软件平台。其主要从事液晶模组信号检测系统研发生产，同时覆盖测试、设备、产品、智能、通信五大领域。

一、公司介绍

苏州华兴源创科技股份有限公司于 2005 年 6 月 15 日成立，法定代表人为陈文源。2019 年 6 月 19 日凌晨，苏州华兴源创科技股份有限公司发布招股意向书及相关公告，成为科创板首家招股的公司。其业务主要涉及：TFT - LCD 液晶测试系统、工业自控软件研发、生产、加工、检测；电子通信产品，液晶显示及相关平面显示产品，银制品、电子电工材料及相关工具、模具销售和技术服务；通信及计算机网络相关产品研发、销售及相关技术服务；自营和代理各类商品及技术的进出口业务（国家限定企业经营或禁止进出口的商品和技术除外）等。

华兴源创在液晶大中小型模组检测行业中已成为拥有完整自主知识产权的国内企业，并且围绕平板显示等应用领域，公司已具有完整的专业技术体系，填补国内空白的同时产品与技术已达到国际领先水平。其主要核心技术包括：高精度智能数字电源模块；开放式代码编译平台；高速图形信号处理技术；视觉模拟法；实时采集光学信号；智能读卡技术；动态调整系统工作方式；高分辨率工业相机进行图像采集；自主研发的图像识别算法以及 iOS/Android/Linux 底层驱动、液晶成像、视频编码平台等。

二、互联网融资渠道拓宽

公司经过多年的发展，已经在研发、生产、营销、售后等方面建立了一定的竞争优势。但受限于融资渠道单一，长期以来公司的投资资金来源主要依靠自身的资金积累，随着公司规模进一步扩大，资金实力对公司发展的重要性日益凸显。为进一步扩大市场份额并提升综合竞争力，公司需要拓宽融资渠道，提高自身的资金实力，满足未来发展的要求。公司在本次成功上市发行后，通过借助资本市场的力量，公司的资金实力将得到显著增强，从而带动公司生产能力、研发实力的提升，并扩大行业影响力。本次募投项目的顺利实施有助于解决公司发展面临的主要问题，全面提升公司的综合竞争力，拓宽融资渠道，提高自身资金实力，从而满足未来发展的要求。华兴源创的产品项目流程如图6 -13 所示。

图 6-13　华兴源创的产品项目流程

三、激励创新机制，"平板＋集成电路"双轮驱动

公司构建了公平、有效的激励机制，通过对员工需求的了解，根据对研发人员进行绩效的评价，以产品研发进展情况和个人的贡献率分配，分别通过年终奖金、加薪、颁发创新大奖、管理/技术双通道晋升路线等给予物质激励、精神激励、情感激励、发展性激励，使研发人员在实践、学习中得到专业发展的同时，还能得到继续创新的动力。同时，公司通过对核心员工实施股权激励，鼓励公司员工尤其是研发人员深入参与公司技术研发及项目开发，持续为公司创造价值，进一步提升公司对人力资本价值的认识，实现公司核心人才团队的稳定。公司上市后将积极探索其他的股权激励方式，从而进一步完善充分激发研发人员创新能力的激励机制（见图 6-14）。

图 6-14　华兴源创的产品解决方案

华兴源创是国内领先的平板显示检测设备与整线检测系统解决方案提供商，其主要从事平板显示及集成电路的检测设备研发、生产和销售，主要产品包括显示、触控、光学、老化、电路、信号、自动化等平板显示检测设备和电池管理系统芯片测试机、分选机等集成电路测试设备（见图 6-15）。公司掌握多项自主研发的核心技术，在全球设立众多分支机构，与国内外众多知名企业建立合作关系。

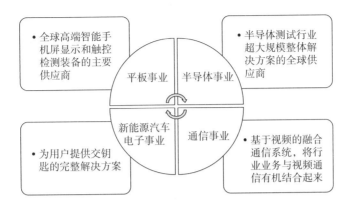

图 6 – 15　公司的产品解决方案

华兴源创坚持一切从用户出发，用户的产品安全是我们最重要的使命。公司秉承"挑战、平等、信任、尊重、分享、合作"的企业文化，不断超越现有技术，以创新服务创新，依托公司多年积累的平板显示和触控检测技术，进行相关多元化领域的拓展，同时不断开拓新领域的检测技术，公司致力于成为制造厂商的工业卫士，为中国智造赋能。

资料来源：华兴源创官网，https：//www.hyc.cn/index/main。

二、价值确定：价值创造的起点

价值确定是整个价值创造过程的第一步，决定了我们要做的事是否正确。在互联网环境下，企业应将用户思维放在首位，在这个阶段首先应确定企业的目标用户（企业确立目标用户的程序见图 6 – 16），其次才是确定企业应该提供什么样的产品或服务。

图 6 – 16　企业确定目标用户的程序

1. 初步判定

在初步确定目标用户群体时，必须关注于企业的战略目标，通过分析居民可支配收入水平、年龄分布、地域分布、购买类似产品的支出统计，可以将所有的消费者进行初步细分，筛选去掉因经济能力、地域限制、消费习惯等原因不可能为企业创造销售收入的消费者，保留可能形成购买的消费群体，并对可能形成购买的消费群体进行某种一维分解，分解的标准可以依据年龄层次，也可以依据购买力水平，还可以依据有理可循的消费习惯。

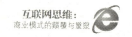

2. 需求分析

对目标用户群体进行初步分析之后，企业下一个目标就是对该目标用户群体进行细化的需求分析。为此，企业需要从多个角度了解消费者的不同需求，如从消费者的行为、态度、信仰、购买动力等各个方面来了解他们的真正需求，为了进一步确定目标用户群体是否能为企业带来更好的效益，通常企业会通过具体的市场调查活动对目标用户进行深入的定性和定量研究。

3. 寻找和挖掘

越来越多的传统企业开始关注网络用户，并通过在线调查寻找网络目标用户。网上调查有多种方式，包括搜索引擎、网上问卷、网站 BBS、电子邮件等。企业在确定目标用户群后，可以根据不同目标用户群的特点，定位和调整想要提供的产品或服务，以确保其产品或服务能够适应用户需求的变化，为企业创造更有效的价值。

三、价值主张：用户与品牌价值

企业的价值主张一般包括用户价值主张和品牌价值主张两个方面。价值主张是企业通过其产品和服务所能向消费者提供的价值。企业要将自己的核心认同和价值观有效地传达给消费者，并需要确立一个价值主张，企业的一切传播和营销活动必须围绕价值主张来进行。

1. 用户价值主张

用户价值主张是指对用户来说什么是有意义的，即对用户真实需求的深入描述。企业在制定用户价值主张时，应该做好三件事：第一件事是对用户价值取向的发展趋势作出正确的判断，对未来市场竞争趋势作出正确的阶段性预测；第二件事是根据自己的资源结构特点，进行战略选择；第三件事是在用户价值取向发生不利于自身战略的转变时，要做出色的跟跑者。

2. 确立价值主张原则

企业在确立价值主张时需要遵循三个原则：①所提出的主张必须是真实、可信的；②提出的主张必须是其他产品所没有的；③所提出的主张必须是具有销售力的。

3. 品牌价值主张

品牌价值主张不仅包括提供给消费者的利益，而且还包括品牌对社会、对人等的态度和观点。一个没有价值主张的品牌，就像一个没有灵魂的肉身，不会引起任何情感。它别无所求，能做的唯一事情就是生存。品牌价值主张是能够把静态品牌动化活化人格化的一种关键策略，它表现出了品牌的一贯立场，是一种市场承诺，它让人们看到了它存在的价值。同时，品牌主张也是一种文化，它透视出一种品牌的精神内涵。

四、价值实现：价值链结构与价值网络形成

企业价值的实现首先表现为用户价值的实现，即用户认为购买所得大于用户支出的成本。用户从企业所提供的产品和服务中获得了超过预期的体验和效用。这是企业价值得以实现的基础。其次表现为伙伴价值。企业与合作伙伴共同通过优化价值链，减少费用，提高运作效率，共享增加的收益。这是企业价值得以实现的保障。最后是企业价值企业实现最终盈利。

1. 价值网络体系

价值实现的内容涉及价值链的各个参与主体，价值实现的过程即是对价值链的构建过程。在互联网经济背景下，企业价值链一个单向链式过程转变成一个以用户为中心的价值网络体系，这种价值网络体系是在专业分工的生产/服务模式下，通过一定的价值创造机制，按照合理的治理框架，将处于价值链上不同位置并存在密切关联的企业或者相关利益体结合在一起，共同为用户创造价值，价值网络体系的构建主要包括价值链的解构和价值网络的形成。

2. 价值链的解构

价值链是由一系列价值活动构成，对价值链的解构其实质是对将价值链各个环节进行分解细化，使其成为具有某种标准接口、可以相互连接的子价值模块。企业通过对价值链的结构，能快速分辨和找到价值链中那些对企业价值创造起到关键作用的价值活动环节，确定关键价值活动能帮助企业重新审视其原有价值链，并在此基础上可以进行价值链的重新组合，从而提高其创造价值的效率。

3. 价值网络的形成

价值链解构后形成的子价值模块是重新构建价值网络的基本要素。这些基本要素按照新的规则和标准进行重新整合，形成新的模块化价值链。随着互联网经济时代的到来，具有不同价值链体系的企业纷纷采取合作战略，把各自的价值链连接起来，进而演变成包含供应商、渠道伙伴、服务提供商以及竞争者的企业价值网络。

第四节　价值创造：价值网络实现协同效应

企业在优化价值网络、实现价值创造最大化的过程中，应重点考虑价值网络上关键环节的优化。在互联网时代，企业应充分利用网络优势改造这些价值网络上的关键环节，实现价值网络的优化。下面我们将重点从用户、产品和组织结构

三个方面阐述其与价值网络优化的关系。

一、用户导向与价值网络优化

用户价值是企业资源、能力与有吸引力的市场之间的重要链接。市场吸引力的强弱以是否满足用户需要为主要判断标准，因此企业应当从用户的角度去分析企业应当为用户提供什么样的产品或服务。对用户需求的绝对重视，是价值网络发展的原则的目标。用户的价值优势是保证企业持续发展最重要的竞争优势，因而企业竞争战略和发展战略制定必须以用户需求为基点。只有充分满足用户需求的企业产品才能够赋予用户最大最实在的利益，这是企业产品真正体现的价值所在和能满足、吸引消费者的实质所在。

每个人是充满各种需要（物质和精神需要）的复杂体，也是其自身利益与行为的最佳判断者与知情者。因此，用户会根据自身对企业产品购买的感受做出自己的判断与反应，当企业通过价值创造而带给用户的感受和利益超过其期望后，用户会产生"意外之喜"，其满意度也陡然升高。然而在互联网环境下，如何超越用户的期望值？将是一个值得探讨的话题。如果我们能在速度、价值、信息、便利以及个性化五个方面有所作为的话，则会大大提高用户的期望值。

专栏4   澜起科技：集成电力公司的独角兽

2019年5月28日，澜起科技系列处理器亮相 UCloud 用户大会暨 Think in Cloud 2019。澜起科技销售部负责人顾杰在大会"工业互联网与智能制造"分会场发表题为"安全可信赋能工业互联"的主题演讲。本届大会以"中立安全·赋能产业"为主题，围绕云计算、大数据、5G、工业互联网、人工智能、物联网、边缘计算以及行业深度数字化转型等领域，全面展现 UCloud 经海量企业用户验证的云服务解决方案。各行业用户及合作伙伴也从各自领域出发，分享其先进的行业经验、战略规划及与 UCloud 的合作成果。作为 UCloud 云计算基础设施的合作伙伴之一，澜起科技将进一步加强与 UCloud 的深入合作，推动构建良性的生态环境，从而为移动互联网时代各业态的信息安全和行业转型提供坚实的硬件基础和可靠的安全保障。那么澜起科技将如何进行转型呢？

一、公司简介

澜起科技成立于2004年，总部设在上海，并在昆山、澳门、美国硅谷和韩国首尔设有分支机构。作为业界领先的集成电路设计公司之一，澜起科技致力于为云计算和人工智能领域提供高性能芯片解决方案。公司在内存接口芯片市场深耕十余年，先后推出了 DDR2、DDR3、DDR4 系列高速、大容量内存缓冲解决方案，以满足云计算数据中心对数据速率和容量日益增长的需求。澜起科技发明的DDR4 全缓冲"1+9"架构被 JEDEC 采纳为国际标准，其相关产品已成功进入全球主流内存、服务器和云计算领域，占据国际市场的主要份额。

二、构建芯片云处理中心，打造"中国芯"

公司秉承"匠心精神"，崇尚"以人为本"，专注于集成电路设计领域的科技创新，在持续积累中实现企业的跨越发展。公司凭借创新的技术、优质的产品和服务，赢得了品牌用户的广泛赞誉，树立了良好的品牌形象，营业收入和盈利水平都保持在一个较高的水平。图6-17 为公司不同领域的发展战略。

> 巩固市场地位，完成第一代DDRS内存接口芯片的研发和产业化

• 内存接口芯片业务领域

> 持续升级云平台，提升市场份额

• 数据中心业务及其人工智能领域

> 聚焦客户需求，挖掘潜在商机

图6-17　公司不同领域的发展战略

三、丰富系列产品，解决多种方案

澜起科技凭借其先进的高速、低功耗技术，为新一代服务器平台提供符合 JE-DEC 标准的高性能内存接口解决方案。随着 JEDEC 标准和内存技术的发展演变，公司先后推出了 DDR2、DDR3、DDR4 系列内存缓冲芯片，可应用于全缓冲双列直插内存模组（FBDIMM）、寄存式双列直插内存模组（RDIMM）及减载双列直插内存模组（LRDIMM），满足高性能服务器对高速、大容量的内存系统的需求。

内存缓冲芯片是内存模组（又称内存条）的核心器件，作为 CPU 存取内存数据的必由通路，其主要作用是提升内存数据访问的速度及稳定性，以匹配 CPU日益提高的运行速度及性能。内存缓冲芯片需与内存厂商生产的各种内存颗粒和内存模组进行配套，并通过 CPU 厂商和内存厂商针对其功能和性能（如稳定性、运行速度和功耗等）的严格认证，才能进入大规模商用阶段。因此，研发此类产品不仅要攻克内存缓冲的核心技术难关，还要突破服务器生态系统的高准入门槛，全球范围内能成功量产此类芯片的厂商为数不多。经过十多年的精心研发，澜起推出了 DDR2 到 DDR4 系列高速、大容量内存缓冲解决方案并实现量产。目前，公司的 DDR4 内存缓冲产品已成功进入全球主流内存、服务器和云计算领域，占据国际市场的主要份额。表6-3 具体介绍了内存缓冲芯片。

表6-3　内存缓冲芯片的介绍

种类	功能
寄存缓冲器（RCD，又称"寄存时钟驱动器"）	用来存储缓冲来自内存控制器的地址/命令/控制信号
数据缓冲器（DB）	用来存储缓冲来自内存控制器或内存颗粒的数据信号
内存缓冲器（MB）	用来存储缓冲来自内存控制器的地址/命令/控制信号和来自内存控制器或内存颗粒的数据信号，此类器件的功能可以由单颗芯片（如上述的AMB、MB芯片）实现，也可以由上述RCD和DB套片实现

在互联网背景下用户已成为主角，用户已不仅是被动的接受企业产品，借助互联网技术，用户可以直接参与产品的制造过程中，倒逼制造业已成必然。制造业生产不能仅仅只看企业内部数据，还要依托互联网技术制造业有能力挖掘外部用户数据以指导企业制定计划。企业需要根据时代的变化，转变价值观念，实现从"产品为中心"向"用户为中心"转变。在互联网与制造业融合中渗透用户思维，以用户为中心实现"互联网＋高新制造业"。

资料来源：澜起科技官网，https：//www.montage-tech.com/cn/。

二、产品需要与价值网络优化

企业在坚持以用户为导向的价值创造过程中，还必须注意根据用户的产品需求来选择不同的价值网络优化方案。

1. 功能性产品与创新性产品需求

功能性产品和创新型产品由于在需求预测方面的截然不同，导致两类产品在生命周期、利润贡献率、产品多样性等方面的表现也大不相同。根据需求模式划分为功能性产品和创造性产品两种类型，如表6-4所示。

表6-4　功能性产品与创新性产品的比较

需求的各个方面	功能性产品（需求可预测）	创新性产品（需求不可预测）
产品的生命周期	2年以上	3个月至1年
利润贡献率	5%~20%	20%~60%
产品多样性	低	高
产品需求预测的平均偏差	10%	40%~100%
平均存货率	1%~2%	10%~40%
销售季节后期降价比率	0%	10%~25%
从制造到订购的市场导入期	6个月至1年	1天至2星期

2. 价值网络优化的用户需求差异化

企业在价值网络优化的过程中，必须根据用户对产品需求的不同性质来选择不同优化方案，才能使自己获得更大的竞争优势，如表6-5所示。

表6-5　物质效率的供应链和对市场反应灵敏的供应链比较

	物质效率过程	对市场反应灵敏过程
基本目标	以尽可能低的价格有效地供应	迅速对不可预见的需求做出反应以使因产品脱销、降价销售和存货过时所造成的损失最小化
生产中心	保持高的平均利润率	准备过量的缓冲生产能力
存货战略	在整条链内产生高转率并使存货最小化	准备有效的零部件和成品的缓冲存货
市场导入期中心	在不增加成本的条件下尽可能缩短导入期	以多种方式大量投资以缩短时间
选择供应商的方法	主要考虑成本和质量	主要考虑速度、灵活性和质量
产品设计战略	性能最好，成本最低	为尽可能长时间地延迟产品差别化，使用模块设计

三、组织结构与价值网络优化

在互联网环境下，企业转型升级正经历一个非常好的发展时期，其正由"全程化"向"智慧化"阶段转变。对企业来说，转型升级是企业外部交互性与企业内部信息化的一种结合。企业在转型升级过程中，这种结合的高效性是与"智慧化"相适应的，同时这也需要与企业的组织结构进行配合。因此，对企业的组织结构进行变革和优化就显得极为重要。

1. 做好关键活动分析，以确定组织经营形态结构

企业在面对新形势时，组织结构的有效与否必须深入分析和甄选企业的关键活动，用组织结构的手段把这些关键活动有效组织起来，使其处于被管控状态。同时，对组织的战略进行明晰，分解成年度经营指标，根据经营指标的导向性有效梳理分析出组织的关键活动。根据部门的核心主业务，设计岗位，对岗位工作进行专业分析。从部门的主要职能分解到岗位，对岗位的工作任务、工作量、工作职责、工作权限、工作标准、工作流程、任职资格进行有效分析，建立岗位说明书和工作指导作业书。根据岗位说明书，合理建立岗位绩效目标考核，通过岗位职责的明确，组织优化解放高管，提升管理效率。

2. 采用分权制组织

采用分权制组织有利于提高互联网环境下企业管理的灵活性和适应性，还有利于企业高层摆脱过多日常行政事务，集中精力做好有关企业的重大事情，也有

利于企业进行专业化生产。在采用分权制组织必须妥善处理分权这个问题上，一般来说，处理这个问题需要注意以下几个原则：一是分权而不放任；二是因事择人，视能授权；三是分权适度。

3. 进行组织管理变革，使组织结构向扁平化与专业化转变

企业的组织结构优化应把握好四项基本原则，即扁平化原则、专业化原则、统一原则、分工与协作原则。在互联网思维下组织结构优化的任务是将网络经济中电子化、无边界、知识化、柔性化、虚拟化、扁平化思想融合到新的组织结构中。

第一，扁平化。随着互联网在组织中的应用，企业的信息处理、整理、传递和经营控制的现代化，金字塔的传统层级结构正向层次少、扁平化的组织结构转变。这种转变，可以减少中间层次，加快信息传递的速度，也可以更加了解、追踪和满足用户的需求。通知这种组织的创新，可以不断为用户创造新的价值。企业可以采用"网站结构"的扁平化对企业组织结构进行改革，尤其是对用户服务部分进行改造，以适应互联网快速、多变的节奏。

第二，专业化。在互联网环境下企业所面临的经营环境的不确定性更高，在此情况下，每一种商业模式都不会一成不变，而要让其能够不断拓宽市场，就要不断地进行创新。这种创新所带来的商业服务的专业化是企业实现快速、持续、稳定增长的重要法宝。组织专业化是指采用通过细化和分工的手段，由具体的部门对组织的管理职能进行专业化管理的过程。当然，组织专业化也包括将部分管理职能进行外包而采取的各种手段与措施。组织内部与外部环境对组织专业化有着重大的影响，如图6-18所示。

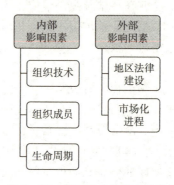

图6-18　组织专业化的内外部

【章末案例】　　　　乐鑫科技：芯片缔造专家

芯片是信息行业最核心和最重要的组成部分。芯片一般是指集成电路的载

体，也是集成电路经过设计、制造、封装、测试后的结果。业内通常以"芯片"来代指"集成电路"。芯片被称作是信息时代的"基石"。它是衡量一个国家高端制造能力和综合国力的重要标志之一。乐鑫科技的芯片连接全球超 1 亿物联网应用，提供可靠、经济、稳定、安全和节能的服务和体验。那么乐鑫科技是如何在芯片行业突出重围和创新自身的模式的？

一、公司简介

乐鑫信息科技是一家专注于物联网领域的无线技术相关的软硬件设计公司，是一家专业的集成电路设计企业，采用 Fabless 经营模式，主要从事物联网 Wi-Fi MCU 通信芯片及其模组的研发、设计及销售，主要产品 Wi-Fi MCU 是智能家居、智能照明、智能支付终端、智能可穿戴设备、传感设备及工业控制等物联网领域的核心通信芯片。公司拥有充满活力的团队，鼓励创新。我们面向全球招募顶级的软硬件工程师，员工是我们宝贵的资产。扁平交叉的矩阵式管理结构使得每一个员工都有机会跨部门协同工作，尝试新的想法，积累起我们独有的技术优势。乐鑫信息科技已成为物联网领域的主流供应商。我们的用户遍及全球物联网的各种应用领域，从消费级到工业级，从小型创业公司到大型老牌公司。我们的使命是为全世界的智能创新提供平台与连接方案（Enable and Connect Innovation），让乐鑫成为人们智能生活的一部分。

二、拥有独特的开源技术生态系统，深耕多方领域

公司以开源方式，创新性地建立了开放、活跃的技术生态系统，在全球物联网开发者社群中拥有极高的知名度，众多国际工程师、创客及业余爱好者，基于公司硬件产品、ESP-IDF 操作系统，在线上积极开发新的软件应用，自由交流并分享公司产品及技术使用心得，形成了围绕乐鑫物联网产品特有的开源社区文化。在国际知名的开源社区论坛 GitHub 中，线上用户围绕公司产品自行设计的代码开源项目已超 25000 个。目前，用户自发编写的关于公司产品的书籍逾 50 本，涵盖中文、英语、德语、法语、日语等多国语言。在主要门户视频网站中，围绕公司产品的学习视频及课程多达上万个，形成了基于公司产品的独特技术生态系统，对公司的研发、产品反馈、市场拓展等均有良好的促进作用。

公司自成立以来即在 Wi-Fi 通信芯片领域开展研发设计工作，经过多年的持续研发和技术积累，公司技术水平达到行业领先水平，形成了较为明显的技术及研发优势，并拥有了一批自主研发的核心技术，广泛应用于公司各款芯片及模组产品中，公司核心技术均来自于自主研发。发行人产品在硬件性能、软件功能及开源生态系统等方面均处于领先地位。

在技术开源生态系统方面，发行人产品深受海内外开发者用户欢迎，相关开源社区十分活跃，乐鑫科技芯片连接全球超 1 亿物联网应用，其产品具有稳定、

经济、安全、节能、可靠五大特色。

在硬件方面，发行人产品具有集成度高、尺寸小、功耗低、计算能力强、内存空间大、安全机制完善等特点。发行人产品集成技术行业领先，在产品性能、内存大小、接口数量等方面均位居行业前列的同时，产品尺寸仍然领先其他竞争对手，ESP32 芯片尺寸最小可达 5mm×5mm，体现出发行人优异的芯片设计能力；发行人 ESP32 芯片 MCU 计算频率达到 240MHz，产品计算能力位于行业前列，能够适应更为复杂的应用场景；ESP8266 系列芯片在深度睡眠模式下，功耗仅为 20 微安，ESP32 系列芯片在深度睡眠模式下，功耗仅为 10 微安；发行人产品内置安全启动、Flash 加密功能，并集成多个加密硬件加速器，以完善安全机制。

在软件方面，公司操作系统 ESP－IDF 及软件应用处于行业领先地位。公司物联网操作系统 ESP－IDF（IoT Development Framework，物联网开发框架）技术创新性强，功能齐全，更新及时迅速，操作简单便捷，支持 SMP（对称多核处理结构），在物联网无线通信芯片操作系统中处于领先地位。该系统支持公司全部物联网芯片及模组产品，是公司产品实现 AI 人工智能、云平台对接、Mesh 组网等众多应用功能的系统基础。公司还研发出 ESP－ADF、ESP－WHO、ESP－MESH 等多个软件应用及开发框架。公司操作系统 ESP－IDF 及软件应用能够满足众多下游用户的开发需求，降低下游用户二次开发成本、周期及技术门槛。

三、坚持研发战略，保证产品的高性能

研发立项前，公司进行详细深入的市场调研，广泛收集下游用户的开发需求，严谨开展项目可行性分析，制定周密的研发计划，严格按照进度开展研发项目，以期提供满足下游用户多样化开发需求的物联网解决方案。品质源于设计，即公司高度注重产品品质，始终以精益求精的钻研态度开展产品设计，追求简约、稳定、精细，通过反复修改芯片版图，保证产品的高性能、高品质。

公司研发部由总经理直接管理，负责执行各个研发项目。研发部下设软件组、模拟电路组、数字电路组、射频组、版图组、硬件组及测试组等，其中软件组下设平台组、固件组及应用组。各个小组各司其职，配合紧密，负责项目所属部分的研发与设计，各小组设研发总监，对小组研发工作进行具体管理，制定并执行完整、系统的研发管理内控制度，对研发流程、研发部门岗位分工等事项进行了明确的规定。公司产品研发需经过立项策划、产品规格制定、产品设计、产品验证、量产推广等多个环节。主要有：智能家居、消费电子产品、工业自动化、可穿戴电子设备、医疗保健。

四、物联网销售："直销为主，经销为辅"

公司主要根据用户采购公司产品的用途来划分直销、经销模式。结合下游市

场需求及自身产品特点，公司采用直销为主、经销为辅的销售模式，直销用户多为物联网方案设计商、物联网模组组件制造商及终端物联网设备品牌商，经销用户多为电子元器件经销商和贸易商。通过该销售模式，公司既可以与物联网领域下游用户保持紧密联系，参与产品后端开发工作，又能够利用经销商的销售渠道，将产品推广至下游中小用户，增加产品的市场份额，拓宽产品销售的覆盖区域。物联网方案设计商根据终端消费者的实际使用需求，在产品软件开发层对产品进行个性化设计，形成定制程序方案。然后采购公司产品，并将开发程序烧写至闪存中，对芯片或模组进行二次集成后，向下游物联网设备制造厂商进行设计方案加公司产品的软硬件捆绑式销售；物联网模组组件制造商采购公司产品后，直接用于组建模组、功能模块或整机设备。公司研发部门与直销用户保持紧密合作，一方面提供产品详细的使用说明，便于直销用户理解产品架构；另一方面与用户协同开发，协助用户完成软件开发层的工作，将通用的软件开发需求实时更新至产品自身的软件开发工具包中，便于所有使用者共用。

五、结论与启示

第一，升级产品，挖掘下游用户需求。未来将继续根据下游市场需求，顺应物联网和人工智能等新兴应用领域发展趋势，发挥自身在 Wi-FiMCU 通信芯片领域的研发及设计优势，持续设计出具有市场竞争力的物联网 Wi-FiMCU 通信芯片，提高产品的品牌知名度，拓展应用领域及下游用户覆盖范围，巩固公司在全球物联网 Wi-FiMCU 通信芯片领域的市场地位，力争在物联网 Wi-FiMCU 通信芯片领域成为国际领先的集成电路设计企业。

第二，拓宽产品销售渠道，完善客服体系。随着互联网的发展，人们生活也进入了智能化、个性化定制的新时代。追求品质与个性，实现个性化消费，在当下越来越被推崇，公司相应与时俱进升级原有服务体系。始终追求用户100%满意为基础，完善内外部服务支撑体系，以用户满意度、美誉度、忠诚度为支撑，使客服最终成为生活社会化增值服务平台。

第三，优化物联网操作系统，推动开源社区有序发展。作为国产芯片操作系统的旗帜，乐鑫科技不单在产品和功能上推陈出新，更力求多元并举，营造开源生态，以及培养众多的后备人才，矢志为中国的开源产业发展贡献力量。

资料来源：

（1）乐鑫科技官网，https：//www.espressif.com。

（2）《乐鑫信息科技（上海）股份有限公司科创板首次公开发行股票招股说明书（上会稿）》，http：//www.nbd.com.cn/articles/2019-06-10/1341407.html。

（3）《雷军成科创板大赢家 相关投资企业3家已上市》，http：//www.techweb.com.cn/finance/2019-08-09/2748609.shtml。

第七章

未来我来：互联网化企业
商业模式的创新逻辑

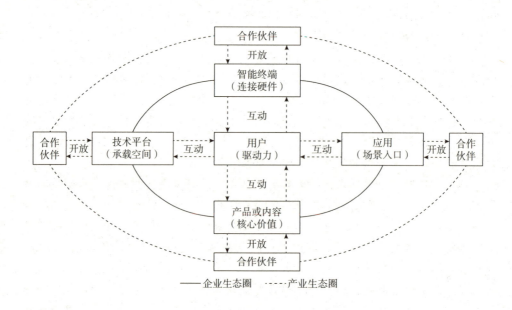

——企业生态圈　- - - -产业生态圈

【开章案例】　　**中国通号："改革＋"打造高铁名片**

　　创新是引领发展的第一动力，是建设现代化经济体系的战略支撑。要瞄准世界科技前沿，突出关键共性技术、前沿引领技术、现代工程技术、颠覆性技术创新。作为长期耕耘在轨道交通列控技术研发制造领域的中央企业，中国通号将以党的十九大精神为指引，继续深入贯彻实施创新驱动发展战略，持续推动中国高铁列控技术引领新发展、展现新作为。中国通号是轨道交通通信信号领域技术、产品和服务供应商，是中国铁路和城市轨道交通列车运行控制系统技术应用和创新的主要承担者，其建立了完整的中国列车运行控制技术体系和标准体系。

一、公司简介

中国铁路通信信号集团（股份）有限公司（以下简称中国通号）是国务院国资委直接监管的大型中央企业，是以轨道交通控制技术为特色的高科技产业集团。中国通号拥有轨道交通控制系统设计研发、设备制造及工程服务于一体的完整产业链，是中国轨道交通控制系统设备制式、技术标准及产品标准的归口单位。近年来，中国通号连续三年获得中央企业经营业绩考核 A 级，2015 年成功登陆香港联合交易所，现有 20 余家二级集团和子公司，员工总数 1.9 万余人。

中国通号是保障国家轨道交通安全运营的核心企业，是我国高铁列控系统技术民族产业的代表者，是我国高铁最核心技术引领全球铁路行业进步的佼佼者。中国通号世界领先的列控技术为我国 13.1 万公里铁路、2.9 万公里高铁提供安全保障，建立完善了 3 万多个高铁测试案例，超过国外跨国企业的总和，是我国高铁建设运营的突出优势和世界轨道交通行业的宝贵财富。近年来，中国通号成功研发时速 200 公里和 350 公里高铁自动驾驶技术，这标志着我国高铁列车运行控制系统技术已经走在世界前列。

二、打破国外垄断，为中国高铁装备"中国大脑"

作为指挥高铁列车安全高效运行的"大脑"和"中枢神经"，列车运行控制这一核心技术一度被国外跨国公司垄断。在高铁建设初期，我们采取了"以市场换技术"的策略，引进国外技术，发展中国高铁。

2012 年，中国通号发挥集中力量办大事的优势，整合全系统科技研发资源，集聚 3000 人的科技精英，用三年时间完成了西方国家 30 年才完成的技术跨越，全面攻克了高速铁路、城际铁路、地铁等领域列车运行控制五大核心技术，并实现了关键核心装备的 100% 国产化。我国完全自主的高铁 C3 列控系统已经在大西线试验并取得圆满成功，各项安全性能均优于国外系统，能够对国外系统进行全面替代，这是继标准动车组 420 公里时速交汇试验之后，中国高速铁路技术自主化的又一阶段性成果。在打造"中国高铁"国家名片的伟大实践中，中国通号建立了轨道交通设计研发、装备制造和工程服务三位一体的全产业链，成为全球唯一一家能在轨道交通控制领域提供全套产品和技术的企业。目前，中国通号拥有八大核心技术：①中国高铁列控系统；②中国高铁自动驾驶系统；③综合运输调度指挥系统；④城市轨道交通列控系统；⑤城际铁路列控系统；⑥铁路综合智能运行维护管理系统；⑦中低速磁悬浮列控系统；⑧货运编组站自动化系统。

三、适应国情路情，为全球高铁贡献"中国智慧"

依托 2 万多公里高铁建设积累的丰富经验，中国通号建设了拥有世界一流水平的 3 个综合实验室、48 个专项实验室，能够同时开展 2000 公里高铁、1000 公里城际铁路、100 公里地铁和 5 个大型铁路货运编组站进行综合仿真测试，成为我国高铁建设运营的突出优势和世界轨道交通行业的宝贵财富，这标志着我国高铁列车运行控制技术已经走在全球行业的前列。世界上没有哪一个国家拥有中国更丰富的气候和地质环境，也没有哪一个国家拥有中国这样的复杂路网和铁路枢纽。我国幅员辽阔，从北到南跨越寒带、温带和热带，从东到西跨越高盐沿海、风沙戈壁、高寒高原；从路情看，我国铁路开行了 90 公里到 350 公里多个速度等级列车，具有长大干线多、铁路枢纽多、列车运行密集的特点，这样的国情路情，在世界上绝无仅有。

我国高铁运营里程已超过 2.2 万公里，超过国外其他国家运营里程之和。中国通号参与了我国全部重大高速铁路建设，积累了宝贵的建设经验，积累了 3 万多个案例库，超过国外跨国企业案例数总和，每一个案例都是中国解决高铁建设难题的具体体现：①在全球首条高寒地区长大干线高铁—哈大高铁建设中，中国通号攻克了车载测速测距逻辑的核心代码，解决了高寒风雪导致列车产生严重速度跳变，引起大范围列车停车延误的难题。②解决了高铁列车高速运行下车体掉落冰块砸坏定位应答器，导致高铁不能准确定位的难题。③在高铁枢纽建设中，中国通号解决了高铁列车跨线运行，完成自动控制权移交，实现"全国一张图"运行，为解决列控系统全球适应难题提供中国方案和中国智慧。

四、推动我国轨道交通率先进入"自动驾驶时代"

在高铁领域，中国通号研发出全球首套时速 350 公里自动驾驶系统（C3 + ATO），让中国高铁运营更加智能、安全。在城际铁路领域，中国通号已经在广东莞惠城际成功打造了全球首条自动驾驶铁路，可保障城际列车在最高时速 200 公里下自动驾驶、精准停车，助力我国城际铁路跨入公交化运营时代。在地铁领域，中国通号自主研发的地铁 CBTC 系统，成功装备北京地铁 8 号线，实现了对原有国外信号技术和设备的完全替代，彻底打破国外公司对城轨高端控制装备的垄断，其具备全时、全程无人驾驶功能，目前正在重庆地铁 5 号线实施全球首个互联互通示范项目，推动地铁建设运营模式的变革。在中低速磁悬浮领域，装备中国通号中低速磁悬浮列车运行控制系统（MATC）的北京 S1 线成为国内首条实现自动驾驶的磁悬浮线，运营效率大大提升。在货运领域，中国通号自主研发的编组站综合自动化系统（CIPS），具备编组站指挥综合自动化和管控一体化功能，实现了货车调度、管理、作业的全盘自动化，使我国铁路货运一天的装车量相当于欧洲一个月的装车量，奠定了我国铁路运输强国的国际地位。轨道交通自动驾驶是列车运行控制技术进步的必然趋势。相比在列车控制系统指导下的人工驾驶，自动驾驶的安全性、可靠性更高，这是全球轨道交通控制技术的发展方向。在中国通号列控技术引领下，我国高铁、城际铁路、地铁、中低速磁悬浮、货运铁路在全球率先进入自动驾驶时代。

五、中国通号崛起的启示

通号投资人既是中国通号文化的传播者，也是中国通号投资品牌的创造者，公司秉承中国通号"励精图治，产业报国"的企业精神，坚持"创新，求实"的核心价值观，不断开拓创新，锐意进取，使中国制造的城市轨道交通互联互通技术走在世界前列。同时，国家"一带一路"倡议的提出与实施，以及国家综合轨道交通"一体化"建设需求也对列控技术的发展提出了新的、更高的要求。

第一，新技术的发展正在催生新一轮的轨道交通列控技术变革。一是卫星定位、车地无线宽带、移动闭塞等技术在新一代列车运行控制技术中的应用更加广泛。基于无线传输、卫星定位技术的信号控制系统，具有 ATP、调度指挥、轨旁设备的控制及计算机联锁功能，将最大限度发挥调度中心及车载设备功能，这成为下一代列车运行控制技术发展的主要方向。二是大数据、云计算、移动互联网技术与列车运行控制技术的融合发展更加深入。轨道交通将由之前关注单纯的移动体设备传输到更加关注移动体设备、旅客、信息流三者关系；在设计研发、运营维护等阶段，采用大数据分析技术、云计算处理存储技术和移动互联技术，将进一步提高旅客体验，增强互动性，从而有效地提升研发设计效率和工程运营维护分析预测水平。三是通用技术平台更加专业化、标准化、模块化。随着计算机技术、控制技术和通信技术的飞跃发展，基于不同安全等级、适用不同需求的通用安全平台的研发更加活跃，信号系统的专业化、标准化、模块化程度更高、更精，这将最大限度实现设计功能的共用，提升系统设计的标准化程度，从而快速构建不同功能需求的系统。

第二，国家"一带一路"倡议实施对轨道交通列控系统发展提出了新要求。近年来，随着中国高铁建设对本国经济社会发展强力拉动的示范效应，全球掀起了一股"高铁热"，有高铁规划的国家已经遍布六大洲近 20 个国家，总里程近 2 万公里。同时，国家"一带一路"倡议的提出与实施也带来了新的海外发展机遇。目前，我国已与包括俄罗斯、巴西、泰国、印度尼西亚在内的 28 个国家洽谈合作开发铁路及其他基础设施项目。在面临巨大市场机遇的同时，也对轨道交通列控系统发展提出了新的更高要求。

第三，国家综合轨道交通建设"一体化"需求对轨道交通列控系统发展带来了新挑战。在当前我国城市化进程加快推进、环境保护与经济发展之间的矛盾日益突出的今天，建设大运量、综合化、节能环保的轨道交通体系成为了社会的广泛共识。尽管高铁、城际铁路、地铁等轨道交通运输特点有所不同，但仍在安全技术、闭塞技术、ATO 技术等方面存在共性，具有相互借鉴、相互补充的趋同

性，可以通过努力，形成共同的功能需求规范，增加设备互换性及互操作性，实现铁路干线与城市轨道交通之间的互联互通转线功能，提升轨道交通整体运输效率，实现高铁、地铁、有轨电车、城际铁路运输的无缝衔接，以安全、快捷、舒适的轨道交通服务，改善大众出行方式和体验，从而大大提高城市整体运输效率。

资料来源：

（1）中国通号官网，https：//thtz. crsc. cn/3847. html。

（2）《中国通号首次公开发行股票并在科创板上市招股说明书》，https：//www. 95579. com/main/a/20190716/16520432. html。

（3）陈彦宏. 基于商业生态系统的中国通号公司发展战略研究［D］. 哈尔滨：哈尔滨工程大学，2018.

第一节　科技革命的顶级风暴

随着互联网时代的到来，技术回归重新成为行业的规律，任何一个行业都是按照"技术主导→产品主导→营销主导"的模式进行发展。早期的技术壁垒被逐步打破后，会变成以产品为重，大家产品都设计得差不多的时候又会变成以销售为重。但这是一个循环，全天下都在拼渠道和折扣的时候，偶尔一两个革命性的技术或者产品创新，就又能将行业拉到循环的起点。如果说猪站在风口上都能飞起，那么可以毫不夸张地说，技术风口是最为有力和强大的风口，每一个新技术的兴起，犹如双重"龙卷风"一般，在商海之中掀起惊涛骇浪，其"破坏式"创新的威力，甚至会颠覆未来商业的发展走向。但是，技术永远是把双刃剑，技术在大多数情况下是一个工具，更多起到的是促进企业发展的作用，因而技术的商业化、应用化及实体化则变得尤为重要。如果说企业希望通过技术一举颠覆发展模式，占领竞争高点，那么协同创造则是其领跑竞争对手的一个大"Bug"，是让技术风暴愈演愈烈的"始作俑者"！

一、大数据：21 世纪的大资产

目前，大数据将企业管理推动到 3.0 阶段，企业管理 1.0 是以产品为中心的阶段，企业管理 2.0 是以用户为中心的阶段，3.0 阶段并不是说不要产品，不要用户了，而是指企业管理的中心进化到以数据中心的阶段。用大数据分析的结果，实时指导产品的创新和开发、组织的柔性化、动态化管理及推动商业模式的创新。

1. 大数据共享和开放的大挑战

大数据生来就是对抗和消弭不确定性的，其要把黑天鹅变成"白天鹅"！围绕数据资源的争夺战早就悄然并激烈地展开了！在商业领域，Google 的搜索服务就是一个典型的大数据运用，根据用户的需求，Google 实时从全球海量的数字资产（或数字垃圾）中快速找出最可能的答案；再看看淘宝、腾讯两家为了"生态王国"到处跑马圈地，为了数据和流量可谓是"拼命"之至，数据俨然成为一种重要资产，但是在各家为了大数据你争我夺的时候，大数据的发展却陷入一个瓶颈，大数据犹如河水一般绵延不绝，自由流动，但是若遇山石阻碍，阻断了循环流通的路径，原有的水流则会蓄积，成为一个水潭，风吹日晒或是遭遇山洪泥泞，就算不干涸也变成一潭死水，毫无价值可言。这就是目前大数据发展所被困扰的问题，商业领域面对竞争需要，封闭数据交流也是情有可原，但是政府不同，作为大数据战略的制定者和维护者，反而成为这轮大数据"风波"的重灾区，其原因在于三点即流通不够、交易不够、利用不够。大数据交易的关键是对数据质量的要求，包括数据的准确性、真实性、完整性、一致性等。关于交易数据合法性、及时性、可用性、安全性等问题，都是现阶段我国数据交易所面临的问题。

2. 大数据协同战略：守护未来

中国工程院院士邬贺铨曾提到：在政府层面，需要设立大数据协同创造机构，促进政府部门间的数据共享，但是必须要健全大数据相关制度框架和制度体系。另外，需要进一步建立基础数据库，要集中存储被共享的数据，同时进行清晰校验和整合，提供可以共享的目录，以便用户可以接入和收取这些数据。当然，还要规定访问的权限和进行灾备等。协同 3.0 大数据战略制定模型如图 7－1 所示。

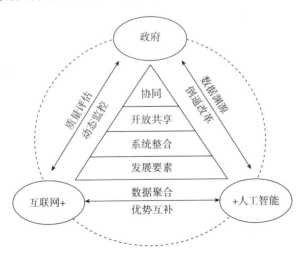

图 7－1　协同 3.0 大数据战略制定模型

3. 企业商业模式的大数据变革

管理大师戴明与德鲁克在诸多思想上都持对立观点，但"不会量化就无法管理"的理念却是两人智慧的共识。这一共识足以解释近年来的大数据为何无比重要。大数据的出现和应用对企业意味着是一场管理风暴，管理者可以将一切量化，从而对公司业务尽在掌握，进而提升决策质量和业绩表现。关于亚马逊那些耳熟能详的故事遮蔽了它的真正实力。这些先天带有数字基因的公司所能做到的事，是上一代商业领袖梦寐以求的。

第一，领导力协同创造。那些在大数据时代获得成功的企业，并不是简单地拥有更多或者更好的数据，而是因为他们的领导层懂得设计清晰的目标及协同公司大数据战略的制定，注重大数据同公司的融合成效。大数据的力量并不会抹杀对远见与人性化洞察的需求。相反，企业需要这种领导者来建立领导方向，创建协同化的执行组织，协同推进公司决策机制的转型。

第二，人才协同创造。随着数据越来越廉价，实现大数据应用的相关技术和人才也变得越来越昂贵。这对企业人力资源部门和企业高层都提出了更高的要求，不仅是对人才自身素质考虑，更是要协同其个性、爱好、需求、能力等多方面要素，与具体的项目、团队配合等进行管理，从而最大限度地发挥其应有的价值。

第三，技术协同创造。由于处理海量、高速率、多样化的大数据工具，近年来获得了长足的改进。整体而言，这些技术已经不再贵得离谱，而且大部分软件都是开源的。尽管如此，这些技术需要的一整套技能对大部分企业的 IT 部门来说都是全新的，因此只有协同公司内外所有相关的数据同大数据技术的综合管理，才能保证大数据战略的执行能力和创新性。

第四，决策协同创造。在大数据时代，精明的领导者会创造一种更灵活的组织决策形式，尽量避免"自主研发综合征"，同时强化跨部门协同合作，收集信息的人要提供正确的数据给分析数据和理解问题的人。同时，他们要和掌握相关技术、能够有效解决问题的人并肩工作。

第五，文化协同创造。大数据驱动的公司要问自己的第一个问题不是"我们怎么想?"而应该是"我们知道什么?"这要求企业不能再跟着感觉走。很多企业还必须改掉一个坏习惯，即名不副实的大数据驱动。只有管理者思维方式的转变才能协同企业文化转变。

专栏1 　　　　　　南微医学：内镜诊疗器械领军者

南微医学的科研创新实力获得权威认可。国家科学技术奖励是国务院批准的国家最高科技奖项。公司先后获得国家科技进步奖二等奖 2 项，子公司研发人员获得国家技术发明奖二等奖 1 项，是行业内少数几家多次获得国家级科技奖项的企业之一。另外，公司先后承担国家级科研项目 3 项，拥有国内外发明专利 36 项，获得三类医疗器械注册证 28 项、二类医疗器械注册证 45 项。先后荣获国家火炬计划重点高新技术企业、江苏省科技型中小企业、江苏省重点研发机构、江苏省民营科技企业等荣誉称号。

一、公司简介

南京微创医学科技股份有限公司（以下简称南微医学）创立于 2000 年。公司主要从事微创医疗器械研发、制造和销售。秉持"以科技和创新服务临床"的宗旨，致力于为全球医疗机构提供优质产品及服务，帮助世界各地提高医疗水平、减少病人痛苦，降低医疗成本。经过近 20 年的创新发展，公司逐步由非血管支架单一产品到三大技术平台，由国内市场为主到国内国际市场双轮驱动，其已成为微创诊疗领域内具有较高科研创新实力和核心产品竞争优势、业绩高速增长的行业龙头公司。公司主要产品包括内镜下微创诊疗器械、肿瘤消融设备两大主营产品系列，公司新研发的内镜式光学相干断层扫描系统（EOCT）已获得公司的内镜下微创诊疗器械产品应用于消化道和呼吸道疾病的临床诊断及治疗，其包含六大子系列产品，为内镜诊疗提供了系统解决方案。

二、研发及产品优势明显

经过近 20 年的创新发展，公司逐步由非血管支架单品研发到形成三大技术平台（内镜诊疗、肿瘤消融和 OCT 技术），业务由国内市场为主到国内国际市场双轮驱动发展，其已成为微创诊疗领域内兼具科研创新实力和核心产品竞争优势的行业领军企业，如图 7 - 2 所示。

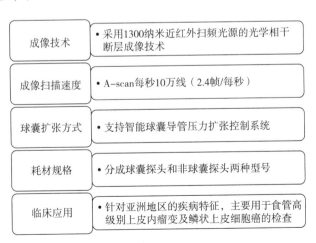

图 7 - 2　公司 EOCT 产品竞争优势

第一，研发方面。公司注重研发，聚焦世界前沿技术，新产品研发速度快，成功率高，单位研发成本低；2018 年，公司共研发成功 16 个新产品，取得 18 张注册证及市场准入批准。核心技术人员研发经验丰富，手握多项专利，引领行业革新。

第二，产品方面。内镜诊疗器械产品类型齐全、部分产品性能达到国际水平；微创肿瘤消融产品适应范围及获批时间行业领先；EOCT 已获美国 FDA 批准，国内预计 2020 ~ 2021 年上市，属国内首创，清晰度可达病理级，形成核心竞争力。

三、市场空间广阔

内镜诊疗技术是将内镜插入人体自然腔道，并通过内镜工作管道插入器械进行检查和治疗的一种全新临床技术。根据波士顿科学的统计数据，2017 年全球内镜诊疗市场规模为 50 亿美元，且预测 2017 ~ 2020 年仍将维持 5% 的复合增速持续增长。考虑到我国消化道癌症的高发和内镜诊疗的低渗透率，我们预计未来 5 年国内内镜诊疗器械市场有望维持在 20% 以上速度增长，南微医学等行业龙头将率先受益，如图 7 - 3 所示。

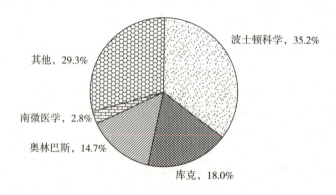

图 7 - 3 2018 年全球内镜诊疗市场竞争格局

第一，全球内镜诊疗器械市场。2017 年市场规模约 50 亿美元，2017 ~ 2020 年 CAGR 预计达到 5%。在消化内镜诊疗领域，2018 年全球应用于肝胰管疾病、消化道癌症、消化道出血领域的内镜器械市场规模分别为 14 亿美元、14 亿美元、6 亿美元，合计 34 亿美元，预计到 2021 年将分别达到 17 亿美元、18 亿美元、6.75 亿美元，合计 41.75 亿美元，CAGR 达到 7%。

第二，国内内镜诊疗器械市场。2007 ~ 2017 年，以国内消化内镜耗材 CAGR 达到 19.03%，测算出 2018 年活检钳需求量 2699.10 万件/年，圈套器、注射针、软组织夹均为 768.55 万件/年，超声穿刺活检针 7.09 万件/年；2011 ~ 2017 年，以 ERCP 手术器械需求量 CAGR 达到 11.46%，测算出 2018 年 ERCP 需求量 37.50 万套/年。

未来南微医学将继续围绕医学创新成果转化这一核心能力，不断做大做强既有三大产品系，并在未来适时进入新的微创诊疗领域，努力使公司成为微创诊疗领域的全球领先企业。

资料来源：南微医学官网，https：//www.micro-tech.com.cn。

二、云计算：商业模式之云端竞赛

Synergy Research Group 最新研究结果显示，IaaS & PaaS 服务增长速度最快达 53%，托管私有云基础架构服务增长为 35%，企业 SaaS 增长为 34%。目前，我国云计算市场仍然较小，随着我国信息化的普及、人口规模的快速增长，云计算市场将会呈现出巨大的发展潜力。

1. 云计算之协同创造智慧

云计算的环境是价值创造和商业创新的新环境，在这个环境中各个合作伙伴可以共享资源、分享信息、实现协同，从而可以构建一些新的商业模式、创造新的商业价值。从互联网的服务来说，经历了从最简单的互联网接入到今天的云服务，总体思路都在迈向共享与协同。因此，可以说协同是"天生的云应用"。致远软件研发副总裁、首席架构师文杰曾提到"协同产品从诞生的那一天起就建立在云之上的，协同是天生的云计算应用"。云服务是要面向大量用户的，解决的是线和面的应用，这与协同创造有序整合，打造协同效应的管理理念不谋而合。云服务——云计算的应用的变体，具备移动化、可管理、多空间的特点。云服务不但可以不受时空限制，还可有效利用碎片时间，更重要的是提高了管理的灵活度，增强了协同的易用性。云服务必将形成一个由硬件厂商、通信厂商及软件厂商等组成的产业链，并以协同生态链的形式共同进入云端空间，通过"云服务+协同创造"打造大众化云平台，探索"平台+内容"的应用模式，并逐步完成每个构架，系统地保证每个用户更智慧地应用。云服务必将是用户（用户）的核心需求，"社区化"业务模式和工作模式将成为未来企业工作方式的主流，这就是"协同创造智慧"的意义所在。

2. 云服务模式：数据革命，协同创新

基于云计算协同创新服务平台不仅涵盖了传统服务创新平台所具有的功能，更为重要的是支持协同技术创新。协同创新云架构体系由基本创新主体、辅助创新主体及外部云环境构成，它将产、学、研分散创新需求、服务资源以及服务能力重新进行整合，在此基础上使之得到最大范围的共享，并协助各方全部参与技术创新与合作创新，打造协同创新云驱动模式，如图 7-4 所示。

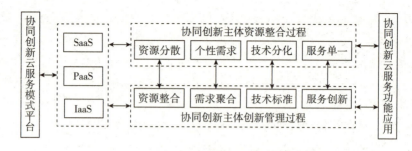

图7－4　协同创新云服务模式

3. 四面玲珑："云"的应用场景

协同创新云服务模式是满足企业在云计算背景下实现良好协作的理想解决方案。它将协作与各种网络服务有效结合,以此来实现在云端建立、交付、强化和使用通信服务的目标。

第一,协同政务云——转换政府服务职能。作为政府转型的全新管理模式和电子政务的终极目标,协同政务将极大地推动基于云计算基础上的政府管理创新,协同政务云大大提高了政府透明度,契合政府的职能转换目标,逐步成为政府参与国际化竞争的战略制高点,其服务模式也成为促进政务管理手段革新、实现政务流程在各级政府以及部门间无缝衔接的风向标。

第二,协同医疗云——"云"医院的贴身管家。医疗行业的平台化是建立于平台架构并能满足相应业务支撑的医疗信息系统平台。协同医疗云是我国在该行业平台化建设方面的创新举措,是通过云计算促进各种医疗资源、医疗机构间互相协作、优势互补,实现资源共享与医疗资源利用的最大化。

第三,协同智慧城市云——城市智囊团。"协同智慧城市云"将各类分散的公共云、私有云与混合云加以整合,统筹建立"智慧城市云"平台,利用无边界网络与云计算系统打造"智能＋互联"的智慧城市及城市智囊团,并制定"智慧城市"发展的"智慧策略"。

第四,协同设计云——云端上的"智"造。通过使用协同设计云便可共享企业间的设计资源,并利用云中的设计资源池和设计中间件进行协同设计,既减轻设计和管理成本,又实现了工业设计的创新突破,还可借助"云端",实现企业联盟,进而构建产业发展的生态圈。

三、物联网:"人＋物＋场"智能互联

国际电信联盟(ITU)曾对物联网(Internet of Things)进行定义,认为物联网是通过将短程移动收发器嵌入广泛的附加产品和日常用品中,形成人与人、人

与物以及物与物之间新型的交流方式。可见物联网的出现将会构造出"人+物+场"互联的智能空间，将其视为一项最重大的科技创新亦不为过。

1. 呼之欲出的协同创造

目前，我国物联网产业仍以终端设备研发销售、信息采集传输展示、信息化项目系统集成、局部应用创新等业态为主，在用户需求的挖掘、企业战略和商业模式的制定、产业链上下游的协作层面，还主要把物联网当作一种新型的网络和信息化能力的提升手段，尚未深度挖掘物联网与各个行业领域融合的巨大价值，造成这一结果的原因有两个方面：一方面，物联网芯片、模块、应用、服务等技术产业链冗长，涉及技术领域庞杂，市场瓶颈没有被打开，价值传导效应慢；另一方面，行业中的各类用户、物体对象、感知控制的设备、第三方资源系统等之间的协作体系、信任体系和价值体系尚未有效建立，孤岛化现象严重，导致物联网融入行业的难度加大，影响其价值的创造和体现。

2. 真融合：物联网协同生态体系

由于物联网对跨领域新技术的综合集成度要求较高，行业用户早期无法有效领导产业发展，而技术主体又抓不住行业市场的核心和爆破点，这就是直接导致物联网产业"叫座不叫好"的原因。为此，必须通过凝练新的物联网"六域模型"参考架构体系（见图7-5），才能有效解构物联网生态各重要组成部分，为建立业务关联逻辑提供顶层架构的思路，让各个产业中的主体都更专业和细分，从而改变当前混乱无序的局面。

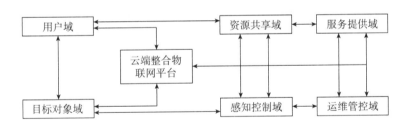

图7-5 物联网生态体系"六域"协同模型

3. 物联网的协同应用场景

第一，智能可穿戴设备市场。以 Upskill 为例，公司是工业增强现实可穿戴设备内容软件的提供商，其 AR 软件平台 Skylight 可以与智能眼镜搭配，将企业工人所需要的操作信息直接显示在他们面前，避免翻阅纸质操作文档或通过电脑来找文件带来的效率低下、容易犯错的问题。

第二，智慧家庭市场。智慧家庭是将综合布线技术、网络通信技术、自动控制技术、音频技术等运用到家庭生活中，集家庭安防系统、家电自控系统、照明

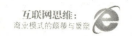

系统、环境控制系统于一体，从而组建高效的住宅设施系统和家庭日程事务管理系统，实现对家电的自动控制、便捷的家庭安全防护、便利的通信网络、智能化的家庭娱乐等功能。

第三，车联网市场。随着 LTE－V2V 关键技术协议落地，车联网发展驶入快车道。车联网是能够实现智能化交通管理、智能动态信息服务和车辆智能化控制的一体化网络，依托车内网、车际网和车载移动互联网，实现 V2X（X 泛指车、路、行人及互联网等）之间的无线通信和信息交换。来自 GSMA 和 SBD 的数据显示，2018 年全球车联网的市场规模将达到 400 亿欧元，年复合增长率达到 25%。

第四，智慧城市市场。智慧城市（Smart City）是新一代信息技术充分利用城市各界下一代基于知识社会的创新，对城市信息化、工业化和城市化进行深度融合，将有助于缓解"大城市病"，提高城镇化的质量，在精细化和动态管理方面更加完善。根据 BCG 预测，到 2020 年，全世界智慧城市总投资额将达到 1200亿美元。2017 年 3 月，华为与深圳水务集团、中国电信联合发布全球首个基于 NB－IOT 的智慧水务商用项目，通过部署在"天翼云 3.0"上的水务业务平台实现智能水务的管理。

第五，工业物联网市场。物联网已成为传统实体企业转型升级的重要手段，物联网应用正在从简单的提供设备连接和数据交互的功能深化裂变成为传统行业智能化升级的关键力量。根据麦姆斯咨询的数据，2015 年全球工业物联网市场规模为 1137 亿美元，预计 2022 年市场规模将增至 1955 亿美元。应用最广泛的领域是智能供应链领域，通过将 RFID 或 NFC 标签贴在产品上，可以知道仓库中该产品的确切位置，并可以进行行李或包裹的分拣和跟踪，使企业供应链实现智能化，实现节约成本与提升效率的协同效应。

四、区块链："技术者"联盟新成员

赛迪顾问的数据显示，2015 年我国区块链市场规模几乎为零，但是未来几年，随着国内资本对于区块链技术的投资力度不断加大，区块链在国内的商业模式逐步成熟，我国区块链市场将进入高速发展阶段。作为金融科技（Fin Tech）众多技术之中最闪亮的新星，是未来金融领域新一代基础架构（Infrastructure），具有分布式（Distributed）、去信任（Trustfree）、集体共识机制（Consensus）、可靠数据（Reliability）、公开透明（Public）和匿名隐私（Anonymous）等特征。

1. 区块链的协同价值

随着区块链这种全球公认的颠覆性新技术的不断探索、研究和应用落地，带来的新型社会协同方式的思维，自然会催生出新型的商业新模式和监管服务新模式。区块链给人类带来了全球高效协同新方式，使信任需要付出的代价降到最低，这种共识必然会推动社会的发展。

第一，多元协同的组织互动信任服务。区块链技术提供的是平台式的信任服务（Trust Service），可以取代原先需高昂成本式的中间人性质信任。假设在未来，这种多元协同的互组织思想能够在后现代认识论中立足的话，那么不管是企业竞争和人际关系，还是人类面临的许多难题，如中东战争和经济危机等，都可以找到根本解决的线索与方案。

第二，信任所需付出的代价。通过区块链技术构建可信任的多中心体系，使互联网从信息传递上升到价值传递的新高度，形成价值互联网，从而提高信任传递效率，降低交易成本，用技术来彻底解决信任、效率、贸易等这些问题将是未来大趋势。

2. 区块链的协同认证模式

在区块链的协同认证模式中，不再需要委托第三方作为独立的认证中心，而是由多交易主体作为不同认证中心共同来认证各自的交易行为。从长期来说，各交易主体的交易行为是动态变化的，这样可以确保参与认证交易主体构成的认证中心的数量并防止共谋的形成。基于区块链技术构建协同认证模式，使各认证中心成为交易行为主体，受利益博弈会主动遵守信用机制，从而进一步保证了交易行为的证明性和稳定性（见图7-6）。

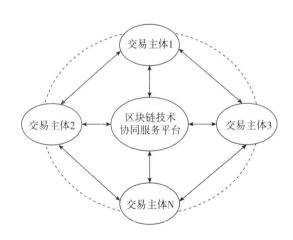

图7-6　区块链协同认证服务模式

3. 区块链之舞：共享+金融

在去中心化的系统下，区块链技术的应用，将会促使全网信息技术共享，能有效避免用户损失，让更诈骗者无可乘之机，并且有利于减少供应者的很多麻烦

以及成本和风险。区块链技术的普及和发展，也将使分享经济的技术基础发生变革，这有利于实现资源的最优匹配，实现零边际成本，解决技术和制度问题，从而进一步推动分享经济向更为广阔的范围延伸。

五、人工智能：万物互联的协同大生态

人工智能是计算机科学的一个分支，它的近期主要目标在于研究用机器来模仿和执行人脑的某些智能功能，并开发相关理论和技术。近年来，随着成本低廉的大规模并行计算、大数据、深度学习算法、人脑芯片四大催化剂的齐备，导致人工智能的发展出现了向上的拐点。在中国人工智能发展迅猛的趋势下，已经涌现诸如科大讯飞、紫光展锐及汉枫电子等一批优秀的人工智能企业。

1. 人工智能的短板

随着机器学习的快速发展，人工智能产业经过 60 年的风风雨雨，已经形成了新一轮的全球发展趋势，发达国家纷纷吹响号角，探寻大脑的奥秘。在全球大潮的推动下，中国的人工智能产业也在快速发展，但是人工智能虽然众星捧月，可是作为新型技术，人工智能还是"太嫩"，仍然存在着各种发展弊端。

第一，数据流通和协同化感知有待提升。未来人工智能在数据协同共享方面需重点攻克软件集成环节和类脑芯片环节。一方面软件集成作为人工智能的核心，算法的发展将决定着计算性能的提升；另一方面针对人工智能算法设计类脑化的芯片将成为重要突破点，不论是 NVIDIA 的 TeslaP100，IBM 的 TrueNorth、谷歌的 TPU，还是中科院的寒武纪，都试图打破冯·诺依曼架构，依托人脑模式构建出更快更适用的新体系，而这将为人工智能未来的良性发展奠定坚实基础。

第二，加强人工智能尚未实现关键技术突破。例如，AlphaGo 主要依靠的就是其强大的运算能力，而在图像理解、语言理解和知识理解等认知能力上，人工智能还不能与人类相比。因此，在未来人工智能将加强脑科学的协同创新研究。一方面通过深度学习对自然语言处理和图像识别的准确度实现进一步提升；另一方面要在真正分析理解的基础之上进行进一步的研发，从大脑的协同演化、全身协同控制等领域实现突破。

第三，智能硬件平台易用性和自主化存在差距。服务机器人虽然发展快速，但需要进一步提高产业的易用性和功能性。然而在自主化方面，目前中国工业机器人的市场依旧被发那科、ABB、库卡（已被美的收购）和安川电机"四大家族"所统治。在核心机器本体、减速器、伺服电机等领域的自主化程度落后，未来在发展智能化工业机器人时，不仅要在软件系统层面实现快速突破，还要解决硬件制造环节缺失的问题。

第四，商业落地困难重重，缺乏应用场景。无论是何种技术，只有转化成商

业价值和经济利益，才能真正推动技术的协同发展，因而人工智能应用落地是关键，只有形成可持续的商业模式，应用到各个领域，才能真正推动产业发展。机器视觉、生物识别（指纹识别、人脸识别、视网膜识别、虹膜识别、掌纹识别）、遗传编程等，成为众多 A 股公司的"心头好"，科大讯飞、海康威视、佳都科技等均纷纷布局。

2. 人工智能的协同 DNA：协同生态圈模式

在人工智能蓬勃发展的背景下，打造芯片、系统、终端、云端融合的人工智能平台，实现无屏化交互、模块化配置的机器人智能大脑，完善具有全方位感知能力和多元化应用基础的情感机器人意义重大。因而企业必须构建协同生态圈模式，在内部以优化整合产业链、突出多模态交互基础，在外部明确以变现商业价值为核心，加强协同链的生成共享，从而引领人工智能产业新一轮的发展趋势。

第一，技术生态协同。百度接连开源了百度大脑的核心算法、深度学习平台（PaddlePaddle）、深度学习基准工具（DeepBench）。开源总是有利于技术的发展，开发者和创业者可以从源代码中学到很多东西，让开发者和创业者能够更加容易地接触到人工智能的相关技术标准和开发工具，协同打造技术生态，最大程度推动围绕百度人工智能生态的创业团队和开发者加速落地。

第二，商业生态协同。百度正在把这一系列人工智能技术融入商业和营销行为之中，利用大数据和人工智能算法送外卖这已经是人尽皆知，如果说这还只是在自家产品上展开尝试的话，那么与肯德基推出智能概念店，使用百度度秘机器人完成语音交互和智能点餐，和《魔兽》出品方传奇影业利用百度的大数据用户画像能力进行精准推荐，这正是人工智能技术得到了商业合作伙伴的认可与支持的典型案例，百度也因此由内至外构建起了人工智能的商业生态，实现了生态伙伴的协同发展。

第三，联盟生态协同。例如，借助百度 AI 核心技术，百度联盟将聚合所有场景的屏幕与终端，为线上和线下媒体连接提供能力，实现一切终端即媒体，帮助伙伴实现智能进化。除技术之外，百度联盟还将在资源、经营、管理等方面，为伙伴打造四位一体的"AI 创业新生态"，挖掘并培养更多的 AI 创业精英。

第四，资本并购协同。例如，百度将以自主技术研发为内核，通过资本并购协同以辐射状向人工智能、AR、VR 等各个领域扩散，以此来构建百度技术生态。同时，百度人工智能体系深度整合，技术生态也在进一步打通，并通过全面协同，开放技术能力，进一步推动了核心矩阵商业化进程。人工智能协同生态圈模式驱动着百度的智能转型，其正承担起百度未来发展的责任。

3. 人工智能的五大"协"处

人工智能的智能价值可以说是无穷无尽，但这必须建立在大数据开放及协同

共享的基础上，李开复认为在数据和代码共享开源的情况下，人工智能才能茁壮成长，成为一头"智能哥斯拉"，去颠覆现有的商业模式。

第一，强化学习。例如，Google 的 DeepMind 团队在 Atari 游戏和围棋对抗中都运用了强化学习的技术。在真实场景中，强化学习被用来提高 Google 数据中心的能源利用率。强化学习技术为这套冷却系统节省了约 40% 的能耗。强化学习有一个非常重要的优势，它的代理者能以低廉的代价模拟生成大量的训练数据。其应用范围包括城市道路的自动驾驶、三维环境的导航、多个代理者在同样的环境中交互和学习等。

第二，生成模型。不同于用来完成分类和回归任务的判别模型，生成模型从训练样本中学到一个概率分布。通过从高维的分布中采样，生成模型输出与训练样本类似的新样本。若生成模型的训练数据是脸部的图像集，那么训练后得到的模型也能输出类似于脸的合成图片。其应用范围包括仿真时间序列的特征、超分辨率图像、从二维图像复原三维结构、小规模标注数据集的泛化、预测视频的下一帧、生成自然语言的对话内容、艺术风格迁移及语音和音乐的合成等。

第三，记忆网络。为了让人工智能系统像人类一样能够适应各式各样的环境，DeepMind 团队的微神经计算机，它结合了神经网络和记忆系统，以便于从复杂的数据结构中学习；渐进式神经网络，它学习各个独立模型之间的侧向关联，从这些已有的网络模型中提取有用的特征，用来完成新的任务。其应用范围包括训练能够适应新环境的代理者、机器人手臂控制任务、自动驾驶车辆、时间序列预测（如金融市场）及理解自然语言和预测下文。

第四，学习和推理硬件。例如，NVIDIA 继续领跑行业，领先于 Intel、Qualcomm、AMD 和后起之秀 Google。然而，GPU 并非专为模型训练或预测而设计，它原本是用于视频游戏的图像渲染。GPU 具有高精度计算的能力，却遭遇内存带宽和数据吞吐量的问题。这为 Google 之类的大公司和许多小型创业公司开辟了新领域，它们为高维机器学习任务设计和制造处理芯片。

第五，仿真环境。开发数字环境来模拟真实的物理世界和行为将为我们提供测试人工智能系统适应性的机会。这些环境给人工智能系统呈现原始像素，然后根据设定的目标而采取某些行动。在这些模拟环境中的训练可以帮助我们了解人工智能系统的学习原理，如何改进系统，也为我们提供了可以应用于真实环境的模型。其应用范围包括模拟驾驶、工业设计、游戏开发及智慧城市。

第二节　跨界整合的核变

"跨界整合"也开始成为企业发展的高频词汇，因为在互联网的时代，用户的需求无限细分且变化太快，其要求企业的资源供给必须"跟得上用户鼠标点击的速度"，精度、力度、速度都必须提升一个档次，而企业自有资源和可使用外部资源却往往捉襟见肘，被迫进行资源整合。但企业内部资源整合协调难，外部资源整合融合难，更不用谈企业资源的动态整合优化，这是企业跨界整合之殇！那么如何获得资源整合的正法得入其道呢？唯有数据化和协同化。

一、跨界整合核聚变：数据化、协同化

通过技术协同的方案，综合大数据、云计算及人工智能等一系列的互联网技术，对监管流程进行数字化和可视化，帮助公众辨别虚假图片以及视频，可追溯信息源等。同时，通过人工智能的技术建立数据模型、通过机器学习、数据优化，阻断虚假及低俗内容的传播。在技术协同的帮助下，企业商业发展环境得到有效改善，公众的信息安全和产品服务有了进一步的提高。

1. 数据化：第一生产要素

数据化是跨界整合的基础和前提，数据化有助于消除跨界整合盲点，将跨界整合过程可视化和动态化，以供合作伙伴参考和对接，也为整合方案的改进和资源的匹配协调提供数据支撑，以此获得更优质的、兼容性资源；资源数据化还能加速多方跨界整合的对接速度，打造无障碍数据接口，建立融合界面和互动式经营场景，赋予资源方经营的动力。

2. 协同化，即协同创新

企业跨界整合不仅需要"互联网+人工智能"科技创新成果提供先进技术的手段，更为重要的是要有一套具有协同创造思维的协同跨界整合机制，这是企业跨界整合的协同创新活动，其要义是企业将各种资源要素创新整合，使之能够为了完成共同的任务或目标而进行协调或运作，从而实现这些资源的协同效应。

3. 生态系统，协同创新机制

企业跨界整合的协同创新机制包括形成机制、运行机制、反馈机制及进化机制四个子机制，协同动态完善协同创新的环状机制，保障企业资源池合理运转，降低资源的隔阂和摩擦，实现跨界整合的协同目标，如表7-1所示。

表7-1　跨界整合协同创新机制三级子机制及其具体内容

协同机制	具体分类	主要内容
形成机制	选择机制	企业及各成员企业之间在跨界整合的过程中，都面临着选择与被选择。因为各方都希望以较低的成本获取较高的利益，所以选择机制决定了跨界整合协同过程中的活动规律，其过程就是企业整合资源协同各方合作的博弈过程

协同机制	具体分类	主要内容
形成机制	利益机制	利益机制是集团资源协同形成的关键，成员企业各资源要素通过协同创造实现各自单独无法实现的目标，通过协同创造各自获得更大的利益，形成利益机制的核心。只有在协同效应带来的收益被合理分配的前提下，参与跨组织协同的每个成员企业的收益都相应地增加，才能对资源协同整合产生正反馈，促进企业稳定发展
	自组织机制	企业资源协同整合形成的自组织机制主要体现在各企业成员的三个主体即所有者、管理者及员工之间的非线性相互作用，所以跨界整合的关键是要在这三者之间建立非线性相互作用的机制，以此激发跨界整合流程的高效性，实现商业生态战略目标整体优化
运行机制	纵向协同机制	纵向协同机制主要是针对企业内部资源优化整合问题而设立的一种机制，从企业资源的角度来讲，企业内部资源系统含有一系列的子系统，诸如目标系统、环境系统、技术系统、组织系统及财政支持系统等。这些资源子系统和业务单元之间的协同整合，是企业进行跨界整合的重点
	横向协同机制	横向协同机制具有协同、整合利用其他成员企业最优秀的专业化资源，从而达到降低成本、提高效率、增强竞争能力、寻找机会、提高效益和开拓市场的目的，是每个成员企业获得和保持竞争优势的重要工具，是行之有效的战略
	多元化机制	主要包括同心多元化和水平多元化两种形式。前者是基于技术相关的多元化，后者是基于市场相关的多元化。各企业成员在产业层面或业务层面进行跨界整合，双方之间的关联可使各企业成员享受到经济利益上的相乘效果
反馈机制	控制机制	要维持跨界整合的协同，必须对各种干扰产生的不协同性进行控制和调节。根据集团的行为特性，集团的控制机制可分为内部和外部两套控制。内部控制是指企业成员通过组织手段和协调激励手段控制跨界整合；外部控制主要包括文化素质的影响和法律制度的制约两个方面，影响和控制各成员跨界整合的开展
	沟通机制	沟通反馈的过程，实际上是一个信息的搜集和传递过程，反馈机制实质是一种信息沟通机制，需要明确沟通的内容、方式和时间等，如跨组织协同运行的绩效评价，实际上也是信息反馈的一种形式，所要反馈的内容就是跨组织资源协同的运行绩效，可以作为未来协作和利益分配的基础

协同机制	具体分类	主要内容
进化机制	评价机制	评价机制是跨界整合协同创造主体在进行协同创造之前对协同目标所应达到的效果和系统所处环境及目前状况进行比较、权衡两者之间差距后而采取的行为方式。跨界整合协同首先强调资源管理主体对各企业成员所处环境和目前运行状况、价值等方面进行全面的评估，找出与实现跨界整合协同创造目标所达到效果的差距
	激励机制	建立有效的激励机制能提高集团员工的自觉性、创造性及工作热情，使员工能最大限度地发挥其技术水平和才能，保持工作的有效性和高效率，从而导致企业绩效的提高。由于绩效的提高，各企业成员的利润就会增加，反馈给员工劳动付出的回报也就会增加，员工潜能被进一步激发，从而实现组织的协同
	竞争机制	各企业成员跨界整合过程一旦形成竞争协同机制，就会减少摩擦、降低损失，使得企业内部各资源要素之间相互制约、相互耦合，形成正负反馈环，产生协同效应，其具有较强的适应性、较大的内聚力、吸引力和灵活应变力，可形成企业成员内外互利的良性循环，获取利益最大化

二、跨界整合核裂变：协同技术"顺天改命"

随着国际化市场竞争的日益激烈，以及信息技术的进步，经济全球化的竞争环境逐步形成，市场需求瞬息万变，消费个性化需求不断多样化、产品制造周期不断缩短、技术含量不断增大，企业仅依靠自身内部的信息集成和设备柔性化等措施已经很难有效改善企业整体敏捷性，所以其迫切需要通过企业间的强强合作来提高自己的综合竞争能力，进而实现多赢。

1. 生产力：协同技术的裂变

协同技术正是在这一背景下产生的。协同技术是企业应对知识经济和技术竞争的挑战而实施的以快速响应市场需求和提高企业竞争力为主要目标的一种先进技术研发模式。成功的协同技术体系意味着技术成果研发与市场需求匹配，并不是技术资源与市场需求的简单集合，而是商业模式的合作与管理方式的革新。

2. 一种新流程：协同技术流程

技术对于企业而言具有"逆天改命"之功效，因此加强技术的协同创新，打造协同技术创新模式则成为最为行之有效的方法，而一个新的协同技术创新流程将助力企业领先行业起跑线。

协同技术创新流程源于内外两个方面，即内部推动力与外部驱动力。伴随着

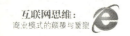
协同关系的变化，协同方式也在逐步调整以达到双方价值最大化的目标，即实现协同效应，如图 7-7 所示。

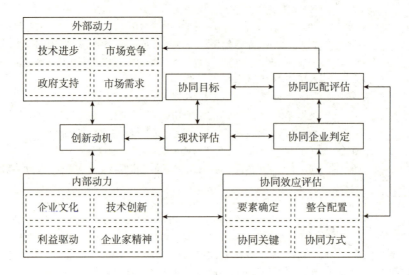

图 7-7　协同技术创新流程

3. 一种新模式：协同技术研发服务中心

共建经营实体是协同技术创新模式的重要载体，是实现资源的优化组合，打造研究、开发、中间试生产、销售、服务及资本于一体的重要保障。共建经营实体的本质目的在于协同企业原来拥有的技术、产品不同的新市场、新产品的开发进行融合，并形成独立的核心技术。共建经营实体是促进企业实现跳跃式突变成长的重要推动力，有利于企业开拓新市场，探索价值创新渠道，增强组织整合能力，打造共赢技术生态圈。

4. 一种新服务：协同技术服务

协同技术服务指技术人员通过先进的互联网技术手段在生产过程和售后过程为用户提供技术支持和技术服务，以提高服务质量和效率，使制造企业在产品和顾客的多样化和全球化背景下为用户提供各类服务。从本质上来说，协同技术服务是以协同技术平台为纽带，在产品和用户分散化、全球化背景下制造企业实现对用户服务的一种新的服务模式。协同技术服务体系是一种基于服务定制和跨界整合的分布式系统，它可以有效整合生产企业、合作伙伴以及科研机构等的技术资源，并加强企业间的协同合作，为用户提供所需要的服务知识和信息。

专栏 2　　　　　心脉医疗：专注研发的主动脉卫士

心脉医疗致力于主动脉及外周血管介入医疗器械的研发、制造和销售，主要产品有胸主和腹主动脉覆膜支架、术中支架、外周血管支架、外周血管球囊扩张导管等。公司成功开发出第一个国产腹主动脉覆膜支架、国内唯一获批上市的可在胸主动脉夹层外科手术中使用的术中支架；公司自主研发的 Castor 产品更是全球首款获批上市的分支型主动脉覆膜支架。目前，心脉医疗已有 5 款自主研发产品获批国家"创新医疗器械特别审批程序"，处于行业领先地位。在主动脉介入领域，公司现有 5 款胸主和腹主动脉覆膜支架产品获批上市，是全球范围内该细分领域产品线较为齐全的企业。

一、公司简介

上海微创心脉医疗科技股份有限公司（Shanghai MicroPort Endovascular MedTech Co.，Ltd.）是微创医疗科学有限公司旗下的子公司之一（以下简称心脉医疗™），公司成立于 2012 年，注册在中国上海国际医学园区时代医创园内，是上海市高新技术企业、上海市科技小巨人企业、全国第一批专精特新"小巨人"企业。2019 年 7 月 22 日，公司在上海证券交易所正式挂牌上市，成功登陆科创板。心脉医疗始终关注每一位用户的切身感受，以向主动脉及外周血管疾病患者提供个性化的治疗方案和服务为远景，通过持续创新为医生提供能挽救并重塑患者生命或改善其生活质量的最佳普惠医疗解决方案，从而为社会做出贡献。

二、以研发为核心，开拓创新

依托卓越的技术研发能力，心脉医疗在国内率先开发出具有完全自主知识产权、达到国际先进水平的主动脉介入医疗器械产品，打破了国外产品的垄断，并不断以创新产品引领行业发展，为细分领域内医疗器械国产化奠定了基础，如图 7-8 所示。

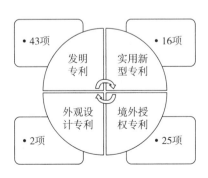

图 7 - 8　心脉医疗™科研成果

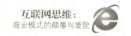

第一，高研发投入。近三年来，心脉医疗™保持同行业内较高的研发投入费用（含资本化的开发支出）分别为4117.52万元、4503.83万元及4785.52万元。最近三年各年研发投入占当年营业收入比例的平均值高达26.94%，始终处于同行业可比公司中的较高水平。

第二，独立自主研发。招股书显示，公司经过多年的潜心研究，旗下产品方面斩获多项殊荣，并掌握了涉及治疗主动脉疾病的覆膜支架系统的核心设计及制造技术，成功开发出第一个国产腹主动脉覆膜支架、国内唯一获批上市的可在胸主动脉夹层外科手术中使用的术中支架系统。公司自主研发的Castor分支型主动脉覆膜支架首次将TEVAR手术适应证拓展到主动脉弓部病变，是全球首款获批上市的分支型主动脉支架。

三、行业前景广阔，公司潜力看俏

中国医疗服务体系改革向纵深推进，医疗卫生机构诊疗水平逐步提升，全民健康体检意识不断提高、主动脉及外周血管疾病检出率逐步提高、手术量快速增长。伴随行业技术创新的不断提升，我国医疗器械企业逐渐壮大，加上相关政策的积极推进，大力支持国产医疗器械，如研发阶段对创新医疗器械直接提供临床支持、上市审批阶段提供绿色通道等。

第一，收入规模稳步增长。从招股书中看到，公司自成立以来，营业收入规模逐年保持快速增长，2016~2018年，公司营业收入稳步增长，作为一个新兴市场，主动脉和外周海外新技术的治疗趋势及行业发展增长迅猛。主动脉国内市场约10亿元，复合增长率17.2%；外周国内市场30亿~40亿元，复合增长率15.4%。随着人口老龄化日趋严重，新医改政策落地，医保费用有序增长，替代需求强烈。

第二，管理团队经验丰富。公司拥有一支专业的、富有创新力和共同价值观的优秀管理团队，公司主要高层管理人员均拥有超过10年的医疗器械行业从业经历，既有良好的技术基础，也具备丰富的医疗器械行业管理经验，对医疗器械产业政策及发展趋势有着深刻的认识和全面的把握，在产品研发、生产管理、营销网络建设等方面经验丰富。

心脉医疗™始终关注每一位用户的切身感受，以向主动脉及外周血管疾病患者提供个性化的治疗方案和服务为远景。在主动脉介入医疗器械领域，公司是国内产品种类齐全、规模领先、具有市场竞争力的企业之一，未来公司会通过持续创新为医生提供能挽救并重塑患者生命或改善其生活质量的最佳普惠医疗解决方案，为社会做出更多贡献。

资料来源：心脉医疗™，https://www.endovastec.com。

三、跨界整合的未来式：平台进化

互联网技术的协同应用已经催生了平台"未来式"的兴起，协同技术的高强度持续投资以及拓展技术的应用深化，带动平台及互补产业的进化与发展，形成具有持续演进动力的生态系统。例如，大疆创新虽占据全球70%的无人机市场，但是仍然坚持打造开放式，利用协同技术实现云端开源，建立社群，经营粉丝，以图模式创新及软件技术生态的完善。可见，平台模式已经转变，就是开放。

1. 平台协同演化之"三生三世"

开放平台始于PC互联网时代，国内肇兴于2008年。随着BAT等巨头的推动，2011年达到了一个里程碑，掀起了国内平台开放的热潮。此后，随着移动互联网在国内的快速发展，开放平台呈现出开放模式多样化的特点，在2015年达到了历史顶峰。近两年，由于各公司的开放平台与其产品高度相关的特性，国内传统开放平台的市场也趋于饱和，呈现断崖式滑落，进入冷却期。但冷中有热，AI等前沿技术成为目前国内开放平台的又一热点。可以看出，由于互联网技术的不断进步和渗透的不断加深，平台的开放过程经历了"三生三世"，由最初的指数型爆发和野蛮生长，协同演化使平台中的人与人、国与国、产业与产业的界限完全被重构，行业的边界逐渐模糊甚至消失，企业合作的范围被无限扩大，开放平台在保留原有优势资源及关键技术的基础上，协同多方企业进入了一个"无疆界"的竞合时代。

2. 平台模式的开放"黑洞"

开放平台发展至今也涌现出许多问题，部分难以解决而又涉及平台和参与者切身利益的问题成为开放平台领域继续向前发展的痛点，解决这些疑难杂症，也为开放平台的未来指出了较有预见性的方向。

第一，协同机制的缺失。机制上的"负能量"因素传导至平台生态的整体运行中，由于平台方具有主导性的话语权，参与者可能面临与最初加入平台时大不相同的状况，从而其是否能继续在平台上获利具有很大的不确定性，这会影响参与者对平台的信心，进而反过来影响平台吸引和保有参与者的能力，对于开放平台业态来说，这是一个关键的问题。

第二，长尾市场的碎片化和低效率。开放平台提供的技术、资源和商业环境吸引了众多参与者竞相加入，随着参与者数量的增加和水平的提升，参与者形成了头部和长尾两个"阵营"，制约平台的进一步增长，这主要是自由开放观念下平台的碎片化和低效率问题。

3. 未来式：平台生态化

作为平台商业模式的关键，选取合适的开放创新模式，避讳传统开放模式的

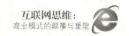

短板显得异常重要。平台作为网络组织，节点及其相互联结是其基本构成要素。节点即为网络组织的利益相关者，包括平台创建主体、平台提供者、用户需求方及其他特殊平台；相互联结则指不同主体在网络组织中的结构性地位及所形成的关系。实现平台内主体协同发展不仅要有网络节点间的联结关系，还要创设协同机制驱动主体在联结关系基础上形成互动导向及行为，最为关键的是驱动机制开放，开放是平台商业合伙人重要的"基因"，如表7－2所示。

表7－2　平台商业合伙人模式参与主体

平台参与主体	具体内容
平台创建主体	平台创建者是平台领导的战略规划者及所有者，它通过平台定位、协同机制的设计指引并监督平台运转，它可以是单个企业或企业联盟
平台提供者	平台提供者即平台领导，是平台正常运行及平台网络体系的核心，通过开放接口等方式吸纳外围企业或个人参与平台建设、商品买卖的初始平台
用户需求方	用户需求方是平台产品或服务的消费者用户，可以是个人、企业或组织；用户供给方是为平台用户提供终端产品、服务的供应商
其他特殊平台	参与平台开发建设，丰富平台界面应用模块，互补产品开发行为，对平台领导功能的协同演化及动态创新起重要支撑

就传统开放创新模式而言，主要分为内向型开放创新及外向型开放创新，但是两者都会在一定程度上重复平台开放创新的"黑洞"，所以选取耦合型开放创新模式，即协同整合外向型与内向型开放创新模式，是实现平台主体协同发展最有效的运行模式。耦合型模式的核心在于包含内向型与外向型双通道开放创新的运行载体。平台商业合作人生态模式如图7－9所示。

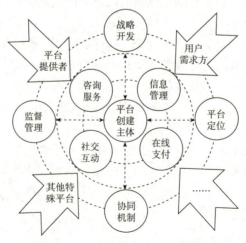

图7－9　平台商业合作人生态模式

第三节 协同创造：商业模式自组织创新

当今世界信息技术日新月异，其是以新一代移动通信、下一代互联网以及物联网为代表的新一轮信息技术革命，互联网时代已悄然而至。我国互联网正在从单一的信息传播渠道不断向生产、生活领域深度渗透。在这个过程中，传统制造业和服务业企业不断被裹挟进来，并借以提高信息化水平，真正实现转型升级。移动互联时代的到来，企业商业模式创新的步伐也越来越快。

一、来自科技革命的商业挑战

以信息技术和网络技术为核心的第三次科技革命，互联网时代正在颠覆性地改变工业革命所形成的经济形态和增长模式。网络环境的开放性、虚拟性、交互性、平等性与共享性等特征使人们能够通过互联网与身处不同地域范围的人随时随地进行双向或多向信息交流，由此产生时空距离的缩短和交易成本的降低使商业环境发生了巨大改变，企业将面临许多前所未有的挑战：①消费者权力上升的挑战；②价值个性化的挑战；③网络传播效应的挑战；④大规模协作的挑战。

二、商业模式创新动力：协同创造

协同创新是时下很成功且有特色的商业模式创新，如苹果公司构建"终端＋应用"软硬一体化的商业模式，从而打造了具有竞争力的生态系统，使苹果公司赚得盆满钵满；阿里巴巴打造电子商务平台模式，从而使阿里巴巴成为电子商务的"帝国"；谷歌采用的"搜索免费＋后向广告收费"的商业模式，使谷歌一举奠定了在搜索引擎界的霸主地位；奇虎360通过专注互联网安全、实行免费增值商业模式以及打造开放平台而取得了巨大成功，如今成为我国最大的互联网安全服务提供商；小米通过注重品牌经营、高性价比手机和互联网化销售模式取得了成功；UC优视科技专注于手机浏览器市场，向平台方向转型，成为手机浏览器的领先者……

1. 协同创造不是颠覆式创新：持续与立异、跃迁与重构

颠覆式创新固然是一个绝佳的市场"利器"，但杀敌一万，自损八千，使用起来却不那么顺手。小企业要逆袭、大企业要颠覆，这绝非一朝一夕的事，特别对大企业或传统企业而言，可谓举步维艰。再者，颠覆式创新的目标不仅仅是产品本身，而是形成一套颠覆式创新商业模式，才能保障后续产品的研发或业务模式开展具有持续的颠覆性和创新性。因此，企业为了防止出现"其兴也勃焉，其亡也

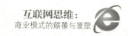

忽焉"的结果，在进行颠覆性创新的同时自上而下建立"颠覆式"应对机制，从表象上看，协同创造和颠覆式创新的最大不同之处在于协同创造是持续性创新而不是颠覆式创新所追求的标新立异。从本质上看，协同创造和颠覆式创新的最大不同之处在于协同创造是推动企业实现"混沌→有序→高级有序"跃迁的动力，而颠覆式创新是推动企业商业模式、组织架构、管理机制等重构的动力。

2. 分享经济：存量和增量的商业模式创新

分享经济的本质是存量资源的管理，是把大量碎片的、闲置的、过剩的资产团结起来，把闲钱、闲人、闲思想、闲 IP 聚集起来，构建价值洼地，加速市场重构，建立分享经济体，催生协同效应；而增量型分享经济则是对增量资源的管理，如摩拜、ofo 等，其要点是规模化经济和高效率的执行力。增量型分享经济能更有效地配置社会公共资源让效率和效果最大化，如表 7-3 所示。

表 7-3　分享经济增量与存量的差异

不同之处	增量	存量
分配问题	如何分配的问题	如何再分配的问题
分配物品	加强分配物品的公平性	提高再分配物品有效性
地位差异	参与主体地位平等	参与主体地位不同
信息匹配	信息对称	信息不对称
基本原则	互助互利互惠	真实真心真诚
基本目标	实现分配合理	完善分配漏洞

专栏3　　　　睿创微纳：打造中国最具价值的芯片企业

睿创以提供红外成像与非接触测温产品及服务为出发点，通过领先的技术解决方案，创新的技术开发、专业的用户服务，帮助用户实现红外热成像观测与高精度非接触温度测量，拓展人眼视觉范围，增强人类视觉感知能力。睿创公司运用微电子学、光学、材料、半导体制造技术与图像处理技术等多个领域的专业经验，为用户提供定制化红外探测器、MEMS 传感器与专业的物联传感解决方案，创造最佳的社会、经济和环境效益。

一、公司简介

烟台睿创微纳技术股份有限公司位于环境优美的滨海城市山东烟台，占地约300亩，建有省级工程技术研究中心，是国家级高新技术企业、工信部集成电路设计企业。烟台睿创微纳技术股份有限公司是一家领先的、专业从事非制冷红外成像与 MEMS 传感技术开发的高新技术企业，致力于专用集成电路、红外成像传感器及 MEMS 传感器设计与制造技术开发，为用户提供性能卓越的红外热成像、非接触测温与 MEMS 传感技术解决方案。产品广泛应用于工业测温、汽车夜间辅助驾驶、安防监控、森林防火、建筑节能评估、消费电子以及物联网等诸多领域。公司核心技术团队拥有多年数模混合集成电路设计、传感器设计与制造、MEMS 器件封测技术、图像处理算法研究与开发经验，具有完整的从集成电路到 MEMS 器件、模组技术研发和产品实现能力。

二、技术驱动，打破国际垄断

红外成像行业属于集新材料、光学、集成电路设计、传感器设计、MEMS 工艺、计算机和物理学等多项科技前沿学科为一体的技术密集型行业，目前国际上仅美国、法国、以色列和中国等少数国家掌握非制冷红外芯片设计技术。睿创微纳就是中国在该领域的领军企业。经过数年研发，公司已经实现了多项行业突破，所拥有的关键核心技术均为自主研发，且已通过取得对应专利权、集成电路布图设计专有权和软件著作权获得保护，核心技术权属清晰。红外热成像产品的核心技术和核心关键部件被欧美发达国家所垄断，并对中国实施禁运和限制。但睿创微纳突破了多项非制冷红外焦平面芯片的核心技术，如红外成像技术、MEMS 技术、ASIC 电路设计、物联网技术等，为推进装备领域核心元器件的国产化、实现全面自主可控的国家战略做出了积极的贡献。

第一，在军用领域，其主要应用夜视观瞄、精确制导、光电载荷以及军用车辆辅助驾驶系统等场景，红外热成像产品在军用领域的应用满足了国家推进信息化建设及武器装备现代化的需求。

第二，在民用领域，其主要应用于安防监控、工业监测、森林防火、电力监测、消防救灾等关系国家国计民生的诸多领域，红外成像技术在上述领域的推广应用，大大提高了各类监测的准确度及夜间和恶劣条件下的监测能力。

三、业务增长迅猛，机芯和探测器是盈利来源

睿创微纳近两年业绩增长迅猛，公司实现净利润较上一年度同比分别增长561.95% 及 94.51%。睿创微纳的主要产品有机芯、探测器和整机。

第一，产能方面。作为主要产品的探测器、机芯、整机，在近三年的产能利用率均保持在80%以上，但因为其作为军工产品的特殊性，产销量出现了较大幅度的波动。主要原因是军品用户对产品的交付时间及质量要求高，而公司探测器、机芯的生产周期较长，一般为 7~8 个月，因此公司需要提前了解用户采购计划并进行备货，以保证供货效率。

第二，盈利来源。财报显示，这两项主要产品的销售收入贡献的毛利占比较高，合计占主营业务毛利的比重一直保持在80%以上。同时，为迅速抢占市场，睿创微纳对整机销售采用了较低的定价，但由于市场还未完全打开，毛利仍

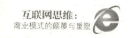
较低。

　　睿创公司运用微电子学、光学、材料、半导体制造技术与图像处理技术等多个领域的专业经验，为用户提供定制化红外探测器、MEMS 传感器与专业的物联传感解决方案，创造最佳的社会、经济和环境效益。睿创一直致力于国内以红外成像为代表的光电产业生态链的打造与整合，相信其未来会打造出中国最具价值的芯片企业。

　　资料来源：烟台睿创微纳技术股份有限公司，https：//www.raytrontek.com。

三、商业模式自组织创新：形成生态圈

　　互联网竞争格局跑道已变，生态＋生态的竞争将会成为商业主流。世界第一零售平台沃尔玛曾用了220万人54年时间达到3万亿元目标，而阿里巴巴只用了8000名"电小二"便在13年内更高效率地达到了这一商业体量，这意味着传统商业时代告一段落，新网上经济体已经诞生。阿里巴巴的互联网"生态圈"协同模式，激活了整个社会资源，从电商创业者、服务商、快递员到全球品牌商、国际物流，协同众多成员共同参与整个产业链。互联网新商业生态圈协同的爆发力，正在逐渐显现。一个开放、协同、繁荣的互联网生态系统，正在调动全社会更有效地配置资源，最大限度地实现共赢。在大协同时代，各个生态群落的生态成员根据自身的发展需要，通过互联网技术，自发寻求与跨领域和跨行业的待选成员在强关联业务上的协同合作，通过建立生态联系，进而撬动多生态群落之间的资源共享、业务往来及协同演化，并逐渐形成一个协同开放的商业生态圈，实现多级生态子系统的裂变重组，如图7-10所示。

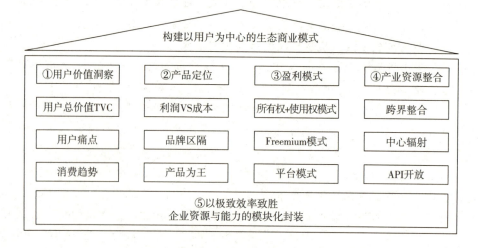

图7-10　构建以用户为中心的生态商业模式

1. 生态圈模式的"三三"法则

生态圈原是自然科学用语，1993 年穆尔（James Moore）在《哈佛商业评论》上第一次提出"商业生态系统"的概念，通过众多学者的逐步完善，"生态圈"正在成为商业关系构建上的一场革命。商业生态圈是指包括产品提供者、供应商、分销商、顾客、互补产品提供者、竞争者、政府及其他利益相关者等各种不同组织，通过相互作用及协同创造而结成的经济协同体。在生态圈模式中，每个组织担当着不同的功能，各司其职，但又形成互赖、互依、共生的生态系统，虽有不同的利益驱动，但身在其中的组织和个人互利共存，资源共享，共同维持系统的延续和发展。生态圈模式强调企业如何通过建设一个价值平台，通过平台借助、撬动圈内其他企业的能力而形成竞争优势。在现代竞争中，商业生态圈日益占据了重要地位，这种商业模式使产业活动的分散化成为可能和必要。

2. 生态圈三层次：共生＋互生＋重生

生态圈模式作为商业关系构建上的一次革命，能够实现共生、互生和重生三个层次的作用，共生和互生描述系统内成员间的关系，不但能够通过各成员的不断投入共同创造价值，而且通过生态圈内的价值分享保持系统的健康发展；而重生则能够推动生态圈的不断进化，适应不断变化的竞争环境需求。淘宝创新升级平台功能，使得淘宝品牌、网络入口、支付宝等后台设置实现技术贯通，成功实现平台生态圈的技术支撑。淘宝以此为基础，相继启动"淘品牌""淘宝商城"（天猫）两项战略举措，使一批在淘宝网上已经建立了良好口碑的网络品牌脱颖而出，并与部分传统品牌组成淘宝商城这一新的生态圈，做到多方的互利共赢。再生的淘宝生态圈保留了原生态圈的用户、商家这些"原住民"，实现商家和用户的平稳过渡。

3. 生态圈商业模式三特性：轻生态＋不可复制＋放大镜

与基于价值链模型的业务模型不同，基于生态系统的业务模型将其重点从企业内部转移到企业外部，从经营企业自身的能力或资源转移到利用价值平台的能力和资源，从而具备轻生态、不可复制及放大镜三个特征。

第一，轻生态。"轻"是指生态圈模式突破了由成员在内部通过扩大投入、削减成本、提高效率等方式提高自身核心竞争力的模式，而通过平台以自身能力为基础撬动生态圈，借助合作伙伴的资源和能力来创造价值。在生态圈模式中，价值是被不断创造出来的，其打破了整合限制，降低了运营成本。

第二，不可复制。生态圈的核心竞争力可以视为所有成员企业的核心竞争力的综合体，这种复杂性从根本上决定了生态圈的不可复制性；生态圈的多元化和开放性特征使其具备超越价值链系统的吸纳能力，可以容纳更多的公司加入生态系统，而随着生态系统的不断扩大，其竞争力也会相应增强。

第三，放大镜。生态圈协同创造了一个价值平台，使成员能够利用这一平台来提高自己的业绩和完善自身的业务矩阵。通过生态圈内部的整合，这种价值创造还会被进一步放大。这种超越依赖企业自身能力和资源的模式，使生态圈的优势会随着伙伴的不断增加而增长，而参与的各方，也可以通过利用平台的优势，借助其他成员的能力和资源而获取业绩成长。

4. 生态圈的绝密要领——协同创造

在今天这个以"连接"为特征的信息时代，迅速适应新环境的方法就是优化生态圈：高质量的生态圈为企业提供了一个丰富的外部资源库，使企业能够在专注自身核心业务的同时调动和利用外部资源，达到四两拨千斤的效果。在当前异常动荡、复杂的环境下，企业要获得成功必须协同核心竞争力和优化商业生态圈的能力，必须加强节点生态、组织生态及战略生态协同创新，借助协同创造引起生态化反应，扩容企业协同生态圈，如图 7-11 所示。

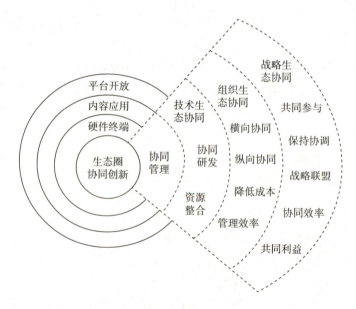

图 7-11　生态圈协同创新模式

第四节　互联网连接与链接的风口

曾经的洪水猛兽"互联网＋人工智能"科技如今成为互联网新时代的洪荒

之力，不断推动着一直坚守"互联网 + 人工智能"协同大战略的企业进行资源整合、组织重构、商业模式变革等协同创新活动，创造一个个互联网新时代的传奇。

一、连接：发现消费升级下的私人定制风口

波士顿咨询公司（BCG）与阿里研究院联合发布 *Five Profiles That Explain China's Consumer Economy* 报告认为，中国是全球增速最快的消费品市场之一，预计到 2021 年，中国消费市场将达到 6.1 万亿美元的规模，如图 7 - 12 所示。

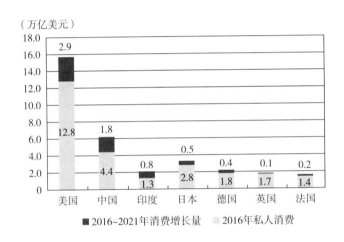

图 7 - 12 2021 年全球名义私人消费量

资料来源：经济学人智库；BCG 分析。

就消费升级而言，想要站在时代风口上，必须把握消费升级机会，发现风口和挖掘消费需求的"最强音"。

1. 连接用户：五个"小风口"

代表着五个协同创新的"小风口"——消费理念重塑、传统优势协同、社会分工属性、资源协同整合及游戏社交哲学，如图 7 - 13 所示。

图 7 - 13 五个协同"小风口"

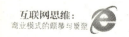

2. S2B：消费升级的前奏

未来最有价值的东西其实是一张协同的网络，这张协同网络的全局动态优化，可以实时产生按需定制的一条供应链来满足任何一个节点当时个性化的需求，如图 7 – 14 所示。

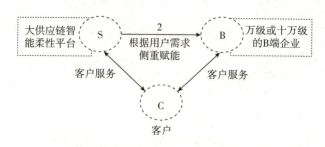

图 7 – 14　S2B 商业模式

专栏 4　　　　　　　**沃尔德：国内领先的超硬刀具品牌**

沃尔德始终在超硬材料领域深耕细作。如今的沃尔德已拥有一个分公司和三个全资子公司，产品涉足全球众多发达及快速发展的国家和地区的高端超硬工具市场、国内超硬工具市场，与国内外光电显示行业、汽车主机厂、汽配、航空航天、核工业、风电、高端设备制造等领域知名企业形成长期稳定的合作关系。目前，公司拥有各类国内外专利 136 项，其中发明专利 25 项以及多项与"自动化设备研制技术"相关的注册专利。先进的加工技术，可以满足广大用户多层次多角度的需求。

一、公司简介

2006 年，北京沃尔德金刚石工具股份有限公司创立于中关村电子城科技园区，是一家主要从事超高精密和高精密超硬刀具及超硬材料制品研发、生产和销售业务的高新技术企业。公司主营产品有超高精密钻石刀轮及其配套产品、高精密 PCD/PCBN/CVDD 切削刀具。十多年的自主研发之路，让沃尔德拥有深厚的技术沉淀。沃尔德紧密围绕超硬刀具行业，依托自主研发的"超硬材料激光微纳米精密加工技术""真空环境加工技术""PCD 超薄聚晶片及复合片精密研磨及镜面抛光技术""自动化设备研制技术"四大类核心技术，形成了应用广泛的高端超硬刀具及相关超硬材料制品研发生产能力。

二、服务全球超硬刀具市场，进口替代领航者

公司深耕超硬材料领域近 20 年，主要产品涵盖超高精密刀具（钻石刀轮）、高精密刀具（PCD、PCBN）和超硬材料制品（复合片、模芯）。产品广泛应用于消费电子类玻璃触摸屏、显示屏的切割和汽车制造领域中核心部件的切削。公司产品钻石刀轮、可转位 PCD 铣刀盘打破国外一流厂商垄断，实现了高端加工领域的进口替代。2016～2018 年公司营收分别为 1.75 亿元、2.33 亿元和 2.62 亿元，三年 CAGR 为 14.50%。

第一，深耕超硬材料刀具，服务全球消费电子与汽车先进制造市场。公司成立于 2006 年，前身是昊奇创新，于 2008 年更名为沃尔德超硬工具有限公司，并于 2015 年股改。公司自成立以来，主要从事超高精密和高精密超硬刀具及超硬材料制品的研发、生产和销售业务。公司产品及服务定位于全球高端超硬刀具市场，广泛应用于触摸屏、液晶面板等消费电子玻璃的超高精密切割，汽车发动机、变速箱等核心部件的高精密切削等先进制造领域。

第二，超硬产品为公司主营业务，部分技术远超行业标准。公司主要产品包括超高精密刀具（钻石刀轮）、高精密刀具（PCD/PCBN）和超硬材料（复合片、模芯）等。目前，行业内一般把加工公差在 ±13 微米以内的刀具称为超高精密刀具，加工公差在 ±25 微米以内的刀具称为高精密刀具，超硬材料主要是天然和人造的金刚石与立方氮化硼。公司的对标产品最高加工精度远超上述标准，分别达到 ±100 纳米（±0.1 微米）和 ±1 微米水平。因此，公司钻石刀轮、可转位 PCD 铣刀盘打破了国外一流厂商在行业内的垄断，实现了在高端加工领域的进口替代，并逐步提升在全球市场的份额。

三、钻研核心技术 20 年，国内超硬市场领先

公司研发团队由董事长陈继锋先生（教授级高工）领衔，其拥有多年研究与行业经验，公司团队拥有"超硬材料激光微纳米精密加工技术""真空环境加工技术"等四类核心技术。本次公司拟募集 4.07 亿元用于超硬刀具产能扩增及研发升级，公司核心竞争力有望进一步提高。

第一，拥有四大核心技术，领跑国内超硬刀具市场。公司深耕超硬刀具技术多年，部分核心产品解决国内市场痛点。公司拥有优秀的自主研发实力和技术积累，在国内超硬刀具行业处于领先地位。目前公司拥有各类国内外专利 136 项，其中发明专利 25 项。核心技术主要分为"超硬材料激光微纳米精密加工技术""真空环境加工技术""PCD 超薄聚晶片及复合片精密研磨及镜面抛光技术""自动化设备研制技术"四大类基本技术（见图 7-15）。其中"超硬材料激光微纳米精密加工技术"加工精度优势明显，齿深精度可达 ±100 纳米。

第二，激光业务具备先发优势，助力超硬材料加工。公司激光技术具备先发优势，不受特定设备对超硬刀具加工的影响。公司是国内较早掌握超硬刀具激光加工技术的企业之一，在激光加工领域有深入的应用研究及技术积累，技术团队全面掌握不同脉宽、不同波长的各种类型激光在超硬刀具的应用。公司研发的激

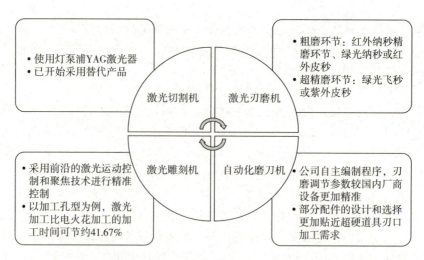

图 7 – 15　四类激光机器使公司在激光加工领域具备先发优势

光切割机、激光刃磨机、激光雕刻机、自动化磨刀机使公司在激光加工领域具备先发优势。与同行业企业相比，不受特定激光加工设备应用限制对超硬刀具激光加工技术进步的不利影响。

沃尔德拥有专业化的技术服务团队，可针对用户现有加工难题、关键难题进行有针对性的专业解决和优化，为用户提供个性化解决方案。沃尔德始终坚信：成功源于坚持，创新源于沉淀，品质源于追求，服务源于专业，高精密、高品质、高稳定性是沃尔德对产品的不懈追求与坚持。

资料来源：沃尔德官网，https：//www. worldiatools. com。

二、链接：制造"WE 众"创新创业风口

"互联网＋人工智能"科技改变了人的生活方式，更改变了社会资源传统配置。"泛爱众而亲仁，己欲达而达人"这千年家国情怀传承下的中国心和中国魂，随着企业固有边界的打破，普惠思维、协同意识已渐成主流。

1. "WE 众"创业：以人为中心的新的连接方式

"WE 众"创业是指以人为中心的新的连接方式、新的关系模式、新的创业结构极其规则，是大众的积极参与和跨界融合、协同创新创造。概括地说，包括众包（汇众力创新业）、众筹（汇众资促发展）、众挖（利用人的认知和大众间的交互，融合计算机存储对大数据进行挖掘）、众扶（汇众能助创业）、众创（汇众智搞创新，通过创业创新平台集聚社会资源，形成大众创造、释放众智的新局面）、众智（一人之智，不如众人之愚，强调大众智慧，大众协作）、众设（大众参与设计），再加上交互、分享、协同，就可能获得"WE 众"创业，实现

生态优化，借助互联网与平台，进行新的创业合作。协同创造，让每一个个体的创意、创新、创造的能动性与活力充分释放！

2. 连接生态的 PARTS 策略

PARTS 中的任何一个要素，形成多个不同的博弈，保证了"PARTS 不会失去任何机会""不断产生新战略"，并分析和比较各种博弈的结果，确定适应商业环境的合作竞争战略（见图 7 - 16）。通过实施，最终实现扩大商业机会和共同发展的战略目标。"互联网 +"生态作为一种新的企业发展方式，旨在将移动互联网、大数据、云计算、物联网、人工智能与传统行业相融合，利用互联网平台，以跨界的方式打通各行业，集成优化各生产要素，构建连接一切的商业新生态。"互联网 +"生态从功能递次的角度可分为平台、产业链和终端三大板块，它们环环相扣，逻辑演进。这种生态模式围绕硬件、软件两大部分，共同组成了涵盖生产、销售和消费的完整脉络。"互联网 +"生态体系的建设，主要分为横向和纵向，横向专注于新领域的进入，纵向专注于已有领域的深耕。

图 7 - 16　连接生态的 PARTS 策略

三、数字经济，"智享"未来

连接和链接，是一种变革意义的力量。无论在未来的何时何地，商业的走向最终均会围绕"人"这个核心回归到效率与利润，实现自我的迭代与变革。然而协同创造的目的正是在于此——以人为原点，以"互联网 + 人工智能"技术作为半径，通过资源的连接、匹配、融合，激活闲置存量，不断地实现企业从"混沌→有序→高级有序"跃迁（跨越式发展）。

1. 数字经济："数"说中国新时代

"互联网 + 人工智能"科技是当今企业乃至国家发展动力的重要组成部分。在"互联网 + 人工智能"的驱动下数字经济的迅速崛起，信息商品化彻底改变了企业的组织形态和创造财富的方式。从某种程度上可以说，数字经济作为全球经济增长最快的领域，数字经济成为带动新兴产业发展、传统产业转型，促进就业和经济增长的主导力量，不仅是中国寻求可持续发展的重要机遇，也直接关系

到全球经济的发展格局。因此，把握中国经济未来的新方向就是要把握数字经济。

2. 智慧商业："智"享未来

生态商业以其平台化、共享化、协同化的优势和化反效应，通过资源整合、知识转移、信息共享、协同创新，体现了从竞争到合作、从交易成本最小化到交易价值最大化的转变。智慧商业是一个建立在"互联网＋人工智能"科技基础上以人为核心的"端""网"和"云"完整的协同创造闭环，如图7－17所示。

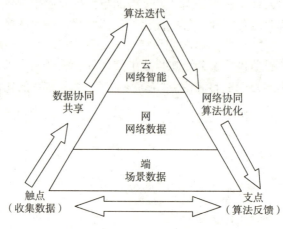

图7－17　"端＋网＋云"智能商业生态价值闭环

3. 产业互联网：协同与分享

互联网在消费领域的蓬勃发展，一个全新的概念也因此应运而生——产业互联网，即产业互联网化，区别于消费互联网的企业级互联网应用大市场，通过网络提供全面的感知、移动的应用、云端的资源和大数据分析，重构企业内部的组织架构，生产、经营、融资模式以及企业与外部的协同交互，实现产业间的融合与产业生态的协同发展（见图7－18）。

【章末案例】　西部超导：打造国际一流的专业化新材料

由西部超导材料科技股份有限公司（以下简称"西部超导"）领衔完成的"国际热核聚变实验堆用高性能低温超导线材制备技术"，荣获2015年度国家技术发明奖二等奖。这个项目的成功，对于西部超导乃至对于整个中国超导行业的产业化发展，都具有里程碑式的意义，以及注定波及久远的影响。公司依托特种钛合金材料制备技术国家地方联合工程实验室、超导材料制备国家工程实验室、

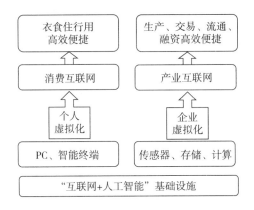

图 7 - 18　产业互联网与消费互联网的区别

国家认定企业技术中心、博士后科研工作站、陕西省航空材料工程实验室和陕西省超导材料工程技术研究中心等成果转化平台，开展新材料、新工艺、新装备等研发和工程化，先后承担国家、省、市级等各类科技项目 200 余项，公司及控股子公司共计拥有 325 项专利权。公司充分发挥人才、技术、装备优势，以"国际先进、国内空白、解决急需"为产品定位，向着"打造国际一流的专业化新材料生产企业"的目标而不断奋进。

一、公司简介

公司秉承"服务国家、造福人类"的宗旨，通过自主创新，先后建成了国际先进水平的航空用高端钛合金棒丝材专业化生产线，以及国际一流、国内唯一的 NbTi 和 Nb3Sn 超导线材生产线。公司主要产品有三类：第一类是高端钛合金材料，包括棒材、丝材和锻坯等；第二类是超导产品，包括铌钛锭棒、铌钛超导线材、铌三锡超导线材和超导磁体等；第三类是高性能高温合金材料，包括变形高温合金、铸造和粉末高温合金母合金等。公司自成立之初就瞄准国内紧缺领域，产品定位于"国际先进、国内空白、解决急需"，主要产品均为国家急需产品。

公司形成了以多位院士为顾问、数十位稀有金属材料加工资深专家为核心的创新技术团队，锻造了一支从事新材料研发、中试和产业化的人才队伍。公司现拥有员工 771 人，其中博士 30 人、硕士 169 人，硕士及以上学历占比 25.81%。

二、用户阵容强大

西部超导技术壁垒颇高。在超导领域，公司是我国唯一实现超导线材商业化生产的企业，也是国际上唯一的铌钛（NbTi）锭棒及线材全流程生产企业，且目前已掌握 NbTi 锭棒到线材的全流程生产技术并拥有完全自主知识产权。2018 年，公司 MRI 用超导线材领域实现重大突破，在全球 MRI 用超导线材领域及国内各

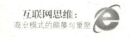

超导磁体领域的市场地位进一步得到提升。在钛合金领域，生产军用航空材料的企业要取得保密资格和军品科研生产相关许可，预先进行大量研发，并依次通过工艺评审、材料评审等一系列评审后方能成为相关型号使用材料的合格供应商。公司的钛合金产品已通过最终认证，并已批量应用于多种型号飞机，市场先发优势短期难以撼动。

西部超导的用户阵容强大，包括中国航空工业集团公司、中航发动机、美国通用电气公司（GE）、西门子、中国国际核聚变能源计划执行中心等。公司 2018 年年报指出，随着军机需求持续增长、先进发动机的研制进展，航空航天用钛合金需求占比有望持续提升。此外，超导行业商业化需求保持稳定，国内 MRI 制造商已在崛起，为低温超导线材提供更广阔的市场空间。

三、"一院一所"激发创新活力

西部超导拥有如此的研发实力和业绩，与陕西省力推的"一院一所"模式密不可分。其中，"院"正是西部超导控股股东西北有色金属研究院（以下简称"西北有色院"）。"一院一所"模式是指中国科学院西安光学精密机械所（以下简称"西安光机所"）和西北有色院的创新模式，包括开放办所、专业孵化以及"科研、中试、产业化"同步发展等。在坚持研究院所控股的前提下，实行战略投资者参股、经营层和技术骨干持股的"混合所有制"，并通过资本市场募集发展资金。2016 年，陕西省省政府办公厅下发文件，要求在全省范围内复制"一院一所"模式，意在破解科技成果商业化转化难题，激发国有科技院所科研创新活力。

"一院一所"模式效果显著。以西北有色院为例，该院是 20 世纪 60 年代国家在三线重点投资建设的稀有金属材料研究基地和行业开发中心，是国内稀有金属及有色金属新材料与加工技术成果转化基地。西北有色院旗下西部材料 2007 年在深交所中小板上市，目前市值超过 40 亿元，控股子公司西部超导、西安凯立、西部宝德在新三板挂牌，目前市值分别为 48.48 亿元、2.8 亿元、3.15 亿元。

四、"硬科技"赋予企业新动能

西部超导发起了实用化低温超导材料制备技术的挑战，ITER 计划也最终成为"国际热核聚变实验堆用高性能低温超导线材制备技术"的肇始。从 2002 年成立西部超导公司，到 2012 年西部超导正式为其批产供货，10 年中，西部超导团队完成了 5 项创新技术发明：大尺寸 NbTi 合金锭的真空自耗熔炼技术；组织均匀的 NbTi 棒材锻造技术；万芯级大尺寸 NbTi/Cu 多芯复合锭坯的设计；高均匀 Sn2%Ti 合金熔炼、大尺寸多芯 Cu/Nb 亚组元包套焊接挤压；导体结构设计、大尺寸多芯 CuSn/Nb 亚组元包套焊接挤亚、青铜法 Nb_3Sn 多组元复合线材塑性加工和中间退火技术；NbTi 和 Nb₃Sn 线材扭绞技术及装置。让直径仅 5 微米的超导线从梦想变为可能。

一是发明了低杂质含量和成分均匀的大尺寸 NbTi 合金锭的真空自耗熔炼技术、组织均匀的 NbTi 棒材锻造技术，并实现了规模化生产；二是发明了万芯级大尺寸 NbTi/Cu 多芯复合锭坯的设计和组装制备技术、超细芯丝 NbTi 超导线材塑性加工技术、多次时效热处理磁通钉扎调控技术，实现了单根万米级 NbTi 超导线材批量制备和应用；三是发明了高均匀 Sn2% Ti 合金熔炼、大尺寸多芯 Cu/Nb 亚组元包套焊接挤压、内锡法 Nb3Sn 多组元复合线材加工和热处理技术，获得了 Nb/Sn 组元比例和晶粒尺寸控制技术，实现了高临界电流密度（Jc）、低损耗内锡法 Nb₃Sn 线材批量制备和应用；四是发明了导体结构设计、大尺寸多芯 CuSn/Nb 亚组元包套焊接挤压、青铜法 Nb₃Sn 多组元复合线材塑性加工和中间退火技术，解决了加工过程中 Nb₃Sn 生成导致断线的难题，实现了万芯级难变形青铜法 Nb₃Sn 线材批量制备和应用；五是发明了 NbTi 和 Nb₃Sn 线材扭绞技术及装置，实现了长线连续无损扭绞和扭矩的高精度控制，克服了扭绞导致线材超导性能退降难题。

五、西部超导崛起的启示

公司秉承"优秀的技术人员善用笔同时会用工具，优秀的技术工人善用工具同时会用笔"的人才成长理念，全面拓展复合型人才使用和发展的创新模式，致力于打造新材料高科技人才的聚集高地。公司坚持"采购务真、研发务实、生产务精、销售务诚"的执行方针，用一流的创新团队和富有凝聚力的企业精神形成合力，推动企业的可持续发展。

第一，高端定位，造福人类。据资料，超导技术是 21 世纪具有重大战略意义的高新技术，对人类社会的推动作用巨大，发展潜力和运用前景无限。然而超导材料作为超导技术的基础，从它被发现之日起，就成为世界各国激烈竞争的高新技术制高点。低温超导材料，由于其优良的加工性能、超导性能和较低的成本，被广泛运用在军事、通信、医疗、交通等领域，因而受到世界各国的高度重视。

第二，铁骨书生，铸就精英团队。西部超导从无到有、从小到大、从弱到强，无不渗透着创业者无私奉献的精神。它有一支怎样的团队呢？在周廉院士的感召下，以张平祥博士为首的一批留学海外的超导材料及加工专家，在科技兴国、实业报国理想的驱动下，先后放弃了国外的优厚待遇，回国投身创业。最初的西部超导创业团队是西北有色金属研究院的一批干部、专家和技术能手组成；由西北有色金属研究院联合中信金属公司、西安天汇科技投资有限公司、深圳市创新投资集团有限公司等股东，共同出资设立。建设时期，许多人在观望，一群书生能否在工艺技术复杂、国内尚无示范先例、资金又相对匮乏的状况下，发展产业就成了大大的疑问。对此公司领导顶着各种压力和风险，鏖战 400 天，风雨无阻，同舟共济，甚至在建设中面临资金严重缺口时，带头将自己全部积蓄，将居住的房子质押到银行去申请贷款，毅然决然地全部投入到公司建设中去。如今公司下设十部一室及五个制造厂，拥有一支由多名博士领衔组成的自主创新团队，会聚了十余位稀有金属材料加工资深专家，并聘请了多名院士出任公司技术顾问。

第三，立足创新，自主研发。八年时间，西部超导依托国家级有关超导材料制备的工程开发平台——"超导材料制备国家工程实验室""陕西省航空材料工程实验室"以及"博士后科研工作站"，边建设，边研发，边生产，迅速建立起了国际一流的稀有金属熔炼、锻造生产线，以及一系列加工和检测手段，并自主研发了多种具有国际先进水平的专用设备等。在生物医疗领域，公司致力于生物植入体用特种钛合金材料，及医疗用核磁共振人体成像仪（MRI）超导材料的研发和生产，延伸了产业链。近年来，大量出口欧美市场并赢得了很高赞誉。

资料来源：

（1）西部超导官网，https：//www. c-wst. com/。

（2）《西部超导材料科技股份有限公司科创板首次公开发行股票招股说明书》，http：//data. eastmoney. com/notices/detail/688122/AN201907021337103100%7Bgpmc%7D. html。

（3）田思阳. 西部超导高端装备用特种钛合金产业化项目全面建成[J]. 钛工业进展，2019，36（1）：48.

参考文献

[1] 陈泽阳. 乐刻运动的商业模式研究——基于奥斯特瓦德画布模型[J].
当代体育科技, 2019, 9 (17): 244 - 246.

[2] 陈钟瑶, 陈晨, 刘扬, 胡靖强. 互联网下植物家居商业模式再设计探讨
[J]. 现代商贸工业, 2019, 40 (22): 52 - 53.

[3] 邓茂云, 屈博, 邢广进. 能源互联网背景下用户能源服务的商业模式探
索[J]. 电力需求侧管理, 2019, 21 (3): 59 - 62 + 68.

[4] 范琦. 基于"互联网 +"背景下成品油零售企业的经济管理模式创新
[J]. 纳税, 2019 (20): 184, 186.

[5] 方执向. 分享经济的成因、内涵与商业模式研究[J]. 环渤海经济瞭望,
2019 (6): 47.

[6] 冯秀斌. 后互联网时代的商业新模式[J]. 商业观察, 2019 (6): 15.

[7] 傅康. 互联网 + 时代商业模式创新的演变过程研究[J]. 财会学习, 2019
(16): 166 - 168.

[8] 高会生, 王成敏. "互联网 +"背景下鲜活农产品个性化定制的营销模
式研究[J]. 经济论坛, 2019 (6): 55 - 66.

[9] 高剑. 中国互联网供应链金融模式比较研究[J]. 现代商业, 2019
(16): 102 - 103.

[10] 黄军. 视频网站商业模式竞争法保护的反思与完善[J]. 时代法学,
2019, 17 (3): 55 - 68.

[11] 蒋理. 互联网 + 分享经济商业模式研究[J]. 中国管理信息化, 2019,
22 (9): 136 - 140.

[12] 赖愈越. 浅谈"互联网 + 社区化"泛客流商业模式[J]. 现代商业,
2019 (14): 23 - 24.

［13］李然，林左鸣．从"余额宝"论商业模式创新十题［J］.广义虚拟经济研究，2019，10（2）：5－18．

［14］李雪．互联网背景下我国旅游企业商业模式动力机制探究［J］.商业经济研究，2019（8）：122－124．

［15］刘亚强，赵业馨，黄林芳．商业模式选择视域下小米科技公司发展战略探究［J］.会计师，2019（12）：19－20．

［16］柳仪．互联网背景下商业模式发展趋势［J］.合作经济与科技，2019（11）：146－147．

［17］马昕钰．共享单车商业生态系统与盈利模式创新探究［J］.中国市场，2019（23）：67－71．

［18］秦炳海．试析互联网环境中如何创新农村物流商业模式［J］.现代经济信息，2019（9）：374．

［19］任骏菲．基于分享经济时代互联网金融新商业模式研究［J］.商场现代化，2019（10）：167－168．

［20］荣洁．"互联网＋"背景下我国实体零售业商业模式创新研究［J］.现代营销（下旬刊），2019（6）：96－97．

［21］沈红．关于互联网金融时代商业银行经营模式变革的路径［J］.知识经济，2019（13）：29－30．

［22］宋立丰，祁大伟，宋远方．"区块链＋"商业模式创新整合路径［J］.科研管理，2019，40（7）：69－77．

［23］孙建娥，张志雄．"互联网＋"养老服务模式及其发展路径研究［J］.湖南师范大学社会科学学报，2019，48（3）：46－53．

［24］孙中亮．探究互联网技术发展背景下的商业新模式——以传统家居企业向新零售模式为例［J］.数字通信世界，2019（5）：171．

［25］万迎迎．移动互联网时代的新零售商业模式［J］.中国商论，2019（8）：1－2．

［26］王迪，盛凤燕，邱阳．商业银行与互联网金融融合的模式与路径［J］.金融经济，2019（10）：46－47．

［27］王璟珉，窦晓铭，季芮虹．公益情境的互联网平台商业模式研究——以"涓涓互助"为例［J］.山东财经大学学报，2019，31（3）：76－87．

［28］王勉，黄颖，杨颖．互联网平台下商业模式创新的路径、经验和启示［J］.科技和产业，2019，19（4）：92－98．

［29］巫志平．电网"综合能源服务"平台建设及商业模式探索［J］.农村电工，2019，27（7）：6－7．

［30］吴贞．基于 C2M 模式的电商物流优化分析［J］．北方经贸，2019（8）：41 - 42．

［31］熊俐．互联网 + 背景下我国分享经济商业模式的现状与问题研究［J］．汉江师范学院学报，2019，39（4）：120 - 123．

［32］徐越．分享经济时代的来临——"互联网 +"下的协同消费［J］．现代商业，2019（15）：5 - 7．

［33］许志源．产业互联网机遇下新媒体商业模式创新方向初探［J］．新闻战线，2019（8）：103 - 105．

［34］张金平．钢铁企业"互联网 +"销售模式分析［J］．中外企业家，2019（20）：153 - 154．

［35］张铁山．"互联网 +"商业模式创新发展趋势探讨［J］．现代商业，2019（13）：20 - 21．

［36］张炫．互联网平台企业商业模式构成要素及结构分析［J］．市场周刊，2019（6）：14 - 16．

［37］赵芷祎．互联网金融商业模式演进及商业银行的应对策略［J］．纳税，2019，13（19）：228．

［38］周乐婧，郭东强，余鲲鹏．"互联网 +"背景下中国独角兽企业商业模式创新研究［J］．对外经贸，2019（4）：93 - 97，157．

［39］周宇秀．分享经济："互联网 +"时代的商业模式创新［J］．商场现代化，2019（8）：19 - 20．

［40］朱宗乾，尚晏莹，张若晨．基于工业互联网的制造企业商业模式：如何从无到有？——以海尔为例［J］．科技管理研究，2019，39（10）：223 - 232．

［41］Andrea Marrella，Massimo Mecella，Barbara Pernici，et al. A Design - Time Data - Centric Maturity Model for Assessing Resilience in Multi - party Business Processes［J］. Information Systems，2019（86）．

［42］Annabeth Aagaard. The Concept and Frameworks of Digital Business Models［M］. Springer International Publishing，2018.

［43］Antonio Maffei，Sten Grahn，Cali Nuur. Characterization of the Impact of Digitalization on the Adoption of Sustainable Business Models in Manufacturing［J］. Procedia CIRP，2019（81）．

［44］Arnulf Heuermann. OTTs Versus Telcos：Network Neutrality and Operator Strategies［M］. Springer International Publishing，2018.

［45］Carlos Rey，Joan E. Ricart. Why Purpose Needs Strategy（and Vice Versa）［M］. Springer International Publishing，2019.

［46］Daniel Kittelberger, Lea – Sophie Allramseder. The Digital Strategy：The Guide to Systematic Digitization of the Company ［M］. Springer International Publishing, 2019.

［47］Daniel Weber, Christian Schilling, Frank Wisselink. Low Power Wide Area Networks：The Game Changer for the Internet of Things ［M］. Springer International Publishing, 2018.

［48］Daniela America da Silva, Fabio Kfouri, Samara Cardoso dos Santos, et al. Urgent and Emergency Care：An Academic Application System Case Study ［M］. Springer International Publishing, 2019.

［49］Eleonora Boffa, Antonio Maffei. A Descriptive Framework to Characterize the Manufacturing Domain in the Context of Business Models ［J］. Procedia CIRP, 2019 （81）.

［50］Elisa Truant, Laura Broccardo, Adrian Zicari. Organic Companies' Business Models：Emerging Profiles in Ltalian Bio – Districts ［J］. British Food Journal, 2019, 121 （9）.

［51］Fabrizio Salvador, Frank T. Piller, Shivom Aggarwal. Surviving on the Long Tail：An Empirical Investigation of Business Model Elements for Mass Customization ［J］. Long Range Planning, 2019 （5）.

［52］Gabisile Buyiswa Gamede, Khumbulani Mpofu, Olukorede Tijani Adenuga. Business Model for Integrating Energy Efficiency Performance in Manufacturing Industries：Railcar Case Study ［J］. Procedia CIRP, 2019 （81）.

［53］Hoang Nguyen, Marlon Dumas, Arthur H. M. ter Hofstede, et al. Stage – Based Discovery of Business Process Models from Event Logs ［J］. Information Systems, 2019 （84）.

［54］Jan F. Tesch, Anne – Sophie Brillinger, Dominik Bilgeri. IoT Business Model Innovation and the Stage – Gate Process ［M］. Springer International Publishing, 2019.

［55］Jan F. Tesch. Implications – An Integrative Framework for IoT Business Model Innovation ［M］. Springer International Publishing, 2019.

［56］Jan F. Tesch. Scenario Planning as a Causal Evaluation Tool for IoT Business Model Innovation ［M］. Springer International Publishing, 2019.

［57］Jan F. Tesch. Theoretical Background ［M］. Springer International Publishing, 2019.

［58］JinHyo Joseph Yun, Dong Kyu Won, KyungBae Park, et al. The Role of a Business Model in Market Growth：The Difference between the Converted Industry and the Emerging Industry［J］. Technological Forecasting & Social Change，2019（146）.

［59］ Jörg Engelbergs. Performance Management of the Digital Pure Play Zalando［M］. Springer International Publishing，2019.

［60］ Lila Rajabion，Marieh Khorraminia，Amineh Andjomshoaa，et al. A New Model for Assessing the Impact of the Urban Intelligent Transportation System，Farmers' Knowledge and Business Processes on the Success of Green Supply Chain Management System for Urban Distribution of Agricultural Products［J］. Journal of Retailing and Consumer Services，2019（50）.

［61］ Marc König，Christina Ungerer，Guido Baltes，et al. Different Patterns in the Evolution of Digital and Non－digital Ventures' Business Models［J］. Technological Forecasting & amp；Social Change，2019（146）.

［62］ Mariana Carvalho，Ali Nikdel，Jeremiah Riesberg，et al. Identification of a Dynamic Metabolic Flux Model for a Mammalian Cell Culture—The Authors Would Like to Thank the Natural Science and Engineering Research Council（NSERC）and MilliporeSigma－A Business of Merck KGaA［J］. IFAC PapersOnLine，2019，52（1）.

［63］ Matúš Materna. Variants of Air Navigation Service Providers' Business Models［J］. Transportation Research Procedia，2019（40）.

［64］ Mirko Presser，Qi Zhang，Anja Bechmann，et al. The Internet of Things as Driver for Digital Business Model Innovation［M］. Springer International Publishing，2018.

［65］ Monika Streuer，Jan F. Tesch，Doris Grammer，et al. Profit Driving Patterns for Digital Business Models［M］. Springer International Publishing，2019.

［66］ Myriam Ertz，Sébastien Leblanc－Proulx，Emine Sarigöllü，et al. Made to Break? A Taxonomy of Business Models on Product Lifetime Extension［J］. Journal of Cleaner Production，2019（234）.

［67］ Olga Maria Plessa，Somayeh Koohborfardhaghighi. Service User Perspectives on Delivering Social Innovation：An Implication of the Internet of Things for Business［M］. Springer International Publishing，2019.

［68］ Paolo Rosa，Claudio Sassanelli，Sergio Terzi. Towards Circular Business Models：A Systematic Literature Review on Classification Frameworks and Archetypes［J］. Journal of Cleaner Production，2019（236）.

［69］ Ralf – Christian Härting, Christopher Reichstein, Raffael Sochacki. Poten-tial Benefits of Digital Business Models and Its Processes in the Financial and Insurance Industry ［M］. Springer Singapore, 2019.

［70］ Reto Andreoli, Beate Oberholzer. Revision of Financial Performance Manage-ment Systems in the Swarovski Group ［M］. Springer International Publishing, 2019.

［71］ Robert Reinhardt, Ioannis Christodoulou, Santiago Gassó – Domingo, To-wards Sustainable Business Models for Electric Vehicle Battery Second Use: A Critical Review ［J］. Journal of Environmental Management, 2019, 245 (1).

［72］ Rudoler David, de Oliveira Claire, Zaheer Juveria, et al. Closed for Busi-ness? Using a Mixture Model to Explore the Supply of Psychiatric Care for New Patients ［J］. Canadian Journal of Psychiatry, 2019, 64 (8).

［73］ Sergey Yablonsky. Smart Wearable Multi – sided Fashion Product Platforms ［M］. Springer International Publishing, 2017.

［74］ Srdjan Krčo, Rob Kranenburg, Miloš Lončar, et al. Digitization of Value Chains and Ecosystems ［M］. Springer International Publishing, 2018.

［75］ Stefanie Steinhauser. Network – Based Business Models, the Institutional Environment, and the Diffusion of Digital Innovations: Case Studies of Telemedicine Networks in Germany ［J］. Schmalenbach Business Review, 2019, 71 (3).

［76］ Tatiana Genzorova, Tatiana Corejova, Natalia Stalmasekova. How Digital Transformation can Influence Business Model, Case Study for Transport Industry ［J］. Transportation Research Procedia, 2019 (40).

［77］ Wartini – Twardowska Jolanta, Twardowski Zbigniew. Searching for Synergy from a Combination of Heterogeneous Business Models: Measurement and Assessment from the Polish Software Industry ［J］. Heliyon, 2019, 5 (7).

［78］ Yunna Wu, Jing Wang, Shaoyu Ji, et al. Optimal Investment Selection of Industrial and Commercial Rooftop Distributed PV Project Based on Combination Weights and Cloud – TODIM Model from SMEs' Perspectives ［J］. Journal of Cleaner Production, 2019 (234).